中学校歴史・公民

育鵬社教科書をどう読むか

子どもと教科書全国ネット21 編

高文研

❖——はじめに

2012年4月から、育鵬社版中学歴史・公民教科書を使用する公立や私立の中学校があります。これらの学校では、教員はこの教科書で教え、子どもたちは、これを学ぶことになります。

「文部科学省の検定に合格したのだから、何の問題もないでしょう」という意見もありますが、はたしてそうでしょうか。

育鵬社の教科書について、私たちは多くの研究者、教員、弁護士、保護者、市民とともに内容を検討しました。その結果を本書で詳しく述べていますが、やはり子どもが学ぶ教科書としてふさわしくないと考えざるをえません。

ところで、育鵬社教科書は、2001年度から発行されていた扶桑社の教科書を引き継いだものです。

扶桑社のそれは、「新しい歴史教科書をつくる会」(「つくる会」)の編集によるものでした。扶桑社が教科書の発行をやめたため、今回、「日本教育再生機構」と同機構がつくった「教科書改善の会」が扶桑社版を受け継ぎながら編集しなおして、育鵬社（扶桑社の子会社）から発行することになったのです。

扶桑社版の教科書でも、今回の育鵬社の場合でも、内容だけではなく、教科書の採択（選定）方法をめぐっても多くの議論が起きています。本書では、そうしたことについて考えていただくための解説も掲載しました。

紙幅の関係で育鵬社教科書が扱っているすべての問題を取りあげてはいませんが、重要なテーマはもれなく取りあげています。

本書は、育鵬社教科書が採択された地域の教員、保護者、市民のみなさんはもちろん、採択されなかった地域の教員、保護者、市民のみなさんにもぜひ読んでいただきたいと思います。先生方の授業の参考資料として、また地域やグループでの学習のテキストなどとして、本書が広く活用されることを願っています。

なお本書で取りあげた各項目には、タイトルの下に育鵬社教科書の該当する項の題目とページを表記しています。タイトル下のページからの育鵬社教科書の引用にはページ数の表記を略していますが、それ以外のページからの引用にはページ数を表記しました。

また、2008年告示の学習指導要領は「新学習指導要領」とし、それ以前のものは「1998年学習指導要領」などと表記しています。2006年施行の教育基本法については単に「教育基本法」、1947年施行のものは「1947年教育基本法」と表記しています。

2012年4月
『育鵬社教科書をどう読むか』編集委員会

◆——もくじ

執筆者・編集委員一覧

歴史

朝倉　泰子（元中学校教員）
浅野　充（神奈川県地域史研究会）
池　享（一橋大学）
石出　法太（高等学校教員）
石山　久男（歴史教育者協議会）
及川　英二郎（東京学芸大学）
大湖　賢一（中学校・高等学校教員）
小川　輝光（中学校・高等学校教員）
大日方　純夫（早稲田大学）
笠原　十九司（都留文科大学名誉教授）
加藤　圭木（一橋大学大学院）
小林　孝純（中学校・高等学校教員）
小松　克己（中学校・高等学校教員）
小宮　まゆみ（中学校・高等学校教員）
篠塚　明彦（中学校・高等学校教員）
高嶋　伸欣（琉球大学名誉教授）
高嶋　道（元中学校・高等学校教員）
田中　行義（元高等学校教員）
勅使河原　彰（文化財保存全国協議会）
新島　奈津子（中学校・高等学校教員）
橋本　雄（北海道大学）
林　博史（関東学院大学）
服藤　早苗（埼玉学園大学）
本庄　十喜（関東学院大学講師）
丸浜　昭（歴史教育者協議会）
横山　百合子（帝京大学）
米山　宏史（私立中学校・高等学校教員）
ほか４名

公民

朝倉　泰子（元中学校教員）
荒牧　重人（山梨学院大学）
稲次　寛（高等学校教員）
大谷　猛夫（元中学校教員）
大野　一夫（元中学校教員）
沖村　民雄（元中学校・高等学校教員）
金　竜介（弁護士）
久保田　貢（愛知県立大学）
小林　善亮（弁護士）
阪田　勝彦（弁護士）
杉本　朗（弁護士）
俵　義文（子どもと教科書全国ネット 21）
鶴田　敦子（東京学芸大学）
服部　進治（聖心女子大学講師）
平井　美津子（中学校教員）
穂積　匡史（弁護士）
本庄　豊（私立中学校・高等学校教員）
村田　智子（弁護士）
吉田　典裕（出版労連教科書対策部）
與那嶺　慧理（弁護士）
ほか３名

《編集委員》

朝倉　泰子
石山　久男
大山　早苗
沖野　章子
沖村　民雄
記田　和子
杉本　朗
鈴木　敏夫
高嶋　道
田中　行義
俵　義文
東本　久子
服藤　早苗
穂積　匡史
丸浜　昭
村田　智子
横山　百合子
ほか１名

（すべて五十音順）

育鵬社教科書をどう読むか

◆「歴史」を学ぶとは◆

子どもたちが主人公の歴史学習を

過去を学び、今を見る

歴史の学習では過去のことを学びますが、それは、何年に何があったと覚えるためではありません。過去のことを知らないと現在がわからないし、過去を知ることでこれからのことを考える知恵も生まれるのではないでしょうか。

「日本」を考えてみる

たとえば、「日本」という国のことについて考えてみましょう。
以下の問いにみなさんはどう答えますか？

- 縄文時代のころ、日本という国はあったのだろうか。日本列島に住んでいた人は日本人か。その人たちは、自分は日本人だと思っていたのか。
- 江戸時代の人に「あなたはどこの国の人？」と聞いたら、日本と答えるだろうか、それとも武蔵国とか大和国と答えるだろうか。
- 今の日本の国はいつできた？　明治維新の後？　それともアジア太平洋戦争の後？　それとももっとずっと前？

いろいろと考えられるかもしれませんが、確かなことは、日本という国は歴史の中でつくられ、大きく変わってきたということです。いつどのように変わってきたのか歴史を振り返ってみることは、未来を考える時にもおおいに参考になるのではないでしょうか。

世界に目を向ける

中学の「歴史」では、日本のことだけでなく世界のことも学びます。アジア太平洋戦争前の義務教育で学んだのは「国史」という日本の国中心の歴史でした。子どもたちは、ほとんど世界を知らないまま、日本人は優れた民族で日本を中心にしたアジアをつくるのだ、という考えに染められてきました。

今、私たちのまわりにはいろいろな民族、国の人が生活しており、また世界が日本に、日本が世界に、大きな影響を与え合っています。知らないことが偏見や誤解を生むこともしばしばあります。そうならないためにも、世界に目を向けて、さまざまな地域の歴史や文化、そして日本とのかかわりを学ぶことが大切です。

日本国憲法を深く学ぶ

私たちが生きる現代を知る上で、日本国憲法の学習は大切です。「主権在民」「基本的人権の尊重」「平和主義」という3つの原則を持つ日本国憲法は、アジア太平洋戦争の反省と結びついて生まれ、三原則にもそれぞれの歴史的な背景があります。そして、三原則の中には戦後の歴史で実現されてきたこともありますが、まだ課題として残っていることもたくさんあります。

日本国憲法とほぼ同時につくられた1947年の教育基本法は「われらは、さきに、日本国憲法を確定し、民主的で文化的な国家を建設して、世界の平和と人類の福祉に貢献しようとする決意を示した。この理想の実現は、根本において教育の力にまつべきものである」と記しました。この精神を受け継ぐことが大切です。

育鵬社版の特徴

育鵬社教科書の大きな特徴は、日本国家とそれを治めた人々のことを中心に歴史を描き、民衆の動向を軽視していることです。

たとえば、まだ国がつくられていない縄文時代や、弥生時代のことも「わが国」と表現し、どの時代でも随所に皇室の賛美が記され、国と民族の一体感が強調されています。

戦後の高度経済成長のひずみの問題として「公害」を取り上げますが、政府や企業の責任などはほとんど記さず、被害の実態や被害者たちの運動などにはまったくふれていません。そして、政府の取り組みで公害対策が進んできたと描いています。

また、中学社会科歴史教科書は普通「歴史」という表題がつけられています。ところが育鵬社の表題は『新しい日本の歴史』(傍点筆者)で、実際に世界史の記述が他社より少なく、日本の歴史を誇るという内容が目立つのも特徴です。

アジア太平洋戦争の記述に関しては、アジアに対する加害の事実などはできるだけとりあげないようにしているようです。当時の日本国家、指導者の正当化という色彩が濃く、アジアと友好関係を築いていくために、子どもたちがどういう事実を学ぶことが大切かというようなことは、配慮されていません。

子どもたちが未来の社会の主人公

私たちは、2011年3月の福島第一原発の事故を通して、事実をきちんと知り判断できることが、私たち自身の生活に直結し、未来に大きな影響をもつことをあらためて思い知らされたのではないでしょうか。

たとえば事故のはじめのころ、「すぐには健康への影響はありません」という政府発表や科学者のコメントが繰りかえされました。しかし私たちがあらためて放射線についての基本的な知識を得ると、この「すぐに……」という言葉にこめられた本当の意味がわかってきました。

数十年後に放射線の影響が出てきたとき、あの時点ではわからなかったから間違ってはいなかったということではすまされないことです。

全体を通してみると、育鵬社の教科書は、国に従順な国民をどう育てるかを意図していると言えます。そこには、未来の社会の主人公となる子どもたちがどのような歴史を学ぶ必要があるのか、という視点がありません。

子どもたちが主人公となって、「主権在民」「基本的人権の尊重」「平和主義」の原則を社会のなかに確かに根づかせ、いっそう発展させることにつながるような歴史の学習こそ、いま求められているのではないでしょうか。

Ⅰ章
東アジアのなかの古代日本

いま私たちは、「日本」とか「国」などという言葉をごく当たり前のように使いますが、「日本列島」の地形も、「国」も、「日本」も、はじめからあったものではなく、歴史のなかのある時期にできあがったものです。「日本」という「国」に人びとが暮らすようになった時間は、人類の長い歴史のなかでは、たいへん短い時間でしかありません。

国境を越えた人びとの往来と交流がさかんな現代だからこそ、国や国境のない時代から国ができる時代へと移った古代の歴史を学ぶときには、「国」を当たり前の存在と考えるのではなく、「国」のありかたをあらためて考え直してみたいものです。

古代でも、日本列島に住むさまざまな人びとがアジアと交流し、そのなかで日本列島の歴史がきざまれてきました。その意味でも、日本という狭い枠にとじこもるのではなく、アジアという広い視野から日本列島の歴史を考えることが必要ではないでしょうか。

歴史
1

人類の誕生と国家・民族の形成

【育鵬社】p18 ～ 23「日本列島ができたころの人々」「豊かな自然と縄文文化」「文明のおこりと中国の古代文明」

ここで学びたいこと

1 人類の誕生と日本列島への渡来

霊長類《れいちょうるい》のなかでも、ヒトである人類とチンパンジーなど類人猿《るいじんえん》との根本的な違いは、「直立二足歩行をするか、しないか」です。そして、直立二足歩行をした人類は、両手が自由になったことから、自由になった両手で道具を使いこなすことで、しだいに知能も発達させました。

猿人《えんじん》、原人、旧人、新人と進化した人類は、氷河時代という厳しい環境変化の試練にさらされますが、それは道具を使いこなす技術と知能で克服します。そして、約 20 万年前にアフリカに出現した現代型人類である新人は、約 10 万年前にアフリカを出て、世界各地に適応・拡散《かくさん》していきました。

日本列島で確実な人類遺跡は、約 4 万年前にさかのぼるので、新人の世界各地への適応・拡散の一環として渡来したと考えられます。その渡来のルートは、朝鮮半島を経由した南西のルートで、シベリアからの北のルートは、その後の約 2 万年前のことです。また、南方からの海洋ルートでは、奄美諸島までは渡来してきていますが、九州や本州島まで渡ってきたという証拠はありません。

2 新石器時代と縄文文化

最終氷期が終わる約 1 万年前になると、世界的な気候の温暖化とより安定した気候環境のなかで、西アジアのティグリス・ユーフラテス川流域でコムギやオオムギ、東アジアの長江流域でイネ、黄河流域でアワやキビなどの穀物栽培と、やや遅れて家畜の飼育という、初期農耕が開始されます。やがて農耕は、ナイル川やドナウ川、インダス川など農耕に適した大河の流域に拡散していきました。旧石器時代に替わる新石器時代の始まりです。

一方、自然資源が豊富な地域、あるいは主食にできるような栽培植物や家畜に適した動物にめぐまれない地域では、それぞれの地域の自然資源を有効に活用して、特色ある地域文化を発展させました。この新石器段階の地域文化の 1 つが、日本列島に展開した縄文時代の文化です。そして、初期の農耕民が穀物栽培や家畜飼育にますます依存するようになっても、縄文文化のように獲得経済（採集経済）を営んだ人類集団の方がはるかに広い領域を占めていました。

縄文時代は、日本列島の豊かな食料資源を活用することで、縄文土器や漆器などの生活用品に代表されるように、豊かで安定した社会を築きましたが、つねに限界をもっていました。それはヒョウタンやマメなどの栽培植物を早くから利用していたとはいえ、そのほとんどを自然物にたよる縄文時代にあっては、むやみに人口を増やしたり、あるいは環境が変化したりすると、食料不足におちいるという不安定さを、つねにかかえていたのです。ですから縄文時代は、特定の個人や集団が富を独占するというようなこともなく、基本的に平等な社会が続いたのです。

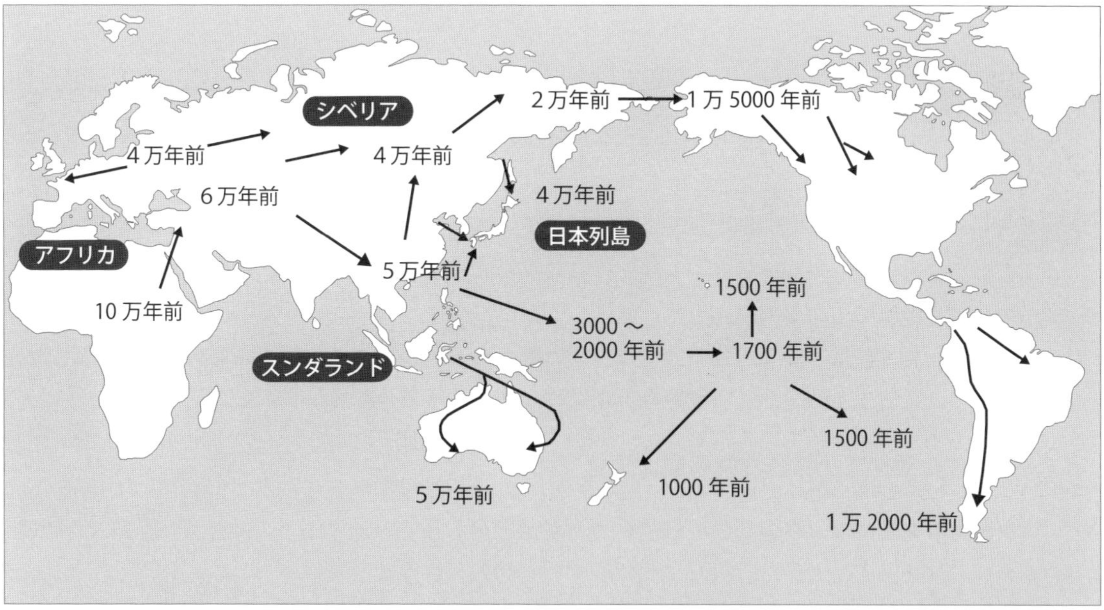

《図》 新人の世界各地への適応・拡散のルート（堤隆『ビジュアル版旧石器時代ガイドブック』2009年、新泉社より）

新人の起源については、原人の段階に各地に広がった人類が、それぞれの地域で独自の進化をとげたという多地域進化説と、アフリカで進化した新人が２度目にアフリカを出て、世界各地に広がったというアフリカ起源説が有力でしたが、現在では、アフリカ起源説が定説化しています。図はアフリカ起源説にもとづいて、新人が世界各地に適応・拡散したルートとその推定年代です。

3 国家の形成と民族意識

アジアやアフリカの大河で発達した農耕は、食料を計画的に生産するために、それを指揮・監督する人を必要としました。また、土地や水をめぐっての争いが、はじめは人びとから選ばれた指揮・監督者の権力を強め、しだいに人びとを支配するようになり、そうした支配する者が公権力を独占することによって、エジプトやメソポタミア、インド、中国などで古代国家が形成されたのです。

国家を維持するには、言語や世界観、宗教などを共有することが必要になり、そうしたなかから強い同族意識をもつ民族が形成されていきます。ですから、国家や民族の形成というのは、500万年といわれる人類史からみれば、たかだか数千年前という、つい最近の出来事でしかなかったということです。

ここが問題！

1 間違いだらけの人類史

「人類の誕生」では、「初め森の中で暮らしていた猿人は、気候の変動で森が減ってくると、草原に出て、二本足で歩くことを覚えました」と記述します。しかし、猿人は、二足歩行をしていたからこそ人類に分類されるので、猿人が「二本足で歩くことを覚えました」との記述は、人類に対する基本的な認識が間違っています。

このように、人類史の生半《なまはん》可《か》な理解のままに教科書を執筆していることから、「日本列島ができたころの人々」の項では、間違いばかりが目立ちます。

まず「人類の発生と新人の広がり」の図では、7000～8000m級の山々が連なるヒマラヤ山脈の真上を新人が通ったことになっています。また、「マンモスを狩《か》る旧石《きゅうせっ》器《き》時代の人々」の図では、シベリアのステップなど極寒の地帯に生息するマンモスを狩っている人びとが、毛皮のパンツという裸同然の姿で描かれています。「大陸と地続きだった約２万年前の日本」の図では、シベリアから北海道にマンモスを追って新人が渡ってきた図が描かれていますが、説明でマンモスをナウマンゾウと間違って記述しています。

さらに、「日本人の祖先の移動ルート」の図では、黒潮を利用して南西諸島を経由して、本州島まで渡ってきたことが強調されていますが、この海洋ルートでは奄美諸島までしか渡ってきていませんので、これも明らかな間違いです。

このような間違いだらけの記述や図では、日本列島に人類が渡来した旧石器時代の歴史を生徒たちに理解させるどころか、かえって混乱を生じさせてしまうだけです。

2 自然の豊かさが強調される縄文文化

縄文時代の記述では、日本列島の自然の豊かさが強調されていますが、この自然の認識にも間違いが多いのです。

まず「氷河《ひょうが》時代が終わった日本列島は、気候の温暖な温帯に属し」とありますが、南北に細長い日本列島は、北は亜寒帯から南は亜熱帯にまたがっていますので、温帯にしか属していないような記述は間違いです。

つづいて「周囲には暖流が流れていました」とありますが、日本列島の周囲には、南から暖流が、北からは寒流が流れていますので、「暖流」しか記述しないのは、明らかな間違いです。というのも、北海道から東北地方の太平洋沿岸地域では、寒流で運ばれてきたトドやアザラシなどの海獣類を捕獲する外洋での漁労を発達させているだけでなく、縄文時代の東日本に居住する人びとが主要な食料の１つにしていたサケの重要性などが、これでは説明できなくなってしまうからです。

また、「日本列島は、豊かな自然環境《かんきょう》にめぐまれ、食料となる動植物が豊富だったため、植物は栽培《さいばい》されていましたが、大規模《だいきぼ》な農耕や牧畜《ぼくちく》は始められていませんでした」と記述しますが、縄文時代に本格的に農耕や牧畜が行われなかったのは、食料となる動植物が豊富だっただけでなく、主食にできるような栽培植物や家畜に適した動物にめぐまれていなかったからです。

このように、自然の豊かさだけを強調し、縄文時代を「人々が豊かな自然と調和して暮らし、約１万年間続いた」理想郷のように記述されると、縄文時代が主に自然物にたよる生活のために、つねに食料不足におちいるという不安定さをかかえていたことなど、生活環境が厳しかったという側面があったことは学べません。

もう１つは、「縄文時代の人々と、その後、大陸からやってきた人々が交じり合い、しだいに共通の言葉や文化をもつ日本人が形成され」とか、さらに新人の日本列島への渡来を「日本人の祖先」と標記されると、「日本人」という民族が石器時代から継続されたかのような、間違った歴史観をあたえかねません。

3 支配者の視点からしか見ていない国家

国家の形成については、農耕や牧畜の発達による食料の安定と人口の増加によって、人びとが集住する都市が生まれ、「都市の中心には神殿《しんでん》があり、灌漑《かんがい》などの公《おおやけ》の事業やとなりの都市との争いを取りしきる指導者があらわれ、まわりに濠《ほり》や城壁《じょうへき》が築かれて外部から独立した国家がつくられました」と記述しますが、これでは都市がイコール国家だとしか読めず、支配する者が公権力を独占する機関の役割をはたすという、国家がもつ本質を理解させることはできません。

つづいて「そこでは、高貴《こうき》な家柄《いえがら》の王や、神の子孫《しそん》と考えられた神官《しんかん》を中心として、身分や位《くらい》が定められました」とありますが、「高貴な家柄」や「神の子孫」などとは、支配を正当化するために後につくられるものであって、そうした身分が最初から定められていたわけではありません。しかも、ここでは、支配する者（王や神官）は記述されていますが、支配される者（農民や奴隷）にはまったく触れていません。

また、国家では「古くから伝わる慣習から法律《ほうりつ》が定められ、生命や財産《ざいさん》を守るために軍隊がつくられ、犯罪《はんざい》や不正をただすために裁《さい》判《ばん》が行われ、神への貢《みつ》ぎ物とそれを分けあたえるしきたりからは、税を集めてまわりに支給するしくみがつくられました」と、あたかも国家が民衆のためにつくられたかのように、支配する者に都合良く記述されています。

コラム　縄文人の寿命

縄文人の寿命は、縄文人骨の推定死亡年齢をもとに、15歳時での平均余命を求めたところ、男は16.1歳、女は16.3歳という結果がえられています。これは15歳まで生きた縄文人は、男女とも平均30歳の初めには寿命を全うしているということです。

なぜ、縄文人の平均寿命（0歳児であと何年生きる）を求めないのかというと、子どもの骨がもろくて残りにくいために、比較的残りがよい15歳以上の人骨を分析の対象としているからです。ですから、縄文人の平均寿命となると、もっと短く、10歳代前半ぐらいではないかと推定されています。

もちろん縄文時代にも60歳以上の長寿の人はいますが、縄文人骨を調べてみますと、栄養失調や病気などで一定期間成長が止まるハリス線がかなりの頻度《ひんど》でみられ、栄養状態が悪かったことがわかります。また、医学が発達していない縄文時代では、乳幼児や病気による死亡率も高かったのです。

このことは、国家を支配する者、つまり体制側の視点からしか見ていないという、育鵬社の執筆者の国家観を如実に示しています。

4 負の側面が強調される中国の古代国家

日本の古代国家の形成にあたっては、中国から大きな影響をうけましたので、古代国家のうちでも、中国をよりくわしく紹介するということは必要です。しかし、紀元前3世紀に中国を初めて統一した秦《しん》の始皇帝《しこうてい》について、「文字や貨幣《かへい》を統一」したとありますが、「その政治はあまりにきびしいものだったため、始皇帝の死後、各地で反乱《はんらん》がおき、秦はほろびました」と負の側面が強調されています。

秦の始皇帝について、たとえば帝国書院では「各地で異《こと》なっていた貨幣《かへい》や文字、ものさしなどを統一」しただけでなく、「法を重んじ、役人を通じて皇帝の命令が全国に行きわたる政治のしくみを整えました」(p13) と評価しています。

こうした正当な評価をぬきに、育鵬社のように負の則面だけが強調されると、生徒たちに誤った歴史認識を植えつけかねません。

歴史
2

記紀神話・神社・神道

【育鵬社】p8 ～ 9,p34,p44 ～ 47「身近な祭りを調べてみよう」「日本人の宗教観」「天平文化」「神話に見るわが国誕生の物語」

ここで学びたいこと

1 記紀神話はどのような神話か

『古事記』『日本書紀』（以下記紀《きき》と略）の神話は、民衆の生活・信仰や伝承に根ざした一般的な神話ではありません。律令国家を統治する天皇がこの国の正統な支配者であることを物語る神話であり、その本質は天皇制神話といえます。

記紀の神話を学習する際には、まずこの点をしっかりと認識した上で神話の内容に立ち入っていく必要があります。

2 記紀の神話から学べること

記紀の神話は国生み神話、天岩戸《あめのいわと》神話、天孫降臨《てんそんこうりん》神話など個別の神話を接続させて、国土の生成から初代天皇となるイワレヒコ（神武《じんむ》天皇）の誕生までの一連のストーリーが構成されています。それぞれの個別神話には世界各地の神話と共通する要素を見出すことができ、また古代社会の信仰や習俗の反映を見ることもできます。

こうした視点から比較神話学や民俗学の成果を活用して記紀神話を学習していく方法もあります。

3 戦前の教育と記紀

記紀では天照大神《あまてらすおおみかみ》の子孫である神武が初代天皇として即位し、ヤマトタケルが各地に遠征して天皇の支配を全国に拡大し、神功皇后《じんぐうこうごう》が朝鮮半島に出兵して朝鮮諸国を服属させるという歴史が物語られていますが、これは律令国家の支配者の歴史観であり、当然のことながら史実ではありません。ところが戦前の学校教育では記紀の内容が史実として教えられ、これを虚構《きょこう》とする書物は発行禁止とされました。

ここが問題！

1 神武天皇即位を「わが国」の建国とする戦前の価値観

コラム「神話に見るわが国誕生の物語」では、記紀神話のストーリーと神武東征《とうせい》、ヤマトタケルの物語の概要が紹介されていますが、この構成は戦前の国定教科書の冒頭部分「第一　天照大神、第二　神武天皇、第三　日本武尊《やまとたけるのみこと》」とまったく同じです。それが「わが国誕生の物語」として取りあげられており、ここでは神武が初代天皇として即位することを「わが国」の建国と位置づけています。

要するに天皇による支配の始まりが日本の建国であり、日本は「天皇が支配する国」であるという戦前の価値観に基づいているのです。さらに祝日として問題のある２月 11 日の「建国記念の日」にもふれて、それをあたかも日本建国の史実であるかのように見せようとしているのです。

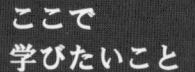

② 日本サッカー協会シンボルマークはヤタガラスか？

また「神話に見るわが国誕生の物語」では日本サッカー協会のシンボルマークを「このマークはヤタガラスという神武天皇の道案内をしたと伝えられる３本足のカラスがモデルとなっている」と説明しています。しかし同協会ＨＰには「ボールを押さえている三本足の烏は、中国の古典にある三足烏と呼ばれるもので、日の神＝太陽をシンボル化したものです。」とあり、モデルは神武伝承のヤタガラスではありません。

③ 地域の神社になぜ記紀神話の神が祭られているか？

「神話に見るわが国誕生の物語」では最後に地域の伝承や祭礼の調査をよびかけており、これは課題学習「身近な祭りを調べてみよう」と連動しています。地域の神社を調べてみると、祭神の多くが記紀にみえる神であることがわかります。

しかしそれは明治政府がすべての国民を地域の神社の氏子《うじこ》とし、その祭神を記紀の神や天皇とかかわる神に変えさせて、天皇制を地域や国民に浸透させようとした政策の結果によるものです。育鵬社が例示する浅草神社の祭神は記紀の神ではありませんが、同社には記紀神話に登場する大国主神《おおくにぬしのかみ》も祭られています。

コラム 「三種の神器」にみる戦前の教科書と育鵬社の関係

コラム「神話に見るわが国誕生の物語」に「三種の神器《じんぎ》」の説明があります。ここでは天照大神がニニギを地上につかわす時にあたえた神器を「八咫鏡《やたのかがみ》」「八尺瓊勾玉《やさかにのまがたま》」「天叢雲剣《あめのむらくものつるぎ》」と称していますが、このうちの剣については、記紀には「天叢雲剣」ではなく「草薙剣《くさなぎのつるぎ》」とあります。たしかに「天叢雲剣」は「草薙剣」の別名ですが、実は戦前の「国史」の国定教科書にも三種の神器の剣は「天叢雲剣」とされているのです。また同コラムの神器の記載は鏡・玉・剣の順になっていますが、記紀の記載順は玉・鏡・剣です。これも国定教科書をみると1934年発行版までは記紀どおり玉が先ですが、1940年発行版からは伊勢神宮の「御神体」と崇《あが》められた鏡が先に記載されています。

以上からこのコラムは、『古事記』『日本書紀』ではなく国定教科書に基づいて書かれていることがわかります。国定教科書とこのコラムを比較すると両者の構成や表現はそっくりです。

④ 日本人の宗教観をめぐる問題点

コラム「日本人の宗教観」の「神道はわが国固有の民族宗教」という神道の理解は、神社神道を中心とする今日の神道の原点が、明治政府が神社を通じて天皇と国民を結びつけるためにつくりだした国家神道にあることをふまえておらず、正しい理解ではありません。

皇室の文化や祭祀も、明治政府によってそれまでのあり方が大幅に改編されています。同コラムが皇室祭祀と民間祭祀の「深い信仰的つながり」を示す例とする春分と秋分の皇霊祭《こうれいさい》は、古代以来仏教式で行われていた皇室の祖先祭祀が神道式に改められて、1878年に成立したものです。春分・秋分を中日とする彼岸《ひがん》の祭祀は仏教に由来し、この時季に民間でも皇室でも祖先祭祀が行われるのは仏教の影響によるものであり、皇室と民間とが信仰的につながっているからではありません。むしろ彼岸の行事が民間では仏事中心で行われるのに対し、神道で行われる皇室の皇霊祭は異質です。

歴史 3

古代の東アジアと日本

【育鵬社】p25 ～ 26,p30 ～ 31,p37 ～ 39「稲作・弥生文化と邪馬台国」「大和朝廷と東アジア」「聖徳太子の国づくり」「大化の改新と激動の東アジア」

ここで学びたいこと

❶ 小国の成立と中国への朝貢

弥生時代に成立した小国の王たちは、早い段階から中国に朝貢 (皇帝への貢物) をしました。

『漢書《かんじょ》地理志』に記されている紀元前 1 世紀ころの小国、『後漢書東夷伝《ごかんじょとういでん》』に記され 57 年に金印 (印綬《いんじゅ》) を与えられている奴《な》国王、『魏志倭人伝《ぎしわじんでん》』に 239 年に朝貢したと記されている邪馬台《やまたい》国の女王卑弥呼《ひみこ》などです。王たちは他の小国に対して優位に立つなどの理由から中国に朝貢したと考えられます。

❷ ヤマト王権と東アジア

古墳時代になると、ヤマト王権は朝鮮半島の高句麗《こうくり》《コグリョ》、新羅《しらぎ》《シルラ》、百済《くだら》《ペクチェ》、伽耶《かや》《カヤ》諸国などと抗争したり、連合したりするようになります。5 世紀に倭《わ》の五王が中国の南朝に朝貢した背景には、このような朝鮮半島の動きのなかでヤマト王権が有利な地位を確保するねらいがあったと考えられます。

❸ 渡来人の活動

この時期に倭には継続的に、主に朝鮮半島から多くの渡来人がやってきて、機織《はたお》りなどの技術を伝えたり、文字の使用などで大きな役割を果たしました。なかには秦《はた》氏などのようにヤマト王権を支える大きな勢力となったものも現れました。

❹ 遣隋使・遣唐使の派遣

589 年に隋《ずい》が中国を統一したことは、東アジアにとって非常に重要な出来事でした。倭もそれに対応するために、600 年、607 年と遣隋使《けんずいし》を派遣しました。

隋が滅び、唐が成立すると、継続して遣唐使《けんとうし》を派遣し、使者たちから得た情報を参考としながら、倭は律令国家を形成していきました。

ここが問題！

① ヤマト王権の時期の日朝関係

4 世紀末～ 6 世紀の日朝関係に関して、育鵬社は本文で「任那《みまな》《イムナ》（加羅《から》《カラ》・伽耶)」とまず書いた上で、それ以降は「任那」とだけ書いています。

最近の研究では、任那は半島南端の国々＝伽耶諸国の総称ではなく、その一国の金官国を指すと考えられています。それを反映させて、東京書籍は加羅（任那)、帝国書院は加羅（伽耶）と書いています。

育鵬社の書き方は、日本書紀が記す任那日本府を連想させ、朝鮮半島南端を倭が支配していたイメージを生徒に与えかねません。そして この時期の日朝関係は、倭が半島南端を支配するということではなく、伽耶諸国や百済と関係を深めながら半島に出兵し、高句麗と戦い、敗北もし（高《こう》句《く》麗《り》広開《こうかい》土《ど》王《おう》碑文）、その打開のために百済の勧めで、5世紀に倭の五王が、中国の南朝の宋に朝貢したと考えるのが通説です。

このような東アジアの情勢の中で倭にやってきた人びとを、自由社をのぞく他社は渡来人と書いていますが、育鵬社は「帰化人（渡来人）」と書いています。

帰化人を前面に出しているのは、彼・彼女らを倭の大王の勢力に従った人びとと位置づけたいためでしょう。

しかし、渡来人はそのような意識をもっていたとは考えられません。むしろ、さまざまな進んだ技術や文化を伝えた側面を重視すべきでしょう。

育鵬社のこのような用語使用にも、倭を朝鮮半島諸国よりも上位に見る姿勢がうかがえます。

コラム　日本という国号

旧石器文化の部分に日本人と出てきても、奇異には感じないと思います。しかし、厳密にいえば、日本という国号は7世紀後半に用いられ始めたものです（育鵬社でも 39 頁に記されています）。

2011 年に、西安で見つかった百済人の墓誌に「日本」の文字が確認され、日本という国号の使用は 670 年代後半に遡ることが明らかになりました。

ところで、なぜ「日本」と名付けられたのでしょうか。日出づる＝太陽が昇る方角＝東にある国だと思われるでしょう。確かに正解ですが、それでは、どこから見て太陽が昇る方角なのでしょうか。

それは日本ではなく、唐から見てのことです。日本という国号が国際的な意味のある命名で、しかも最古の例も国際的な世界の中で発見されたものなのです。古代の歴史も国際的に考えなければならないことが、このことからもわかります。

2　7世紀の東アジア情勢と日本の律令国家の形成

コラム「天皇と皇帝－聖徳太子の気概」では、隋の皇帝に送った手紙の「日《ひ》出《い》づる処《ところ》の天子」「日《ひ》没《ぼっ》する処の天子」という言葉を挙げて、「小国とはいえ、日本は独立国として中国と対等だという意味がこめられていました」、さらに『日本書紀』の記述の「東の天皇」「西の皇帝」を挙げ、この時から「天皇の称号が使われたことが記されています」とし、「中国の影響力からぬけ出そうとする政治的な動きを示して」いるとしています。

つまり、日本（この時期は倭といった方が正確です）が中国と対等な独立国であることを強調したいのだと考えられます。

しかし、日本の大王・天皇は7、8世紀に中国の皇帝と対等であると国際的に認められていたわけではありませんし（たとえば遣唐使は朝貢使であると考えるのが通説です）、天皇という称号の使用時期は、天武期（680 年前後）とする説が有力です。東京書籍や帝国書院などはそのような記述をしています。

育鵬社は少数派の説に推論を重ねて自説を裏づけようとしているのです。このような姿勢は歴史を学ぶさいには最も避けるべきことでしょう。

歴史 4

律令国家と民衆

【育鵬社】p36,p42-43「聖徳太子の国づくり」「大宝律令と平城京」

ここで学びたいこと

❶ 聖徳太子の政治と大宝律令の成立

かつては聖徳太子（実際は厩戸王《うまやとのおう》）の理想を実現したのが、大化改新にはじまる律令《りつりょう》国家の成立とされていました。これは誤りです。

隋《ずい》の中国統一は東アジア諸国を緊張させ、政治変革をもたらします。推古《すいこ》朝（太子の時代）の変革もこれに起因し、官位制・官司制が一部あらわれますが、前代以来の部民《べみん》制・屯倉《みやけ》制を否定するものではなく、氏姓《しせい》制度を前提としています。

律令による中央集権体制は、663年の白村江《はくすきのえ》の戦いの敗北以後、唐・新羅《しらぎ》《シルラ》の侵攻の危機に対応して、その整備が徐々にすすめられました。それは先進的な唐の律令を日本の実情にあわせて改変するかたちで行われました。そして、大宝《たいほう》律令の制定によって律令国家は確立します。

❷ 平城京と人びとの暮らし

7世紀末の藤原京段階以前は、天皇（大王《おおきみ》）の代替わりごとに、都となる宮《みや》が移動していました。律令国家と天皇制が確立すると、中国のような固定的な都城が必要とされました。最終的には8世紀初頭の唐の長安城を参考に平城京が建設されました。

太政官《だいじょうかん》を頂点とする中央政府では、天皇がすべての国策を決定するというシステムをとり、その下で貴族が政治・外交を行いました。都と地方支配の拠点である国府《こくふ》は、幅10メートル以上の直線を基本とする官道《かんどう》（七道）でむすばれました（図参照）。貴族の一部は国を管轄する国司《こくし》となり、この官道を利用して地方（国府）に赴任しました。国司は地方の有力者から採用される郡司《ぐんじ》を使い、律令にもとづく国内支配を行いました。こうして、律令国家は中央集権的な全国支配を実現していました。

律令国家は6歳以上の男女すべてに口分田《くぶんでん》を班給して生活基盤の一部を与え、租税・力役・兵士役などを徴収し、国家財政や軍事力の維持をはかりました。この過重負担は民衆の生活を圧迫し、浮浪《ふろう》・逃亡などの抵抗を呼び起こしたり、口分田の荒廃を招きます。

ここが問題！

❶ 聖徳太子の政治と大宝律令の成立

育鵬社は単元を「聖徳太子の国づくり」として聖徳太子を過大に評価します。しかも太子が「蘇我《そが》氏の強大な力に歯止めをかけ」たとあるのは史実に明らかに反します。実際には大王の推古による決裁権のもとで、太子と蘇我馬子の共同執政が行われていました。他社も蘇我氏（馬子）との共同執政とします。

また育鵬社は、のちの神道につながる信仰も尊ぶ太子の姿勢を記述します。しかし、『日本書紀』の推古15年条に神祇祭祀《じんぎさいし》の励行の詔《みことのり》があっても、膨大な仏教関係記事にくらべれば、特記するには値しません。神道は仏教の影響によって成立する事実からすれば潤色《じゅんしょく》の可能性すらあります。

中央官制に関して育鵬社は、「神々のまつりを受けもつ」官司として神祇官を本文で取りあげます。しかし、国政を担当する太政官は取りあげても、神祇官を本文で取りあげる中学校教科書はありません。実際にも神祇官長官の位階は八省の長官より低く、神祇官をことさらに重視することは、律令国家の特質を見失うことにもなります。

ここまで神道にこだわるのは、明らかに第二次世界大戦までの国民を天皇制の下に呪縛《じゅばく》した国家神道を意識しているからです。

また、大宝律令の制定時の文武《もんむ》天皇という中学レベルで必要性のない天皇をあげながら、それより明らかに重要な、飛鳥浄御原令《あすかきよみはらりょう》制定・藤原京遷都の持統《じとう》天皇、平城京遷都・和同開珎《わどうかいちん》発行の元正《げんしょう》天皇という女性天皇をあげないのは、明らかに不自然です。女性差別あるいは軽視の所産でしょう。

❷ 平城京と人びとの暮らし

育鵬社は「蝦夷《えみし》の勢力に備えるための柵《さく》」と、蝦夷が一方的に国家を襲撃するかのように記述します。しかし、国家が東北辺境《へんきょう》民を政治的に蝦夷として差別するだけでなく、侵略までしたことにより、蝦夷の反乱が起こります。

育鵬社は農民の浮浪・逃亡の原因を、「天候不順や疫病」に求めます。国家の側の税負担の過重にはふれません。それがもたらす貧困と困窮を示す貧窮問答歌《ひんきゅうもんどうか》や、民衆の竪穴《たてあな》住居なども取りあげず、貴族とくらべて貧しい民衆像はいっさい無視しています。

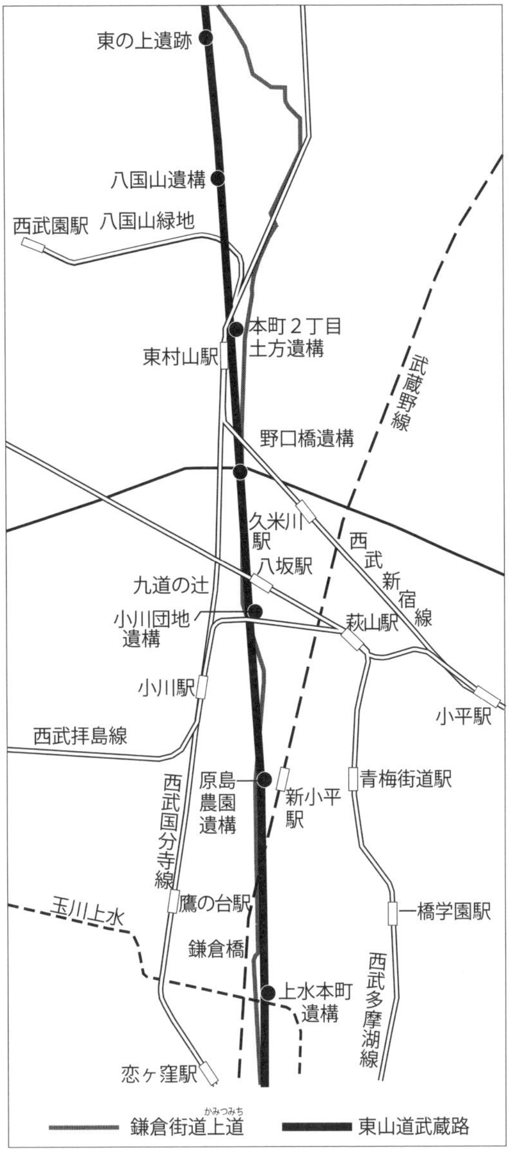

《図解説》古代東山道武蔵路は、相模国府（現海老名市）からまっすぐ武蔵国府（現府中市）まで多摩丘陵を突っ切りながら直線で北上し、武蔵国府からやはりほぼ直線で上野国府まで北上する。そのさい、中世鎌倉街道が幅２m前後で狭山丘陵を東に迂回するルートをとるのに対して、古代東山道は狭山丘陵の高い部分を削りながら直線で通っている。このように、古代官道は都と各国府を直線で結び、天皇の権威を視覚的に現出する。
出典：木本雅康「宝亀２年以前の東山道武蔵路について」（『古代交通研究』創刊号、1992 年）の図をもとに作成。

歴史
5

摂関政治と国風文化

【育鵬社】p50 ～ 53「平安京と摂関政治」「新しい仏教と国風文化」

ここで学びたいこと

1 平安京遷都と律令国家の再編

渡来人を母に天智系を父にもつ桓武《かんむ》天皇は、それまでの天武《てんむ》系とは違った王朝をつくり王権を強化するために、長岡京・平安京に遷都《せんと》し、東北地方の「蝦夷《えみし》」征討のため大軍を送りました。労働力確保と軍事力強化のために九州と東北をのぞく軍団を廃止し健児《こんでい》（郡司などの子弟を兵士とする制度）を置きました。この造都と征夷《せいい》は莫大な費用を要し、災害も多く、農民は疲弊したため、結局両方とも中止しました。農民の負担を軽減しなければならなかったからです。

2 摂関政治

9世紀に新しく設置された天皇の秘書官長である蔵人頭《くろうどのとう》の役職につくことで政治的力を伸ばした藤原氏は、他の貴族を退け、娘を后《きさき》にし、天皇の母方の親族である外戚《がいせき》となり、天皇が幼少期は摂《せっ》政《しょう》として天皇を代行し、成人すると関白《かんぱく》として補佐しました。

3 公領と荘園

9世紀になると、農民は税を逃れるために戸籍を偽ったり、土地から逃亡するなどの抵抗をしました。10世紀初頭には班田収授も行わなくなりました。一方、人びとを雇って開墾させ広い土地を持つ有力者も現れました。朝廷は、口分田《くぶんでん》などの土地を公領として有力農民に請け負わせ、耕作面積に応じて税を徴収する方法に転換します。さらに、一定額の税を中央朝廷に納入することを条件に、国司に地方の政治を任せました。平安中・後期には、有力農民は、気候の温暖化や農業技術の発達などによって、土地の再開発や原野の開墾などで土地を広げました。税免除のために開発地を上級貴族や大寺院に寄進することもありました。こうしてできた荘園が院政期に増加します。

4 国風文化

平安時代初頭の9世紀は唐風文化を積極的に取り入れた時代です。仏教でも、空海《くうかい》や最澄《さいちょう》が新しい中国仏教の影響のもと新しい仏教を持ち帰りました。10世紀以降になると、唐の衰退による遣《けん》唐使《とうし》廃止により国家同士の交流はなくなりましたが、商船の往来により唐物《からもの》が珍重され、日本の伝統と中国文化とを融合させた日本の風土や習慣にあった文化が生まれました。これが国風文化です。

ここが問題！

1 天皇の政治力や権威の強調

「桓武天皇は律令政治を立て直すため、地方政治に力をいれました。……農民の負担を減らすため兵役を免除したり、雑徭《ぞうよう》とよばれる労役の日数を減らすなどの改革を行いました」とあり、なぜ兵役や雑徭減免の措置をとらねばならなかったのか、原因を書いていません。また、「東北地方に住む蝦夷がおこした反乱」とあり、その前に行われた桓武天皇による「征夷」、つまり中国の皇帝にならって夷狄《いてき》蝦夷を支配するための軍事行動を書いていません。しかも地図には「東北地方への進出」「服属」と書き、「律令のしくみを東北地方」に広げた結果、自然に服従したように書いています。

しかし、延暦《えんりゃく》12（793）年、それまでの「征東使《せいとうし》」を「征夷使」と改め、翌年10万の大軍を送り込みます。まさに、平安京遷都と征夷大軍派遣は同年だったのです。そのため、東北征服の軍事や、天皇権力誇示のための造都に駆り出された農民たちが、浮浪や逃亡などの抵抗を示し、疲弊したのが実態でした。

「律令国家のしくみが整ってくると、天皇が直接政治にたずさわることは少なくなり」と摂関政治を説明し、歴史を超越した天皇の精神的権威を強調しますが、摂関時代にも政治的な最終決定は天皇だったからこそ、摂政・関白などの天皇の代行や補佐が必要でした。

コラム　女房の役目と紫式部

「一族の娘に、后としてふさわしい教養やたしなみを身につけさせるため、藤原氏は家庭教師役としてすぐれた女房を募集しました。その中にいたのが清少納言や紫式部でした」とありますが、女房は、天皇や后と貴族たちとの取り次ぎ役や文書作成、乳母・衣装づくり・雑用等々、多くの仕事をしており、家庭教師役のみに特化すべきではありません。

また、「宮中に勤めており、その体験をもとに小説を書いた」紫式部は「女流作家」（p59）で、『源氏物語』は、「世界最古の長編小説ともいわれる」、「大和言葉で世界に誇る長編小説」（p59）と強調しますが、紫式部が『源氏物語』を書き始めたのは、女房勤めする前からであり、ベストセラーになったのでスカウトされました。しかも、貴族女性は、漢籍も学んでおり、「大和言葉」で書かれていても、中国文学をしっかり理解し下敷きにして書いています。

なお「男流作家」とは言わないので「女流作家」は不適切です。

2 土地制度と地方政治

10世紀に班田制が行われなくなり、公地公民の原則がくずれ、貴族や大寺院や豪族が「私有地である荘園をもつようになりました」とするのは正確ではありません。荘園が広く展開するのはこれよりあとの院政期です。だから、荘園の学習は院政期で展開する必要があります。また、国司が代理を送る遥任制《ようにんせい》が一般化するのは院政期です。「地方では、役人が勝手に税を取り立てるなどしたため、農民の暮らしは安定しませんでした」と、農民の困窮の責任を地方役人に転嫁《てんか》しています。

3 新しい仏教と国風文化

ほかの教科書では、「摂関政治と文化の国風化」（東京書籍）などと一項にまとめていますが、育鵬社は「新しい仏教と国風文化」という政治とは別の一項をたて、宗教と文化を強調します。「新しい仏教は政治からはなれ……国家の平安を祈りました」との表現は、最澄の天皇への接近などがわからなくなり、宗教と政治の関係があたかも弱い印象を与え、宗教が政治と密接不可分だった歴史が見えなくなります。また、「優美で繊細な日本独自の貴族文化」と独自性を強調したうえ、「最初の勅撰《ちょくせん》和歌集となる『古今和歌集』」とほかの教科書にはない「勅撰」を取りあげ、文化が天皇主導により発展したと強調するのは偏った見方です。

コラム
》1《

「つくる会」系教科書（育鵬社・自由社）の採択一覧

出版社	科目	公立中学校	公立学校	私立中学校
育鵬社	歴史 公民	**栃木県**大田原市 **東京都**大田区・武蔵村山市 **神奈川県**横浜市・藤沢市 **広島県**呉市 **愛媛県**今治市・四国中央市・同越智地区（上島町） 計9地区	**埼玉県立**伊那学園中学校、**東京都立**小石川中等教育学校・桜修館中等教育学校・両国高校付属中学校・富士高校付属中学校・武蔵高校付属中学校・白鷗高校付属中学校・大泉高校付属中学校・立川国際高校付属中学校・南多摩中等教育学校・三鷹中等教育学校、**神奈川県立**特別支援学校、**横浜市立**南高校附属中学校・特別支援学校、**香川県立**高松北中学校、**愛媛県立**今治西中等教育学校・松山西中等教育学校・宇和島南中等教育学校・特別支援学校	**栃木県**国学院栃木中学校・幸福の科学学園中学校、**群馬県**樹徳中学校、**千葉県**麗澤中学校、**東京都**松陰中学校、神奈川県横浜中学校、**福井県**福井工業大学附属福井中学校、**岐阜県**麗澤瑞浪中学校、**三重県**津田学園中学校・皇学館中学校、**大阪府**浪速中学校、**島根県**開星中学校、**岡山県**岡山学芸館清秀中学校、**広島県**近畿大学附属福山中学校、**高知県**明徳義塾中学校
	歴史	**島根県**益田地区（益田市・津和野町・吉賀町） **山口県**岩国地区（岩国市・和木町） 計2地区	**東京都立**特別支援学校、**神奈川県立**平塚中等教育学校	**東京都**日大豊山中学校、**岡山県**岡山理科大付属中学校、**広島県**近畿大学附属東広島中学校
	公民	**大阪府**東大阪市、**広島県**尾道市 計2地区		**大阪府**清風中学校・相愛中学校、**兵庫県**甲子園学院中学校
自由社	歴史 公民			**茨城県**常総学院中学校、**大阪府**開明中学校
	歴史			**埼玉県**浦和実業学園中学校、**東京都**東京都市大学附属等々力中学校、**兵庫県**甲子園学院中学校、**熊本県**真和中学校・鎮西中学校
	公民		**東京都立**特別支援学校	**宮城県**古川学園中学校、**東京都**東京女子学園中学校

※育鵬社　歴史 47,812 冊（3.7%）　公民 48,569 冊（4.0%）
　自由社　歴史 830 冊（0.07%）　公民 654 冊（0.05%）
※自由社版教科書は、「新しい歴史教科書をつくる会」（「つくる会」）が編集
※冊数は文部科学省発表（2011 年 11 月 1 日）による
※未解決の沖縄八重山地区は除く

Ⅱ章
中世・近世日本の民衆と武士

平安時代末期から江戸時代までの中世・近世といわれる時代は、武士が支配した時代でした。武士とはどのようにして生まれ、どういう存在だったのか、それは時代とともにどう変わっていったのか、武士と天皇との関係はどう推移していったのかなど、武士による支配のありかたを正確にとらえておく必要があります。

この時期は、民衆の力が大きく発展しました。そのなかから生まれた民衆と武士の関係とその変化が、近代も含めてのちの日本社会のありかたにいろいろな影響を及ぼしています。

また、この時期は古代よりもいっそう活発に、アジアやさらにはヨーロッパなどとの交流が進みます。世界という広い視野から日本をとらえることが、いっそう重要になった時代でもあります。

歴史
6

武士の登場

【育鵬社】p64 ～ 69「武士の登場と院政」「武士の世の到来と鎌倉幕府」「幕府政治の展開と人々の暮らし」

ここで学びたいこと

1 平氏政権と鎌倉幕府

平氏政権は武士が作った最初の政権です。日宋《にっそう》貿易を推進するなど斬新《ざんしん》な面がありました。源 頼朝《みなもとのよりとも》は平氏との戦いで倒した敵の土地を没収し、その土地を味方に与え地頭《じとう》に任命します。地頭は平氏が任命した事例も知られますが、頼朝は没収地給与として地頭を任命していきます。地頭制はこのように御恩《ごおん》として頼朝がはじめたものを、のちに義経追討《よしつねついとう》を口実に後白河法皇《ごしらかわほうおう》に認めさせたものです。こうして頼朝は武士との間に御恩と奉公の主従関係を成立させます。

この御家人《ごけにん》制に基づく政権が鎌倉幕府です。

2 地頭の支配

地頭は武力を使って農民から不当な取り立てを行うこともありました。しかし紀伊《きい》国（和歌山県）の阿弖河荘《あてがわのしょう》のように農民が団結して地頭の支配に抵抗したところもあります。農民たちはだんだんと結びつきを深めていきました。

ここが問題！

1 平氏政権をどうとらえるか

平氏が「藤原氏と同じような行動をとったため、武士たちは失望や不満をいだくようになりました」、「清盛が病死すると、人々は新しい時代のにない手として、源氏に期待を寄せるようになりました」とありますが、まったく根拠のない記述です。

平氏に対する反発は治承《じしょう》3（1179）年に後白河上皇《じょうこう》の院政を停止させ、反平氏派の貴族を政府から追い出したこと、地方で一部の武士を家来に組織したことなどから生まれるのです。外戚《がいせき》関係や荘園領有が原因ではありません。外戚関係なら頼朝も自分の女《むすめ》を入内《じゅだい》(天皇の后となる)させようとしますし、荘園も領有します。平氏とあまり変わりません。

育鵬社は史実を見ずに平氏は貴族的で古いもの、頼朝は質素で力強い武士で新しい時代の担い手という、図式的な描き方をしすぎています。

2 問題の多い「源平合戦」のとらえ方

頼朝挙兵から平家滅亡にいたる戦いを「源平合戦」とよんでいますが、この戦いは単なる源氏と平氏の戦いではありません。中学教科書では使いませんが、学会では治承寿永《じしょうじゅえい》の内乱とか、奥州藤原氏滅亡までを一貫してとらえ、源平の内乱とよんでいます。

平氏は次第に各地の武士を家来に組織しましたが、そうして平氏の家来となって勢力を伸ばす武士に対し、各地域におけるライバルの武士が反発しました。このような地域ごとの対立を背景に戦われたからこそ、この戦争は全国的な戦いになったのです。

地域の民衆も逆茂木《さかもぎ》や堀などの交通遮断施設造りや投石などに動員されています。源平の戦いにさまざまな地域対立、民衆、あるいは寺社勢力も加わり、まさに内乱とよばれる状態だったのです。

頼朝が挙兵したのも、以仁王《もちひとおう》の呼びかけに応じたからではありません。頼朝が挙兵するのは、以仁王の呼びかけから３カ月も経ってからのことです。このころ、平氏による監視が強まり命の危険が迫ったから挙兵するのです。

3 単純な武士像

武士の描き方も単純です。

育鵬社は、武士は都の華やかさを嫌い、質素で力強く、日ごろから戦いに備え、名を重んじ恥を知るものだと、武士を理想的に、強調して描きます。しかし以下に述べるように実際にはちがいます。

武士はこの時代の地域の支配者でした。そのため当時の武士の館は大道や水路に面したところ、物資や情報の集まるところに立地しています。当然さまざまな品物が集まりました。武士の館の発掘では、中国製の陶磁器などぜいたく品がしばしば出土しています。

源義経は壇ノ浦で平氏の船を漕いでいた非戦闘員の水夫を殺すなど、当時の戦いのルールを無視した戦法をとりました。とても武士が恥を知るとはいえないでしょう。

鎌倉時代に描かれた男《お》衾《ぶすま》三郎絵巻には、田舎で質素に暮らし武芸に励む男衾三郎と、都にあこがれ華やかに暮らす兄の吉見二郎が、対比的に描かれています。武士にもいろいろなタイプがあったのです。

紀伊国阿弖河荘で地頭は、「命令に従わなければ女子供の耳や鼻を切り落とす」と農民を脅しています。武芸、すなわち殺生を業とする武士の非法を訴える史料は他にもあります。

武士を、名を重んじ恥を知る存在に変えるために、江戸幕府がさまざまな政策を打ち出したことはすでに指摘されています。

これらを思い合わせれば、この教科書の描く武士像は、超歴史的な思いこみによるものといえます。

コラム　尼《あま》将軍・北条政子

中世では夫の死没後、後家《ごけ》が実質的な家長となって所領などを守りました。女性の地頭も存在しました。そしてこのような後家の代表的な事例が北条政子です。

政子は頼朝の死の直後からその力を発揮し、２代将軍頼家《よりいえ》の起こすトラブルを解決しています。頼家から実朝《さねとも》への将軍交代も政子の意志が影響していると言われます。さらに承久《じょうきゅう》の乱の際に動揺する御家人たちを集め「頼朝が鎌倉幕府を作って以来の恩顧《おんこ》は山よりも高く海よりも深い。名を惜しむ者はすぐに上皇方を討ち取りなさい」と演説して御家人たちの気持ちを一つにまとめています。

承久の乱後も将軍に迎えた九条頼経《よりつね》が幼いため、政子が将軍としての実権を握りました。御《ご》成敗式目《せいばいしきもく》第７条にも頼朝以後、頼家、実朝の将軍および政子が与えた所領を別格扱いする規程があります。当時の人々は政子を将軍と同格と見なしていたのです。

政子はまさしく尼《あま》将軍だったのです。

歴史
7

モンゴル襲来と国際交流

【育鵬社】p72 ～ 73,p76 ～ 77「元寇と鎌倉幕府のおとろえ」
「室町幕府と東アジア」

ここで学びたいこと

1 モンゴル帝国の意義と周辺諸国への襲来

モンゴル帝国の成立は、世界史上の画期の１つです。単にユーラシア規模の広がりをもつ巨大な帝国ができたということだけでなく、軍事力はもちろん、商業や情報伝達を重視した、ネットワーク型の世界帝国が生まれたということが重要です。これにより、海陸にわたる物流の円環構造ができあがりました。

そして、モンゴル帝国の襲来を受けたのは日本だけではありません。宋《そう》や高麗《こうらい》《コリョ》、東南アジア諸国も軍事侵略を受けました。とくに高麗は 30 年にわたり抵抗を続け、それが日本へのモンゴル襲来を遅らせた大きな原因となっています。ベトナム・チャンパの抵抗も、日本への第三次モンゴル襲来を断念させた重要な背景のひとつです。

2 宋・元・明の時代のアジアの国際交流

モンゴル襲来の前後には、商船や留学僧の行き来が実にひんぱんに行われました。宋や元《げん》の文化・文物の摂取や中国製銅銭の大量輸入が、日本における貨幣経済の進展や、伝統的な日本文化の形成に大きな影響を与えていきます。

10 ～ 16 世紀の宋・元・明代《みんだい》の中国を中心に、ユーラシア東方の海域世界は活発な交流を繰り広げました。その経験が、日本列島はもちろん、それを取り巻くアジアや世界の歴史をさらに大きく動かしていったことが大切です。たとえば 16 世紀なかばの日本銀は、世界をかけめぐりました。

ここが問題！

1 モンゴル帝国の歴史的意義がわからない

モンゴル帝国は、「かつてない大帝国を築き上げました」と記され、その領土を示す地図が掲載されますが、前記のようなネットワーク帝国であることが理解できるような工夫が見られません。

2 密接だったアジアの中の交流が具体的にわからない

モンゴル襲来の前後（13 世紀半～ 14 世紀半、鎌倉後期～南北朝前期）は、東アジア海域の交易がもっともさかんな時期の１つでした。渡来僧の活動や、多数の日本人僧の渡海・留学により、禅宗《ぜんしゅう》や抹茶式喫茶文化が日本に伝わり、のちに日本の伝統文化となっていきます。

また、元朝《げんちょう》が 1270 年代に銅銭使用を禁止したことで、中国銭が大量に日本列島やインドネシアなどに流入し、各地の貨幣経済化を促したことも重要です。そうした経済変動が将軍の家来である御家人《ごけにん》たちを借金苦に追いやったという説明がなければ、借金を帳消しにした永仁《えいにん》の徳政令を理解することは困難でしょう。

育鵬社では、中世日本と東アジアの間で、いったいどんなものが交流し、交換されていたのか、まったくイメージがわきません。自給自足的で不変不動な社会が各地に並立していて、突如として暴力的なモンゴルが襲ってきた、あるいは明皇帝とのあいだの朝貢《ちょうこう》関係に組みこまれた、そんな印象しか浮かばないのです。たとえば、「琉球は地理的な利点を生かし、東アジアと東南アジアの国々を結ぶ中継貿易によって栄え」たと書かれていますが、第1に明との朝貢関係（琉球は明から随分と優遇されていました）、第2に中継貿易の中味（南海産香辛料類と中国産陶磁器等との交換）にふれなくては、琉球王国の形成過程や特質はつかめないでしょう。また、北海道アイヌの記述でも、和人《わじん》（シャモ）との接触や交流がまったく描かれないのは問題です。

コラム 倭寇《わこう》

前期（14世紀後半）・後期（16世紀中ごろ）倭寇の主体が日本人かどうかという問題は、最近よく話題にのぼります。では、そもそも倭寇とは何なのでしょうか。倭寇という言葉は、中国や朝鮮の史料のみにあらわれます。中国・朝鮮の国家的秩序をゆるがすものとして倭寇は位置づけられていました。それを応用して、権力者が自分の敵対勢力に倭寇のラベルを貼る場合さえありました。つまり、民族的にも集団的にも多様なものに、「倭寇」という呼び名が等しく与えられたのです。さらにいえば、ここでいう民族が、近代の国民＝ネイションと直結するものでないことは、いうまでもありません（民族を含むさまざまな共同体の成立については、小坂井敏晶『増補：民族という虚構』〔ちくま学芸文庫、2011年〕が興味深い）。

歴史上の民族や集団、共同体、あるいはその多元性や連続と断続などについて具体的に考えさせてくれる好個の素材が、この倭寇でしょう。

③ 周辺諸地域への「元寇」と抵抗の事実を

モンゴル帝国は，各地に服属をよびかけ、拒絶に遭《あ》えばしばしば軍事侵攻に乗り出しました。日本だけでなく周辺諸民族が、モンゴル襲来という共通の歴史的経験をもったという事実は、地球社会に生きる私たちにとってとても大切です。そして高麗やベトナムなどの抵抗が根強く続けられたことで、モンゴルの日本への襲来が遅れ、第三次侵攻計画も沙汰止《さたや》みとなりました。しかし育鵬社には、周辺諸国・諸地域のモンゴル帝国への抵抗がまったく記述されていません。日本の武士の活躍や「神風」に目を向けるだけでは、歴史の全体的な流れを見ることができなくなります。

④ もっと客観的な事実を！

育鵬社には、客観的事実といえないことが書かれています。「国難に対処しようと九州各地から集まった多くの御家人たち」とありますが、同ページに掲げられた『蒙古襲来絵詞《もうこしゅうらいえことば》』が示唆するように、本音は恩賞《おんしょう》めあてだった武士もいたはずです。また第一次襲来（文永《ぶんえい》の役）について、「武器を消耗した元軍は、日本側の夜襲をおそれて……撤退しました。このとき軍船は暴風雨に襲われ」とありますが、これも客観的記述とはいえません。このとき暴風雨が実際に吹いたかどうかも、肯定と否定の両説あり、わかりません。

また、後期倭寇《わこう》について「九州や琉球を根拠地として」いたと注記がありますが、琉球については根拠不明です。16世紀の琉球は、密貿易集団に中継貿易の利を奪われ、那覇港に三重城《みえぐすく》など軍事防御《ぼうぎょ》施設を作る必要に迫られるなど、むしろ後期倭寇の被害者でした。

歴史
8

産業の発達と民衆の成長

【育鵬社】p78 ～ 81「戦国時代と人々の暮らし」「戦国大名の富国策―信玄堤」

ここで学びたいこと

1 産業の発達

15 ～ 16 世紀は、農業生産力の発展により、自立した経営を営む農民が増え、商品作物の栽培が盛んになった時期です。それとともに手工業生産も発展し、商品流通が活発になりました。

2 民衆の成長

そこで、人びとを結ぶ関係が広く複雑になって新しい対立も生まれ、協力・共同や紛争の解決が重要な課題となってきました。そのため、農村では有力な農民を中心に惣《そう》とよばれる自治組織が成立し、さらには、村を越えた一揆《いっき》とよばれる共同の運動と組織が、荘園領主や守護に要求を突きつけるようにもなりました。

3 室町幕府の衰退

室町幕府や守護は、こうした動向にうまく対応することができず、かえって後継ぎ問題での内輪もめから応仁《おうにん》の乱を引き起こし、力を弱めていきました。

4 戦国大名の成立

それにかわって、社会の動きを踏まえた支配を行う戦国大名が生まれ、新しい秩序が作り出されていきました。

この項目では、全体として、こうした経済や民衆の動きを基礎として、近世にもつながる新しい社会秩序が生み出されていく流れを学ぶことが大切です。

ここが問題！

1 記述の順序

他社の教科書、たとえば帝国書院では、「1技術の発達とさまざまな職業、2民衆による自力救済、3全国に広がる下剋上、4庶民生活の大きな変化」という流れに沿って叙述されています。ところが育鵬社では、「室町幕府のおとろえ」→「戦国大名の登場」→「産業の発達と都市」→「広がる自治の動き」という順序になっています。

たいした違いではないと思われるかもしれませんが、そうではありません。社会を変化・発展させ歴史を動かす基本的担い手が誰であるのかを、見誤らせることになるからです。実際、「戦国大名の登場」の項で「領国を豊かにするため、治山・治水に努めたり、鉱山の開発や交通路の整備などにも力を入れたため、各地で農業生産力が高まり、産業の発達も見られました」と書かれた後で、「産業の発達と都市」の項が始まっています。これでは、戦国大名が「領国経営」に努めたため、産業が発達し人びとが豊かになったというイメージになってしまいます。「読み物コラム」で「戦国大名の富国策－信玄堤《しんげんづつみ》」を取りあげているのは、そうしたイメージを強める目的があると思われます。

戦国大名が「富国策」をとったことは事実ですが、育鵬社の「読み物コラム」にも「その目的は、一に民の心をつかむこと、二に年貢を確実にとること」と書かれているように、民衆や社会の要請に応じることで支配を安定させようとしたのです。この点をはっきりさせないと、〝人物が創る歴史〟の視点」（市販用付録p8）でも示されているように、歴史は「偉人」の力によって作り出されてきたのだという歴史観が、植え付けられることになりかねません。

田植えの風景（月次風俗図屏風《つきなみふうぞくずびょうぶ》　東京国立博物館所蔵）
Image:TNM Image Archives

2 記述の順序の混乱による不正確な記述

「独自な」順序で叙述したため、理解が混乱する危険があります。たとえば、自治の広がりが戦国大名登場の後で説明されているのに、そこでまた、「守護大名に対して年貢を減らすよう求めたり」とか、「守護大名《しゅごだいみょう》から都市の自治権を買い取り」というように、「守護大名」が登場し、時代を戦国大名の前の時代に逆戻りさせています。

ここで、「年貢を減らすよう求め」た相手は守護大名ではなく荘園領主など土地の所有者です。また、確かに堺や博多の町衆《まちしゅう》は守護などの支配権力に協力的で「献金」などもしましたが、「自治権を買い取」ったというように、上から自治権が与えられたわけではありません。むしろ、支配権力が彼らの自治を利用していたのです。

応仁の乱が勃発《ぼっぱつ》した原因を、「細川氏と山名氏の争いに、将軍家や管領《かんれい》家の畠山・斯波《しば》両氏の跡継ぎ争いが結びつき」と説明していますが、これも順序が逆で、将軍家や畠山・斯波氏の跡継ぎ争いが先《ま》ずあって、それに幕府の実力者である細川氏と山名氏が巻き込まれていったのです。

ちなみに帝国書院では「有力な守護大名は、８代将軍足利義政のあとつぎをめぐって争いを始めました。これに幕府の実力者細川氏と山名氏の勢力争いが複雑に結びつき」（p74）と説明しており、こちらの方が正確です。育鵬社は「独自性」の主張に忙しく、基本的史実の確認をおろそかにしている部分がほかにも見られます。

歴史 9

近世日本とヨーロッパ・アジア

【育鵬社】p90 ～ 93,p104 ～ 107「ヨーロッパ人の世界進出」「ヨーロッパ人の来航」「『鎖国』への道」「『鎖国』のもとの４つの窓口」

ここで学びたいこと

1 アジア諸国の繁栄

15、16 世紀以降、ヨーロッパ諸国が大航海時代に入ります。このころ、アジア各地には独自の文化・文明によって支えられ、繁栄した国々がありました。こうしたアジア諸国の影響も受けながらヨーロッパ世界が変化していったことを考えていく必要があります。とくに、イスラーム世界からの直接的な影響を受けながら、ヨーロッパにおいてルネサンスが始まり、大航海が始まっていったことを学ぶ必要があります。

また、ヨーロッパ諸国の東アジアへの進出は、豊かなアジアへの憧《あこが》れであり、東アジアにあった交易のネットワークに参加する形で行われたことも忘れてはなりません。

2 琉球王国の繁栄と薩摩藩の支配

15、16 世紀のアジア諸地域の繁栄の中で、異彩《いさい》を放ったのが琉球王国です。琉球王国が、中国・朝鮮・日本・東南アジアの架け橋となり海上交易で繁栄したことや、薩摩藩の支配を受けながらも中国との交易を続け独自性を保っていたことも重要です。

3 「鎖国」と日本の対外交流

いわゆる「鎖国」のもと、ヨーロッパ諸国の中でオランダのみが日本との交易を行った背景に、ヨーロッパにおけるオランダの繁栄と、スペイン、ポルトガルの退潮があることも考えなくてはなりません。また、「鎖国」のもとでも、いわゆる４つの口を通じて海外と結びついていました。普通の人びとの出入国が自由だったわけではありませんが、幕府が外国との関係をまったく閉ざしていたのではないことを考える必要があります。

ここが問題！

1 アジアの繁栄についての記述がない

近代ヨーロッパについて、ルネサンスから書き起こされています。その後、大航海時代についての記述が続いていますが、ルネサンスにしても、大航海にしても、オスマン帝国をはじめとするイスラーム世界との関わりを抜きにして考えることはできません。わずかに側注で、新航路の開拓の背景としてオスマン帝国の存在についてふれているに過ぎません。他社の教科書では、記述量に差は見られますが、イスラーム世界についてふれたうえで、その影響も踏まえてルネサンスや大航海について記述されています。また、見出しに「新大陸の発見」と書いていたり、本文で教皇分界線（p90 の地図中では「植民地分界線」としている）について詳しく記述しています。これらの記述は、あまりにもヨーロッパ中心の世界像に過ぎるといえます。あたかも実態としてスペイン、ポルトガルが世界を席巻《せっけん》していたかの印象を与え、アジアをはじめ他の地域の主体性が見えてきません。さらに、バスコ・ダ・ガマが「インドに到達する航路を開きました」とありますが、インド洋世界の人びとは、古くからインドとアフリカ東岸を航海しており、バスコ・ダ・ガマ自身もアラビア人の水先案内人の手助けでインドに到達できたことは有名な話です。ことさらにスペイン・ポルトガルの強大さを強調することで、これに屈することのなかった日本の「優秀さ」や鎖国の理由を説明しようとする意図が感じられます。

コラム「宣教師の見た日本」で、宣教師たちが日本人の優秀さに感心していたことが紹介されています。これは、世界を支配したスペインやポルトガルさえもが感心するほどに日本人が優秀であったように描こうとする意図がうかがえます。

2 オランダの繁栄とスペインの退潮の事実が伝わらない

「スペイン、ポルトガルなどが世界各地に植民地を広げているなかで、鎖国はわが国の独立を守り、平和を維持するための政策でした」とあります。幕府は、キリスト教禁止と対外交易をコントロールすることをねらい、いわゆる鎖国政策を打ち出しました。「独立と平和の維持」では、鎖国の目的が正確に伝わりません。また、当時のヨーロッパの状況を見ると、すでにスペイン、ポルトガルの退潮は明らかです。オランダ、イギリスの前にスペインは覇権を失い、交易でも苦戦を強いられています。このときオランダは大いに繁栄し、「17 世紀はオランダの世紀」といわれるほどの力を持ち、東アジア貿易ではイギリスもしのいでいました。なお、育鵬社はこの時代に外国とつながっていた「４つの口」の１つに、「松前藩(対清)」としていますが、これは間違いです。清《しん》と貿易をしていたのはアイヌなど先住民です。

コラム　そしてオランダが残った

1580 年、王家が断絶し混乱したポルトガルは、スペインに併合されてしまいます。スペインによるポルトガル併合は、1640 年まで続きます。しかし、そのスペインもオランダ独立戦争に苦しんでいました。1581 年にオランダが独立を宣言し、1588 年にはオランダを支援するイギリス艦隊との戦いで、スペイン無敵艦隊は壊滅してしまいます。その結果、スペインの国力は大きく衰退していきます。

スペイン、ポルトガルに替わってヨーロッパで台頭したのがオランダとイギリスでした。1623 年、東南アジアのアンボイナ島にあったイギリス東インド会社の商館が、オランダ商館員に襲撃されます。アジアにおける重要な交易拠点を失ったイギリス東インド会社は、東南アジア・東アジアの交易から大きく後退していきます。このとき、長崎の平戸《ひらど》にあったイギリス商館も閉鎖されています。こうして、17 世紀のオランダはライバルを抑えて世界交易の覇権を握っていきます。

3 琉球王国の独自性が見えない

「江戸時代の沖縄」という小見出しがあります。この当時、いまの沖縄には琉球王国があり、薩摩の侵攻を受けながらもなお独立を維持していました。あえて、琉球王国といわずに沖縄と表現することや、そのほかの本文の記述からは琉球王国の独自性が見えず、すでに日本の一部であるかのように読み取れてしまいます。教育出版では、薩摩による支配の記述に続いて、「一方で琉球の人々は、中国や日本との交流のなかで、王国としての独自の文化を発展させ、自立の誇りとしました」(p105) とあり、琉球王国の独自性を指摘しています。

歴史 10

江戸時代の政治と民衆

【育鵬社】p108 ～ 109,p112 ～ 113,p118 ～ 125「身分制度の確立」「新田の開発と産業・交通の発達」「吉宗と享保の改革」「田沼の政治と寛政の改革」「欧米諸国の接近」「天保の改革と諸藩の改革」

ここで学びたいこと

1 身分制度の確立

育鵬社 p109 の表にあるとおり江戸時代は百姓が人口の 80％ほどを占めています。この民衆の大多数を構成する百姓は、「村」という単位で幕府によって把握されていました。そして、この「村」を通じて、幕府や藩による年貢などが徴収されていたことが江戸時代の大きな特徴です。

2 農民の生産力向上の努力

江戸時代は戦国時代と違って、島原の乱以降幕末まで大きな戦乱は起こりませんでした。そのため多くの農民は新しく田や畑を切りひらき、農業技術を学び農業生産力の向上につとめました。17 世紀は「大開発の時代」とよばれ、新田《しんでん》開発がさかんに行われ、全国の耕地面積はそれ以前の約２倍になりました。

みなさんの周りで「～新田」とか「～用水」という地名があれば、その多くは江戸時代につくられた新田や用水路のなごりです。また、農民は身近な農具の改良にも積極的に取りくみました。備《び》中鍬《ちゅうくわ》や千歯《せんば》こき、唐箕《とうみ》など作業効率を上げ生産力を向上させた農具は全国に広まりました。ぜひ近くの博物館や資料館に行って、実物にふれて農民たちの努力を実感してください。

3 享保の改革・寛政の改革

幕府政治の改革は、主に財政悪化に対応するために行われました。財政悪化の根本的な原因は、商品経済の発達による支出の増加、農業生産力の向上にともなう米の増産、それによる米価の下落が収入減につながったことでした。幕府や藩は生活の倹約、年貢の増加などの政策を打ちだします。しかし幕府は発達する経済活動を根本的に把握することができなかったのです。

ここが問題！

1 身分制度は流動的だった？

「江戸時代の身分社会は流動的な部分もあった」というのは間違いではありません。しかし、身分があいまいな人間は、身分制度がどんなに厳格な社会にも当然存在しています。むしろ重要なのは、それでも江戸幕府が社会秩序を維持するために、身分制の枠組みを最後まで厳守したことです。

2 年貢は農民の義務として受けとめられた？

「百姓の納める年貢は農地の灌漑《かんがい》や新田開発などにも使われ」たので、「年貢は、当然の義務として受けとめられました」という表現は厳密性を欠いています。17 世紀前半、農民に課せられていた年貢や諸役《しょやく》の負担は重く、農民の生活は圧迫されていました。そこで農民は農法を改良したり新田開発を行ったりして、少しでも生産物が手元に残るように努力を重ねました。

一方、幕府や藩も農民の生活にある程度の余裕をもたせた方が生産力が高まり、年貢の取り分も増加することに気がついていきます。こうして百姓は年貢の納入を義務として受け入れることと引き換えに、幕府や藩に生活の安定と安心できる社会秩序を強く望むようになりました。すなわち「百姓や土地は国家の基本であり、幕府や藩がこれを正しく治めることは義務」となっていきます。

つまり、最初に幕府や藩があって農民＝国民が守るべき「義務」がつくられるのでなく、民衆の努力や生活のあり方が最初にあって「義務」がつくられていくのです。歴史をつくる人びとは、無名の多くの民衆なのです。

コラム　幕府と光格天皇

p121 の注 1 に光格《こうかく》天皇についての文章があります。この注にこそ育鵬社の大きな特徴があります。

江戸時代初期から幕府は天皇・朝廷は政治に関わらないようにしてきました。ところが光格天皇は 39 年間の長きにわたって在位し、強烈な君主意識をもった人物でした。1787 年、天《てん》明《めい》の飢饉に際して、天皇は幕府に貧民救済を申し入れました。これは、それまでの幕府政治の原則を破る前代未聞の事件でした。しかし幕府側は、将軍・幕府の権威が低下するなかで、自らの権力を立て直すために天皇を利用しようと考え、光格天皇の申し入れをとがめませんでした。長年京都に閉じ込められていた天皇の復活は、朝廷と幕府のそれぞれの思惑がからんで実現していきます。

こうした何気ない注でも、従来の教科書には見られない天皇の記述が増えています。こうした小さな注の記述がなぜ多いのかによく注目してください。

3　松平定信は時代遅れだったか？

松平定信の政治は「時代の流れに逆行したため、多くの批判をあびた」と指摘されていますが、具体的に何をさしているのかがわかりにくい記述です。「商人の力を活用」し、新田開発や長崎貿易に取りくんだ田沼意次《たぬまおきつぐ》に対して、倹約令を出し都市に働きに出ていた農民を農村に帰すなど、いわば緊縮財政に取りくんだ松平定信の政策を時代遅れと評価するものなのでしょう。

それぞれの政策を理解させ、その意図や意味を生徒に考えさせることは大切です。積極財政か緊縮財政かという問題は、現代社会にとっても大きな政治課題です。しかし、現在の視点から簡単に「時代遅れ」との評価を下すことには問題があります。歴史の評価は単純には下せません。

4　間宮林蔵の探検の意義

間宮林蔵は蝦夷地《えぞち》に派遣され、「このとき、樺太《カラフト》が島であることを確認しました」と述べています。間宮林蔵は、戦前の国定教科書にしばしば取りあげられ、国民的なヒーローとして描かれました。

しかし、現在の研究水準では彼の功績は、カラフト北部の先住民が清《しん》と山丹《さんたん》貿易を進めていたことを確認し、アムール川下流からカラフトまでの地図を完成させたことになるでしょう。またこの大仕事は、アイヌたちのサポートなしには考えられないことに注目するべきです。

歴史 11

「江戸のエコロジー」幻想

【育鵬社】p115「THE 江戸時代」

1 エコロジーブームと江戸ブーム

1980 年代後半以降の「地球環境」への関心と、都市江戸の社会・文化の再評価があいまって、エコロジーの視点から江戸を高く評価する風潮が強くなりました。しかし、こうした評価は実態とはかけはなれたもので、過大評価、幻想といわざるをえません。

2 リサイクル・ゴミ処理の実態

育鵬社は「再生・活用の知恵」と書いていますが、それは当時の人びとの認識ではありません。「便所の糞尿」の肥料利用のうち、尿の利用は江戸では 19 世紀以降で、それまでは長屋の側溝に垂れ流していました。また、都市江戸の遺跡を発掘すると、大量の遺物＝ゴミが検出されます。陶磁器は壊れていないものも多く、焼継ぎによる修理の痕跡はまれです。酒屋が顧客に貸す徳利（通い徳利）は瓶の回収システムとして注目されましたが、この徳利も完全な形のものが大量に廃棄されています。一方、金属製品の廃棄は少ないのです。また、紙の再利用は文書で確認することができます。

つまり、リサイクルするのは、商品価値を持つものだけなのです。「エコロジー」と「深く結びつ」いているのは現代の解釈で、「日常生活でのゴミを減らす努力」もそうした意識を江戸の人びとに求めているにすぎません。

「処理しきれなかったゴミは埋め立て地に運ばれ、町を広げるために使われ」たという記述は結果論です。江戸では、船でゴミを永代島（のち越中島）に運んで埋め立てるというシステムが、17 世紀半ばに確立しました。しかし、あくまで市中の埋め立て場所がなくなったためで、都市の拡大にはさほど利用されていないのです。また、肥料として使えるゴミは別の船に積み替えて現在の千葉県に運び、残りは所定の場所以外で不法投棄するという事態が起こっていました。これは、生ゴミの存在と、それを処理するシステムの不完全さを示しています。ちなみに近代になると、生ゴミ肥料と糞尿を使った下肥《しもごえ》は、ともに衛生面で問題視されるようになりました。

なお、システムの対象は日本橋など古くからの町人地で、武家屋敷や山の手の町は対象外でした。発掘調査の結果、実際に四谷辺りの下級武士の屋敷が、長期にわたってゴミ捨て場となっていたこともわかっています。

3 自然とのかかわり

「緑豊かな日本の都市と農村の景観」を維持するための「努力」は、もちろんエコロジーという意識のもとで行われたわけではありません。さらにこの景観は、人間が自然に干渉して作りあげていった、人間にとって都合のよいものであるという点が重要です。江戸時代は、都市の造成のみならず、松の増加や、農村部における雑木林の成立など、生業との関係からあらゆる局面で大規模な自然への干渉が行われた時期でした。こうした自然のコントロール、生態系の改変によって作られた景観は、エコロジーとして手放しに評価できるものではないでしょう。「手入れのよさと美しさ」で表面的に景観をとらえずに、実際に人間と自然とのかかわり方を考えていくことが重要です。

ゴミや自然とのかかわりについて、過去の歴史に学ぶことは大切ですが、あくまでも当時の実態にもとづき、江戸時代を今日の問題の出発点として考えていくべきでしょう。

Ⅲ章
日本の近代化とアジア

ヨーロッパを中心に市民革命と産業革命が起こって資本主義経済が成立し、近代的国家が生まれます。日本はそうした近代欧米諸国の経済的軍事的圧力のもとで、江戸幕府が倒れ、近代的国家体制に移行します。しかしそれは、天皇主権を基盤においた「近代化」でした。

こうして生まれた明治の日本国家は、早い時期から朝鮮に対する支配をくわだて、さらに中国へも支配をひろげようとします。そのために日清・日露戦争をひきおこし、日清戦争の勝利の結果、台湾を海外植民地とするようになりました。日露戦争がおこるとともに、韓国の属国化を推し進め、ついに1910年、大韓帝国を完全に滅亡させ、日本の植民地としました。

この明治の日本のあゆみをどうみるか、現代においてそこからどのような教訓をひきだすかが、大きな課題です。

歴史
12

市民革命とアジア

【育鵬社】p140 ～ 143「欧米の市民革命・産業革命」「欧米列強のアジア進出」

ここで学びたいこと

1 広がる自由と平等

ヨーロッパでは 16 ～ 17 世紀、絶対王政の下で、多くの人びとが苦しんでいました。絶対王政とは、「国王や皇帝に統治の権利があり、思うままに政治を行う」専制君主制（帝国書院 p134）の一種です。17 世紀に、イギリスでは清教《せいきょう》徒《と》革命と名誉革命が続き、議会は専制的な国王を追放し、国の最高決定権は国王でなく議会にあることを認めさせました。北米大陸では、1776 年、イギリス支配下の植民地が独立を宣言し、共和制のアメリカ合衆国が成立します。1789 年にはフランスでは、市民が専制政治を行う国王を倒し、自由と人権の尊重、主権在民を原則とする近代国家のはじまりとなりました（フランス革命）。

2 産業革命の光と影

産業革命以前、産業の中心は農耕と牧畜でした。しかし、15 世紀以降、植民地貿易によって富（資本）を蓄えたイギリスでは、市民革命の結果、手工業者や商人など市民の力が伸び、マニュファクチュア（工場制手工業）も発達しました。一方、土地から追い出され失業した多くの農民は、都市に流入し労働者となりました。労働者は劣悪な労働・生活条件に置かれ貧富の差も拡大したために、労働者は団結して資本家に労働条件の改善を求め、労働組合を結成するようになります。また、工場や土地を共有する平等な社会の実現を説くマルクスなどの社会主義思想も登場しました。

3 アジアの植民地化と抵抗

産業革命が進むと、ヨーロッパ諸国は原料を入手し製品を販売する市場を求めてアジア・アフリカに進出し、植民地を拡大していきました。インドでは、イギリスが安価な綿織物を大量に持ち込み、インド支配をすすめたため、1857 年、イギリスの支配に抵抗するインド大反乱が起こりました。イギリスはこれを鎮圧してインドを植民地として直接支配し、インドを拠点として、清《しん》（中国）にインド産アヘンを密輸してもうけ、その金で清の茶や絹を得て本国で販売するという、イギリス・インド・中国間の三角貿易をすすめました。1840 年にはアヘン戦争を起こして清に不平等条約（南京条約）を押しつけたため、イギリスや清政府への批判が強まり、中国南部では清朝打倒と理想社会の実現をめざす太平天国《たいへいてんごく》運動が起こりましたが、イギリス軍や清朝によって滅ぼされました。

ここが問題！

1 市民革命の歴史的意義がわからない

市民革命は、一般的には、商工業者・農民・都市の民衆の「身分制を改め、自由で平等な社会の実現をめざす動き」（帝国書院 p136 ～ 137）と考えられています。しかし、育鵬社の記述では、このような市民革命に共通する性格を読みとることができません。

その原因は、第1に、市民革命が打ち倒した「絶対王政」をきちんと説明しないことにあります。育鵬社は、イギリス革命の原因を、「伝統的な法を守らない国王を議会が追放し」たと一般的に記述するだけで、絶対王政に対する闘いだったことが明確に示されません。そもそも市民が対決したのは、国王や皇帝が思うがままに政治を行う専制君主制でした。イギリス革命が世界史のなかで意義をもつのは、君主が人民の権利を侵した場合には、人民は国王の支配をくつがえすことができるという革命権の思想を背景とし、主権在民の考え方を打ち立てる市民革命のはじまりとなったからです。革命後、イギリスは「国王や皇帝は存在するが、法によって制限され、国民が政治を行う」という立憲君主制をとり、フランスやアメリカは共和制を選択しました。しかし、国家のしくみは違っても、根本原理である主権在民・革命権の思想は共通しています。

《資料》イギリスの産業革命期の児童労働

9歳のウィリアム・ウッドが働き始めたとき7歳10カ月だった。平日はやってくるのが朝の6時で仕事をやめるのは晩の9時頃である。10歳の少年ファーニハウはいう。「私の昼食時間はいつだって1時間はありません。半時間だけのことがたびたびです」

（マルクス『資本論』第1部第8章より）

第2の原因は、人権概念の説明が欠落していることにあります。主権在民の思想やそれに基づく市民革命は、人間一人ひとりのかけがえのない権利、すなわち人権思想を基礎として生まれました。にもかかわらず、フランス革命の記述では、恐怖政治が強調される反面、「自由、平等、博愛」や「私有財産」の保障の基礎になる人権概念の説明が欠落し、人権宣言の意義、すなわち「人間は生まれながらにして、自由かつ平等な権利を持っている」こともきちんと説明されません。その結果、「自由で平等な社会」が実現されていく歴史的な流れが理解できない記述となっています。

2 産業革命の負の側面を切り捨てる

「蒸気機関が発明されて、人々の暮らしはどうなったのかな」とありますが、技術の発展だけに注目すると産業革命の影の部分が見えてきません。産業革命は「大量生産の時代」ととらえられ、それが経済のしくみと社会を変えていったことが見えません。大工場を経営する資本家が、労働者を安く雇って商品を大量生産する経済のしくみ（資本主義社会）が出来上がり、労働者は劣悪な労働・生活条件に置かれ、貧富の差が拡大します。とくに子どもなど社会的弱者に対する労働搾取は激しいものでした。その裏にはアフリカからアメリカ大陸へ黒人奴隷を送る奴隷貿易もありました。

3 人権思想の発展という視点のない記述

育鵬社には、近代は人権思想が確立した時代、近代から現代は人権思想が普遍的に拡大した時代という視点がありません。アメリカ合衆国憲法制定の頃、諸権利が保障されたのは、白人男子だけで、白人女性や黒人、そして先住アメリカ人に権利が拡大されるには、時間を要しました。労働者の権利や、アジア・アフリカなど植民地の人びとの人権と独立、女性の人権が主張されるようになったのは、20世紀以降のことです。つまり、「基本的人権は、人類の多年にわたる自由獲得の努力の成果」（日本国憲法第97条）であり、この過程を歴史的に学ぶことが、市民革命、産業革命、欧米の植民地支配を扱うこの単元の重要な課題なのです。

歴史 13

江戸幕府の滅亡と明治維新

【育鵬社】p144 ～ 155,p161「黒船来航の衝撃」「尊王攘夷と江戸幕府の滅亡」「五箇条の御誓文と明治維新」「新しい国づくりへの道」「学制・兵制・税制の改革」「西郷と大久保がめざしたもの」

ここで学びたいこと

1 ペリーの来航と開国

ペリー来航によって、日本は開国しました。不平等条約である日米和親条約や日米修好通商条約を結び、貿易が始まると、旧来の経済や流通構造がくずれて物価が高騰し、人びとの外国への反感が高まっていきました。

2 攘夷から倒幕へ

開国後、尊王攘夷《そんのうじょうい》運動がまき起こりますが、薩英《さつえい》戦争や下関戦争で欧米に敗北した薩摩・長州藩は、攘夷（外国勢力の排斥）から倒幕《とうばく》（幕府の打倒）に方針を変えていきます。一方、幕府の長州遠征や物価の高騰に圧迫された民衆は世直しを求めて一揆や打ちこわしを起こし、幕府は弱体化しました。薩長《さっちょう》同盟を結んだ倒幕派は、大政奉還《たいせいほうかん》を行った徳川慶喜《よしのぶ》をクーデタで追いつめ、戊辰《ぼしん》戦争により武力で幕府を滅ぼしました。

3 新政府の成立と近代国家の形成

倒幕の中心になった薩摩・長州・土佐・肥前《ひぜん》の諸藩出身者は、王政復古を唱え、権力を独占して天皇を中心とする中央集権国家をめざします。新政府は、廃藩置県《はいはんちけん》によって大名の支配を否定し、身分制度も廃止して近代国家の形を整えていきました。文明開化をめざして欧米文化が導入され、学制も施行されました。

しかし、富国強兵の方針のもとで、江戸時代の負担と変わらない税を納めさせる地租《ちそ》改正や、徴兵令が出され、民衆の新政府への不満が強まりました。また、旧来の特権を奪われた士族の反乱も起き、独裁的な藩閥政府への批判が、自由民権運動へと高まっていきます。

ここが問題！

1 史実に反する薩長英雄史観

育鵬社では、薩長出身の志士たちを英雄として描くために、史実に反した記述が目立ちます。たとえば、戊辰戦争では、「欧米諸国は官軍に、フランスは旧幕府軍に武器や資金の援助を申し出ました。しかし、両軍ともそれを断ったことが、外国の介入を防ぎ日本の独立を守ることにつながりました」とありますが、イギリスは戊辰戦争では中立を宣言しており、イギリス政府が倒幕軍に武器や資金の提供を申し出た事実はありません。

1860 ～ 70 年代ころ、イギリスなどの欧米諸国は自由貿易の確保をもっとも重視しており、貿易が脅かされる場合には軍事力を行使しましたが、内戦が起こって貿易が滞ることを警戒して、戊辰戦争では中立を原則としていたのです（自由貿易帝国主義）。また、当時イギリスは、インド大反乱や中国の太平天国の乱など、アジア民衆の強い抵抗にあっていたため、日本国内の対立に介入することに必ずしも積極的ではありませんでした。明治維新において日本が独立を維持したのは、このような国際背景にも大きな理由があります。武士の独立心をたたえるために、史実を曲げるのは問題です。

2 「江戸城無血開城」の真相

歴史的背景を無視して英雄を賛美するという問題点は、「歴史の名場面　江戸城無血開城」にもあらわれています。江戸総攻撃を強硬に主張していた西郷隆盛《さいごうたかもり》は、幕府方の勝海《かつかい》舟《しゅう》と会談する直前、イギリスが総攻撃に反対していると聞いて、攻撃をあきらめざるを得ませんでした。

一方、勝も、イギリスに対して、総攻撃に反対してほしいと頼んでいます。

西郷も勝も、民衆を救うために攻撃を回避したというよりは、イギリスに頼ったり追従したりしながら戦略を定めていたのです。

3 経済・社会への視点が欠落した不正確な記述

経済や社会への視点が欠落していることも育鵬社の大きな問題点です。貿易の開始によって江戸時代の生産・流通のしくみが崩れ、物価の急激な高騰や経済の混乱が起きたことはまったく書かれません。貿易の開始によって、民衆や下級の武士の生活が圧迫されたことや、世直しを求める当時の民衆の願いや動きにもふれません。そのために、なぜ攘夷論が高まり、幕府への反発が強まって幕府の統治力が衰えたのかも理解できない説明になっています。

また、育鵬社は、藩閥政治家を英雄視しますが、戊辰戦争中に各地で出した年貢半減令を後に撤回して民衆を欺《あざむ》いたことや、「薩摩・長州などの出身者による藩閥政府」（p164）の実態にはふれず、自由民権運動が、藩閥による専制政治への強い批判からわき起こったことも書きません。

さらに、五箇条の誓文を「会議を開き、世論に基づいた政治をめざす」ものと説明しますが、誓文にある「会議」とは、諸侯（藩主）などの合議を意味するもので、議会や国民全体の意見（世論）を尊重するという意味はありません。

以上の問題点は、明治維新を国際情勢、経済、社会などの幅広い視点から見ずに、政治史中心の薩長の英雄物語として描くために生じたもので、育鵬社の明治維新の取りあげ方そのものに問題があることを示しています。

コラム 創られた「武士道」と「忠臣蔵」

赤穂事件は、事実をみれば、上司を殺傷した主君の仇討ちのために、家臣が集団で襲撃したという事件です。これが事件後半世紀もたってから歌舞伎の超人気レパートリーになったのは、歌舞伎「仮名手本忠臣蔵《かなでほんちゅうしんぐら》」が、塩冶判官（浅野内匠頭《たくみのかみ》）の美人の妻に、高師直《こうのもろなお》（吉良《きら》上野《こうずけの》介《すけ》）が横恋慕《れんぼ》してトラブルになるといった、今日でいえば上司が部下の妻に手を出そうとしてパワハラをし、部下が逆上するといった、ホームドラマのようにわかりやすい芝居として上演されたからでした。

ところが、日露戦争後、玄洋社という右翼をバックにして浪曲師が「義士伝」を流行《はや》らせるなど、「忠臣蔵」は次第に忠君愛国物語に作り替えられていきます。対外戦争をすすめる天皇の国家に忠誠を尽くすことが「武士道」であるとして、忠君愛国物語に書き換えられた「忠臣蔵」は、戦前の小学校国定教科書にも登場するようになりました。「忠臣蔵」をあとから創られた「武士道」と無理やり結びつけて、21世紀の学校で教えていることを知ったら、世を去った歌舞伎の作者も役者も驚くことでしょう。

歴史 14

明治初期の対外関係

【育鵬社】p156 ～ 157「明治初期の外交と国境の画定」

ここで学びたいこと

1 近代の国境と国民の決め方

明治以前の国の境界は明確ではなく、中国を中心とする伝統的な国際秩序（華夷《かい》秩序）に基づいていました。しかし、ヨーロッパでは「文明」国が「野蛮（未開）」の地を植民地としてもよいとする「万国公法《ばんこくこうほう》」とよばれる国際法体制がしかれていました。欧米諸国と対等の立場に立ちたい明治政府は、西洋の近代文明を導入して近代国家を建設することをめざしました。そのためには、これまでの周辺諸国との関係を否定し、国境と領土を定めてそこに住む人びとと土地を支配する必要があります。

この結果、アイヌやサハリン先住民、琉球人などの周辺に住む人びとは、「文明」の名のもとに生活を根こそぎ破壊され、日本の「国民」として同化を強いられることになりました。このように、近代の国境と国民の決め方は、江戸時代までと大きく異なったことをおさえることが大切です。

2 岩倉使節団

政府は、不平等条約の改正の準備を目的として、46 人の使節団に留学生を加えた総勢 107 名の使節団を欧米に派遣しました。このとき、５人の女子留学生もはじめてアメリカにわたりました。国力の充実の必要性を感じて帰国した使節団は、帰国後、国内の近代化を推しすすめていきます。

3 明治初期の外交と国境の画定

①朝鮮との外交　政府は朝鮮に対し、従来の対馬《つしま》にかわって、天皇の名による国交を結ぶことを要求しました。しかし、朝鮮はこれまでの関係がそこなわれるとして、国交樹立を拒否しました。そのため、政府のなかでは朝鮮に対して軍事行動を起こそうとする意見（征韓論《せいかんろん》）が高まりましたが、欧米から帰国した岩倉らは、征韓論に反対し、派遣を中止させました。しかし、政府も朝鮮に軍事的圧力をかけること自体を否定していたわけではありません。1875 年には、江華島《こうかとう》《カンファド》事件をおこして挑発し、軍事的に威圧して朝鮮側に不平等条約（日朝修好条規《にっちょうしゅうこうじょうき》）を結ばせました。

②ロシアとの国境（北の国境）　ロシアとの間では樺太《カラフト》・千島交換条約を結び、日本は樺太（サハリン）の放棄のかわりに千島全島を獲得し、国境を画定しました。国と国が領土を「交換」した結果、この地で生活してきたさまざまな先住民族は、国籍選択と移住を強制されることになりました。

③「琉球処分」の開始（南の国境）　江戸時代の琉球国は、薩摩と清国の両方にしたがう両属関係にありました。その琉球国に対しても明治政府は、1872 年、武力を背景に琉球「国」を琉球「藩」に改めさせました。そして政府は、台湾に漂着した宮古島《みやこじま》の島民が現地住民に殺害された事件を口実に、1874 年、台湾に出兵し、1879 年には琉球藩を廃止し沖縄県を設置しました（「琉球

処分」)。また 1876 年には、所属がはっきりしていなかった小笠原諸島を、日本が領有することを公式に宣言しました。

④蝦夷地の「日本」編入　1869 年の北海道への改称によって、蝦夷《えぞ》地は「日本」に編入されました。古来の民俗や風習は一方的に禁止されるなどアイヌの文化は否定され、日本への「同化」が進められました。

ここが問題！

① アイヌなどの記述が欠落

樺太には、アイヌなどの先住民が狩猟や漁業、日本・中国にまたがる交易などを行って生活していましたが、育鵬社ではこれらの先住民族がまったく無視されています。

日本とロシアが一方的に自国の領土を画定させた樺太・千島交換条約によって、アイヌやサハリン先住民は、実質的には強制移住の対象となり、生活や経済の基盤ははく奪されました。またその文化は、日本の「国民」として編入されていくなかで否定されていったのです。

さらに「蝦夷地から北海道への改称」についての記述が欠落していることも問題です。育鵬社の記述は、あたかも北海道が最初から存在していたかのようにはじまっています。また、北海道開拓の記述でも、アイヌに関しては一切ふれられていません。開拓が進むにつれ、アイヌの人びとの生活圏は圧迫され、狭められていきました。帝国書院では、この点を 1 ページを使って説明しています (p161)。

台湾遭害者之墓

台湾出兵時に殺害された宮古島民の頭蓋 44 個を収集し、台湾領有をおえた 1898 年に那覇の護国寺に合葬しました。

この事件は、琉球人が日本「国民」であることを主張するために利用されました。「我沖縄県旧藩民」と刻され、日本の一部であることが象徴されています。

② 強行併合の「琉球処分」

育鵬社では、台湾出兵の正当性が述べられていますが、琉球人殺害事件は大義名分でしかありませんでした。琉球側は、政府の台湾出兵計画に対して反対の意思を表明していました。しかし、この事件を、「琉球人民」は「我人民」だと主張するための格好の事件と考えた政府は、琉球側の意思を無視して台湾出兵を行ったのです。

同じように、「琉球が日本の領土であることを確認」したとありますが、琉球側はほとんどが日本への編入に反対でした。しかし政府は、琉球国側の反対をおさえつけ、軍隊の力によって一方的に「琉球処分」を断行し、日本への「同化」を進めていきました。

育鵬社には、このように「琉球処分」が武力を背景に行われたことが書いてありません。

③ 不平等な内容の日朝修好条規

日朝修好条規は、日本側の領事《りょうじ》裁判権や関税免除を認めさせるなど、朝鮮にとって、日本が欧米と結んだ条約以上に不平等な内容でした。そのことが、本文にわかりやすく書かれていません。

歴史 15

自由民権運動から帝国憲法・議会開設へ

【育鵬社】p164 ～ 167「国会開設へ向けて・自由民権運動」「大日本帝国憲法の制定と帝国議会」

ここで学びたいこと

❶ 自由民権運動はどのようにして起こったか

明治政府による改革で、近代国家の基本的な枠組みが整えられました。しかし、それは同時に、特権を失った士族たちの反発や、農民たちに兵役や学校費など新たな負担を招くものでした。そのようななか、1874 年の民撰議院設立建《けん》白書《ぱくしょ》をきっかけに、薩長《さっちょう》藩閥《はんばつ》政府による専制政治を批判し、国民の政治参加を求める運動として自由民権運動が起こります。この運動は、ルソーなど欧米の市民革命の思想的影響を受けたもので、多くの民権家を生みだし、幅広い支持を獲得しました。

❷ 民権運動の広がりと意義

士族中心の言論活動からはじまった自由民権運動でしたが、政治結社の設立が呼びかけられると全国にその動きが広がり、1880 年国会期成同盟設立のころには有力な農民や産業資本家も運動に参加するようになります。

1881 年に北海道開拓使《かいたくし》という役所が所有する官有物を、その長官と同じ薩摩出身の政商に安く払い下げる事件が起こると、政府批判はピークに達します。ついに政府は国会開設を約束して、その準備を始めざるをえませんでした。政府批判が高まった背景には、新聞や出版物、演説会を通じてつちかわれた、自由民権運動に対する幅広い国民の支持があったのです。国会開設が約束されると、民権家たちは自由党、立憲改進党といった政党の結成へとむかいました。しかし、政府による民権家への切り崩し、民権運動へのたび重なる弾圧の結果、自由民権運動の中には生活に困った民衆と結びついた武力抵抗の運動に変化する流れもあらわれ、衰退することになります。

❸ 帝国憲法の特徴と社会への影響

国会開設を約束した政府は憲法制定の準備をはじめました。伊藤博文《いとうひろぶみ》は君主権の強いプロイセン(現ドイツの一部)の憲法を中心に調査し、わずかな側近《そっきん》と草案作成を行いました。また、国会開設に先立って内閣制度を整え、伊藤は自ら初代総理大臣に就任します。

1889 年に発布された大日本帝国憲法は、国民が制定するのではなく、天皇から国民に与えられた欽定《きんてい》憲法でした。第 1 条で「万世一系《ばんせいいっけい》」の天皇の統治権をはっきりと書き、第 3 条では天皇の「神聖不可侵《しんせいふかしん》」をうたっています。国民は「臣民《しんみん》」とされ、言論・出版・集会・結社・信教の自由は法律の範囲内でのみ認められましたが、法律をつくればいくらでも制限できることは、その後の歴史が示しています。

憲法が制定され、国会が開かれますが、多くの国民の声が政治に反映したわけではありません。衆議院議員の選挙は 1925 年の普通選挙実施まで一定の財産を持つ者にだけ選挙権が与えられる制限選挙であり、女性参政権は敗戦後まで認められませんでした。華族という特権階級を中心に貴族院がつくられ、衆議院に対抗する藩《はん》閥《ばつ》勢力のよりどころとなります。国会が開かれたあとは、日清戦争の時期まで、予算や法律案をめぐって政府と、民権派の流れをくむ政党が、きびしく対立しました。このように政治参加や立憲政治の実現に対する国民の要求は、帝国憲法制定後も課題として残され、それゆえに大正デモクラシー期の運動が起こることにつながります。

さらに、帝国憲法と同時期に多くの法律や制度がつくられ、国民の生活に影響を与えました。民法では一家の主人である戸主に大きな権限を認める「家」制度がつくられました。その結果、長子とその他の子どものあいだでの差別が生まれ、女性の権利を大きく制限する社会のしくみができました。また、教育勅語《ちょくご》では天皇への忠誠が教え込まれました。

コラム　秩父事件と井上伝蔵

1918年、北海道で死期が迫った一人の老人が家族を呼び寄せ、自分の本名と半生を初めて語りました。老人の名は井上伝蔵。秩父事件のリーダーだった人物です。

秩父事件は、1884年に自由党員と農民ら約3000人が結束し、借金据置、税の軽減などを要求して郡役所などを占拠した事件です。その背景には、松方デフレを機に始まった生糸価格の暴落と軍備増強をめざす政府の増税による秩父農民たちの困窮がありました。しかし、政府は徹底した武力鎮圧と死刑判決を含む厳しい処罰を行いました。農民たちの要求は無視され、事件は「お上」への「暴動」として地域の記憶からも消されました。

農民を救おうと事件に参加した伝蔵は、逮捕を逃れて北海道に渡り、潜伏生活を30年以上続けざるを得なかったのです。明治政府による近代国家建設事業が、多くの民衆の苦悩と犠牲の上に行われたものであることを、伝蔵の沈黙の年月が語っているように思います。

ここが問題！

① 明治政府は最初から国会開設を望んでいたわけではない

育鵬社は、自由民権運動が始まる前からすでに政府は「憲法のもとで議会を開く立憲政治が望ましいと考えて」いたと述べて、一貫して国会開設に対する政府の主導性を強調しています。しかしその根拠としてあげている五箇条の誓文第1条の「広く会議を興《おこ》し」とは、もともと草案段階では「諸大名の会議」と明記されていたものを、あいまいに書き直したもので、国民の代表者による国会を指しているのではありません。

② 自由民権運動が歴史の中で果たした役割について

薩長藩閥政府を専制政治であると批判し、国会設立を要求したのが自由民権運動です。育鵬社は「天皇のもとで立憲政治を行うべきだという点では、政府と民権派の意見は一致していました」と書き、藩閥政府と民権家の主張を同じものとし、異なる点は国会開設の時期の違いだけとしているのは、藩閥政府と民権派の厳しい対立を無視し、自由民権運動の歴史的役割をゆがめるものです。

このような評価にかかわって問題なのが、民権家が作成した私擬憲法《しぎけんぽう》（憲法案）の一つである五《いつ》日《か》市憲法《いちけんぽう》の紹介です。コラムでは、五日市憲法の内容について「皇位の継承が明記」されていたことを中心に説明をしています。しかし、ほかの多くの教科書が条文を示して紹介しているように、国民の権利保護（全204条中36条を占める）という点こそが、五日市憲法の最大の特徴なのです。

私擬憲法のなかには、植木枝盛《うえきえもり》の起草による『東洋大日本国国憲按《こっけんあん》』のように、政府に対する抵抗権や革命権を認めたものも存在しています。このような、政府主導でつくられた帝国憲法とは異なる、多様な憲法構想が見られたところに私擬憲法の特徴があるといえます。

3 明治政府による自由民権運動弾圧についてふれられていない

上記のような記述の結果として、自由民権運動の盛り上がりに対し、繰りかえしなされた政府による言論弾圧がふれられておらず、武力抵抗への取り締まりしか言及していないことも問題です。たとえば帝国書院では「政府は、政治集会や新聞による言論活動をきびしく取りしまるとともに、政府高官殺害のくわだてがあったとして福島県などの自由党員を逮捕しました。こうしたなかで、自由民権運動はしだいにおとろえていきました」（p165）と記述しています。

実際には、政府は民撰議院設立建白書が出された翌年（1875 年）に新聞紙条例を、国会期成同盟が設立された年（1880 年）に集会条例を出し、自由民権運動の節目ごとに言論弾圧を行いました。また、政府が憲法草案を検討している時期にあたる 1887 年には、保安条例を出して、主要な民権家に対して皇居から 3 里以外への退去と、立ち入りの禁止を命じました。自由民権運動が衰退せざるをえなかった原因は、「政府がすでに国会開設を約束したこと」というよりも、このような政府による弾圧や民権家への切り崩しがあったからなのです。

また、以上のような過程のなかで厳しい状況におかれていた自由党の一部と生活に困った農民たちが力を合わせて行った武力抵抗の背景に、当時の政府による経済政策があったことを見逃してはなりません。1881 年に大蔵卿《おおくらきょう》に就任した松方正義《まつかたまさよし》は、インフレーションを抑えるための緊縮財政と軍備増強のための増税を行いました。いわゆる松方デフレが起こります。その結果、生糸や繭《まゆ》価格の暴落をまねき、世界不況にともなう輸出量の減少が拍車をかけ、繭の生産にたよっていた農民たちの生活は、大幅な収入減と、のしかかる重税の、二重苦を強いられていたのです。

4 帝国憲法の内容と社会への影響について

育鵬社は「天皇は、実際には政治的権限を行使することはなく、国家統治の精神的よりどころだった」とあたかも戦後の象徴天皇《しょうちょうてんのう》制のような説明を行っていますが、主権は天皇にあり、軍隊を指揮する権限である統帥権《とうすいけん》、議会の承認を必要としない勅令《ちょくれい》の制定権、外国との戦争の開始・終結を行う権限など、さまざまな大権《たいけん》をもつ立場にありました。

帝国議会、内閣、裁判所は、天皇統治を助ける機関にすぎませんでした。のちに政党内閣が軍縮条約に調印したことを、天皇大権である「統帥権《とうすいけん》の干犯《かんぱん》（侵害）」だと軍部が主張し、軍部台頭の機会としたこと（1930 年）を忘れてはなりません。

一方、国民の権利義務について述べている箇所では、天皇の「臣民」という立場であったことにふれていません。戦前の「臣民」は、選挙権の制限を受けつつも、納税・兵役・教育の義務を果たさねばならず、法律によって自由権が大きく侵害されていました。このような議会の権限や国民の権利を制限しつつ、天皇大権を広く認めたところに帝国憲法の特質があります。

帝国憲法に対する国民の反応について図版「憲法発布を祝う人々」の解説では「自由民権派も新聞も憲法発布を歓迎した」とのみ述べているのも問題です。たとえば、中江兆民《なかえちょうみん》のように帝国

国会開設を求める署名運動の広がり

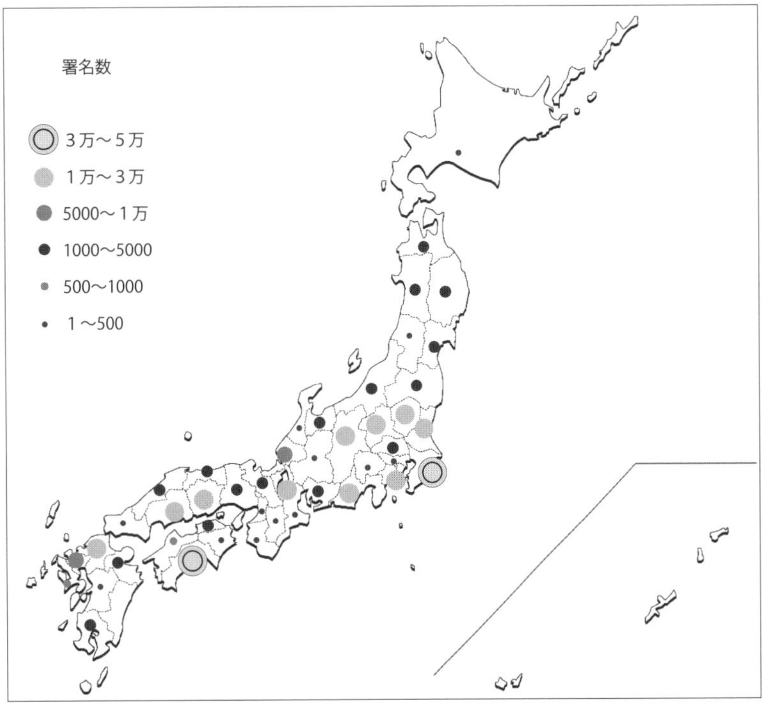

江村栄一『自由民権革命の研究』より

憲法の内容をよく理解していた民権家の中には、批判的にとらえていた人も存在していました(幸徳《こうとく》秋水《しゅうすい》『兆民先生』)。

一方『ベルツの日記』は「至るところ、奉祝《ほうしゅく》門、照明（イルミネーション)、行列の計画。だが、滑稽なことには、誰も憲法の内容をご存じないのだ」と祝祭の様子を伝えています。このように、帝国憲法に対する批判的見解もあり、一方その内容に対する国民の無理解もあったというのが実情でしょう。

また、戦前の法律の内容について一切ふれていないことも問題です。とくに、明治民法は戦前の日本社会で大きな影響力をもった「家」制度をつくりました。一家の長である戸主は、家族の婚姻の届け出義務を負い、家族を管理・掌握しました。女性は戸主の統制下に置かれました。女性参政権がなかったこととあわせ、戦前の女性の置かれた立場についてふれる場合、このような事実を避けるわけにはいきません。

最後に、国民の政治参加の実態です。第1回総選挙が制限選挙で行われたことの指摘はありますが、そのことによって多くの国民の意思が政治に反映をしたわけではないことを、より明確に述べるべきです。多くの教科書では、有権者が総人口の約1.1%に過ぎなかったことや、ビゴーによる投票所のようすを描いた図版を挿入して選挙実態を学ぶための教材を提供しています。

5 教育勅語の評価について

教育勅語の重要な柱である天皇への忠誠についてふれられていないことも問題です。教育勅語原文の前段で「我カ臣民克《よ》ク忠ニ克ク孝ニ」と国民を「臣民」と位置づけて天皇への忠誠を求めていますが、育鵬社の教科書では親への孝行のみしかふれず、掲載資料では「臣民」が「国民」と言いかえられてしまっています。

また、非常時についてふれた「一旦緩急《いったんかんきゅう》アレハ義勇公《こう》ニ奉シ以テ天壌《てんじょう》無《む》窮《きゅう》ノ皇運《こううん》ヲ扶《ふ》翼《よく》スヘシ」(原文）という部分については、「祖国を助けなさい」と言いかえられていますが、「皇室の運命を助けなさい」という天皇への忠誠をふくんで訳すことが適切です。

忠君愛国を教育理念としたことが、戦前・戦中の天皇制を支える教育体制を生み出したのであり、この点を無視する記述は戦前教育の本質を見誤らせるものです。

歴史 16

日清戦争と朝鮮・台湾

【育鵬社】p170 ～ 171「朝鮮半島と日清戦争」

ここで学びたいこと

❶ 日清戦争は朝鮮支配をめぐる戦争

19 世紀後半、朝鮮では近代化に向けた取りくみが行われていました。日本は 1875 年以降、不平等条約の押しつけや政治への介入など、朝鮮への干渉を行っていきます。また、日本は米の買い占めなど朝鮮への経済的な進出を図ったので、日本への反発が起こります。一方、清も宗主国《そうしゅこく》として朝鮮の内政に干渉したので、朝鮮への勢力拡大をねらう日清両国の対立が深まりました。

1894 年、朝鮮民衆は、日本をはじめとした外国による侵略と朝鮮政府に不満をもち、東学《とうがく》という宗教を背景として農民軍をつくり蜂起《ほうき》しました（甲午《こうご》農民戦争)。農民軍鎮圧のため、朝鮮政府の求めに応じて清は朝鮮に出兵します。これに対抗して日本も朝鮮に出兵しました。日清両軍の衝突を避けるために、農民軍は朝鮮政府と和解し、解散します。これで出兵を続ける理由はなくなりましたが、日清両軍は朝鮮から撤退しませんでした。朝鮮へ勢力をのばす機会をねらっていた日本は、朝鮮政府に改革を要求して、朝鮮王宮を軍事力で占領します。

そして、日本は朝鮮から清の勢力を追い出すことをねらって、日清戦争をはじめました。

❷ 日清戦争は何をもたらしたか

日清戦争の主な戦場とされた朝鮮では、日本軍が食料・人馬の徴発《ちょうはつ》などを行い、民衆の抵抗が強まりました。解散していた農民軍も、日本の侵略に抵抗してふたたび蜂起します。日本軍は農民軍を虐殺し、3 万人から 5 万人の民衆が犠牲になったと推定されます。

日本は戦争に勝利し、下関条約が結ばれました。この条約では、朝鮮が独立国であると記され、朝鮮は清から切り離されて日本の支配が強まります。さらに清は日本に遼東《りょうとう》半島や台湾等を譲り渡し、賠償金を支払うことになりました。しかし、その直後にロシア・ドイツ・フランスの三国は、日本に対して遼東半島を清に返還するように求め、日本はこれに応じました（三国干渉)。

台湾では独立が宣言され、日本への抵抗が起こります。日本はこれを軍事力で制圧し、1 万人以上を殺戮《さつりく》し、植民地支配を行いました。また、日清戦争に敗北した清は列強による利権獲得の対象として分割されるようになりました。

ここが問題！

❶ 日本の内政干渉を隠す

育鵬社は「わが国が日朝修好条規で朝鮮を独立国とみなす一方、清は朝鮮を自らの属国とみなしていました」と記述し、日清両国を対比させています。また、育鵬社は、朝鮮で起こった壬午《じんご》事変や甲申《こうしん》事変について「いずれも清の軍隊に鎮圧されました」と清の介入を強調します。この記述のように、育鵬社は〝朝鮮の独立を否定する清〟と〝独立を認める日本″という対照的なイメージを提示しています。日本が、朝鮮の主権を侵害することはなかったとの誤解を招きます。

清が朝鮮を属国とみなしていたのは事実です。しかし、前述のように、朝鮮への内政干渉をしたのは清だけではありません。同時期に日本も朝鮮の内政に介入し、主権を侵害していました。育鵬社はこのことにはふれておらず、著しくバランスを欠いた記述といえます。

より具体的にみていきましょう。育鵬社は、甲申事変のさいに「わが国は清の軍事力を恐れ」て、金玉均《きんぎょくきん》《キムオッキュン》らのクーデター計画を「強く支援できず」と記述しています。しかし、実際には日本公使の竹添進一郎《たけぞえしんいちろう》は金玉均らのクーデター計画に接近し、日本公使館の守備兵を利用して朝鮮王宮の制圧などに荷担しました。軍事力を用いて内政干渉したのですから、育鵬社の記述は不適切です。

コラム　**日本公使らによる朝鮮王妃の殺害**

日清戦争後も、日本は朝鮮に対する内政干渉を行います。しかし、朝鮮では朝鮮王妃（明成《ミョンソン》皇后）を中心として、ロシアに接近することで日本を牽制《けんせい》する動きが強まりました。

こうした中で1895年、日本公使三浦梧楼《みうらごろう》は政府、参謀本部との合意のもとに、日本軍人や壮士らを夜間、王宮に侵入させ朝鮮王妃を殺害しました。外国公使が一国の王妃を殺害するという類例のない蛮行《ばんこう》でした。

三浦公使らは事件の隠蔽《いんぺい》に努めましたが、アメリカ人に目撃されており、国際問題となりました。欧米諸国からの批判を恐れた日本政府は三浦公使らを召還し、裁判にかけますが、全員無罪となりました。

この王妃殺害事件も加わって、朝鮮では反日感情が高まるとともに、日本に追随《ついずい》する朝鮮政府に対しても反発が強まります。こうした中で、義兵《ぎへい》運動と呼ばれる反日武装闘争が強まりました。

この王妃殺害の原因は、最近の研究では日清戦争後も日本軍が通信用の電信線を確保するためだったとされています。

2 日清戦争の評価

育鵬社の「わが国でも、隣接する朝鮮がロシアなど欧米列強の勢力下に置かれれば、自国の安全がおびやかされるという危機感が強まりました」という記述は、ほかの教科書にはみられません。このような危機は、当時の客観的な情勢とはかけ離れています。日清戦争が自衛のための戦争であったかのような誤解を与えかねません。

これと関連しますが、育鵬社の「歴史絵巻」（p137）では、日清戦争のころの状況について、子どもが「朝鮮半島は当時、日本の生命線といわれていたのね」と話しています。このセリフがいかなる歴史的事実を指しているのかは不明ですが、1890年の山県有朋《やまがたありとも》の「利益線」演説ではないかとも推測されます。仮に「利益線」演説だとすれば、「生命線」と言い換えること自体が問題です。朝鮮が「日本の生命線」であるとの認識が、とくに説明もなくセリフの中で記述されているので、朝鮮侵略がやむをえないものだったとの認識を与えかねません。

また、育鵬社のコラム「陸奥宗光《むつむねみつ》－条約改正と日清戦争の立役者」（p169）は、陸奥を英雄視しています。陸奥は外務大臣として日清戦争の開戦を進め、朝鮮侵略に大きな役割を果たしました。その点を踏まえずに、陸奥を評価するのは問題です。不平等条約改正も戦争の勝利も、歴史の流れや国際関係の中で理解すべきことで、特定の政治家を「立役者」と讃《たた》えるのは不適切です。

歴史 17

自衛戦争ではなかった日露戦争

【育鵬社】p172 ～ 175「ロシアとの激突・日露戦争」「日露戦争を勝利に導いた舞台裏」

ここで学びたいこと

1 韓国支配を進めるための戦争

日露戦争は、日本がロシアの脅威に対抗するための自衛戦争ではありませんでした。大韓帝国（韓国、1897 年に「朝鮮王国」から改称）に対する支配権を日本が確保するというねらいで進められ、ロシアとの戦争中にも日本が韓国支配を強化・拡大していったのです。

日清戦争後、ロシアがドイツ・フランスとともに、下関条約で日本が獲得した遼東《りょうとう》半島を清に返還するよう迫ると、日本はそれには対抗できず受け入れました。そして、この三国干渉後、日本は対ロシア戦争に備えて軍備の大拡張を行います。

一方、清では、侵略する外国勢力を排除しようとして外国軍隊に鎮圧された義和団事件が 1900 年に起きました。事件後、ロシアが中国東北部（「満州」）に大兵力をおき、韓国にも勢力を伸ばすと、日本はイギリスと結んでロシアに対抗しようとし、1902 年に日英同盟を結びました。これらの動きにより、日本国内では対露開戦論が高まります。

2 日本の奇襲攻撃から開始された戦争とその結末

ロシア側では日本に対し戦争に訴えるというほどの強い動きはありませんでした。むしろ、戦争を回避するため日本との交渉を続けようという考えもありました。しかし、対露開戦を決意した日本は、1904 年 2 月 8 日、韓国の仁川《じんせん》《インチョン》沖と旅順口《りょじゅんこう》のロシア艦隊を奇襲攻撃したのち、10 日に宣戦布告をし戦争を始めたのです。開戦後は最新兵器を装備した大兵力が対決し、補給力の限りをつくした総力戦となりました。その結果、戦費調達のための増税による生活苦、牛馬の徴発や肥料の不足など日本国内の人びとへの負担が重くのしかかりました。

日本の軍事的優勢とロシアにおける革命運動が進む中で、アメリカの仲介でポーツマス条約が結ばれて戦争は終わりました。日本は韓国における優越権をロシアに認めさせ、「満州」における利権を拡大しました。

3 非戦論

開戦論をはじめ戦争を支持する世論の一方で、それに反対する非戦論が登場したのがこの時期の特徴でした。

社会主義者の幸徳秋水《こうとくしゅうすい》や堺利彦《さかいとしひこ》は『平民新聞』を発行し、開戦後も戦争のための増税に反対したり、ロシアの国民に戦争反対を呼びかけるなどの活動を続けました。内村鑑三《うちむらかんぞう》も、キリスト教徒として非戦論を主張しました。これらは、今日の日本国憲法につながる反戦平和の伝統になっています。

ここが問題！

① 戦術や外交戦に注目させ指導者をたたえる戦争学習

日露戦争で、本文・資料・図版の解説・コラムなどに登場する人物をくらべてみると、育鵬社と他社との明確な違いが浮かび上がります。東京書籍で記述されている人物は幸徳秋水・内村鑑三・与謝野晶子《よさのあきこ》・東郷平八郎《とうごうへいはちろう》の4人です（p164～165）。

白骨の涙（「大阪朝日新聞」1905年9月1日号）
折れた軍刀を前に白骨となった骸骨が涙を流している。日露戦争への疑問を表したものである。（渡辺賢二編『広告・ビラ・風刺マンガで学ぶ日本近現代史』〈地歴社〉より）

それに対し育鵬社では、東郷平八郎・乃木希《のぎまれ》典《すけ》・小村寿太郎《こむらじゅたろう》のほか、高校の教科書にも出てこない秋山真之《あきやまさねゆき》・明石元二郎《あかしもとじろう》を含め、13人が記述されています。秋山真之は日本海海戦の作戦を考えた人物、明石元二郎はロシアの国内工作に力を注いだ人物として記述されています。

これらの人物も登場させることで、戦争指導者の巧みな作戦指揮、外交戦や情報戦の重要性などに注目させ、国全体をあげての戦争の推進と勝利を強調しています。

② 民衆の犠牲には目を向けない戦争学習

日露戦争は犠牲者の多い戦争でした。日本の動員兵力は約130万人、戦没者約8万8000人、入院戦傷病者約39万人にのぼりました。戦時中に家族の生活を心配した兵士の脱走や動員兵士の家族の自殺なども起こりました。戦費も多大で18億円余（現在の金額で約4兆円程度）となり、国内や外国からの借金、増税でまかないました。東京書籍では、グラフで戦死者数と戦費を取りあげ、さらに本文で、国民の負担が戦争のための増税で重くなったことを記述しています(p165)。他社も戦争の犠牲者数などを記述して、戦争による人びとの犠牲に目を向けさせています。

これに対し育鵬社は開戦前のロシアと日本の兵力をくらべた表を載せているだけで、戦争中の国民の負担や犠牲者数を具体的には一切記述していません。それよりも、バルチック艦隊の経路図などを掲載し、日本海海戦が「世界の海戦史に例を見ない戦果を収め」たことを強調しています。

③ 非戦論・反戦論を取りあげない

さらに育鵬社は、他社がすべて取りあげている反戦平和への動き＝非戦論についても、一切記述していません。「国民が一丸となってロシアに対抗できる国力と軍事力を備えようとしました」という記述と矛盾するためでしょうか。

また育鵬社は、反戦の心情を歌った与謝野晶子をここで取りあげないで、コラム「なでしこ日本史」のアジア太平洋戦争のところ(p225)で登場させています。そして日露戦争の際に出征した弟の無事を願う詩「君　死にたまふことなかれ」を発表したことにもふれますが、それは載せずにアジア太平洋戦争に出征した四男を励ます歌を載せ、日露戦争の時代との違いを無視して、与謝野晶子の反戦の思いを打ち消そうとしています。

歴史
18

韓国の植民地化と抵抗

【育鵬社】p176 ～ 177「国際的地位の向上と韓国併合」

ここで学びたいこと

❶ 武力による韓国の植民地化

日露戦争は、朝鮮支配をねらいとする戦争という性格よりも、日本が大国ロシアに勝ったということが諸外国でも印象づけられた面があり、戦争後にはアジアの独立運動指導者たちが日本をたたえます。しかし日本はそうした期待を裏切り、韓国支配を推進していきました。

日本はすでに開戦時から朝鮮支配を進めていました。韓国政府は日本の動きを警戒し日露戦争前に中立声明を出しましたが、日本は開戦直後、それを無視して韓国内に軍事施設をおいたうえ、韓国の政治上・軍事上の実権を奪うことなどを決定しました。戦後の 1905 年に武力を背景に外交権を奪い、韓国統監《とうかん》府《ふ》をおき保護国としました。1907 年には韓国皇帝を退位させ、内政権を奪い軍隊を解散させました。そして 1910 年に韓国政府に「併合」条約を押しつけました。

❷ 抗日運動の高まり

日露戦争中に韓国農民は人夫として強制的に使役され、その中で日本軍の軍用電線を切断するなどの抵抗運動も起こっていました。日本軍は徹底した弾圧を行ったのですが、その後も抵抗運動は続きました。1907 年に皇帝の退位が強要されたことを知ると、解散させられた軍の兵士も加わって日本の侵略に武力で抵抗する義兵運動が全国で展開しました。1908 年には日本軍との交戦回数 1976 件、参加義兵 8 万 2767 人に及びました。1909 年には義兵運動の指導者の一人安重根《アンジュングン》が、韓国支配を進めてきた前韓国統監伊藤博文を「満州」のハルビンで射殺しました。こうした抗日運動の高まりをおさえるために、1910 年の「併合」による完全な植民地化が行われたのです。

❸ 歴史・文化を否定した植民地支配

日本の朝鮮支配は「併合」後も武力を背景にしたものでした。その下で朝鮮の歴史・文化を価値のないものと否定し、日本に同化させる教育が進められました。以下は他社にみるその記述です。

「朝鮮の人々を、天皇や国家に忠誠を誓う日本人と同じようにする、同化政策が進められました。学校では、朝鮮語や朝鮮の歴史より、日本語や日本の歴史、修身が重視されました。一方で、選挙権は認めないなど、朝鮮の人々の権利や自由は制限されました。」(教育出版 p174)

「土地制度の近代化を名目として日本が行った土地調査事業では、所有権が明確でないとして多くの朝鮮の農民が土地を失いました。こうした人々は、小作人になったり、日本や満州へ移住しなければならなくなったりしました。」(東京書籍 p166)

「軍人の朝鮮総督をおいて統治し、首都漢城（現在のソウル）も京城と名を変えさえました。日本の支配に対する朝鮮民衆の抵抗は、その後も続けられました。」(帝国書院 p178)

ここが問題！

1 アジアからの日本への厳しい目を無視

育鵬社では日露戦争の影響として、日本が「アジア・アフリカの民族に、独立への希望をあたえました」と記述し、インド独立の父ネルーなどが感動を受けたと語っていることを取りあげています。

しかし、ネルーは感動を語るとともに目を韓国にむけていました。のちに「その直後の成果は、少数の侵略的帝国主義諸国のグループに、もう一国をつけくわえたというにすぎなかった。そのにがい結果を、まず最初になめたのは、朝鮮であった」と記述しています。帝国書院（p179）のほか清水書院もこの言葉を資料として載せています。育鵬社の記述は不十分で一面的な記述です。

「鵺亀」（『東京パック』1908 年 11 月 1 日）
鵺亀（ぬえがめ）とは頭は猿、尾は蛇に似ている想像上の怪物。韓国支配を進める伊藤博文が、韓国皇太子を囲い込み尻尾で韓国人に噛みつく鵺亀として描かれている。
（渡辺賢二編『広告・ビラ・風刺マンガで学ぶ日本近現代史』〈地歴社〉より）

2 日本の武力による植民地化を無視し、正当化

植民地化前後の日本の暴力的な動きについては側注で「武力を背景に」と書くのみです。たとえば日本が韓国の外交権を奪い保護国化した 1905 年の第二次日韓協約は、伊藤博文がソウルに日本軍を配置し、日本軍司令官をともなって韓国政府の閣議に出席し締結を強要したものです。育鵬社は「外交権をにぎる」と書きますが、他社は「外交権をうばい」（東京書籍 p166）、「外交を日本の支配下におき」（帝国書院 p178）などと書いています。

そして育鵬社はこの保護国化について、アメリカやイギリス、ロシアが認めていたことだと強調しています。「併合」についても欧米列強に「朝鮮半島の問題で日本に干渉する意図はありませんでした」と、日本の韓国植民地化が国際的に認知されていた正当なものだという意味の記述をします。当時の帝国主義国の論理を無批判に是認していることが問題です。

他社にはこうした記述はありません。他社の多くが載せている石川啄木の「地図の上　朝鮮国に黒々と　墨を塗りつつ　秋風を聴く」という韓国併合批判の歌も、育鵬社にはありません。

3 植民地支配の実態にふれず、日本が発展させたと美化

育鵬社は日本の植民地統治について、「植民地経営の一環として米の作づけが強いられたり、日本語教育など同化政策が進められたので、朝鮮の人々の日本への反感は強まりました」と記すのみです。作付け強制で朝鮮の農民はどうなったのかなどがわかりません。同化政策では朝鮮の歴史・文化などを尊重せず、日本人になることを強制したことなどにふれていません。

一方、欄外には、日本の統治下で人口・戸数・農地面積・米と麦の生産量・学校数と生徒数などが増えたという表を載せています。日本の植民地支配によって朝鮮が発展したといいたいようです。しかし、これは実態とその背景を隠した数字で誤解を与えるものです。

歴史 19

外国人が見た日本

【育鵬社】p160「外国人が見た日本」

1 外国人の記録をどう読むか

育鵬社がここで取りあげるのは、1865年に来日したドイツの考古学者シュリーマン、1877年に来日したアメリカの動物学者モース、1878年に東北から北海道まで旅をしたイギリスの女性旅行家バードです。

たしかに、日本のあり方を外からの目、外国人の目から見てみることは大切です。内側からの目では気付かない興味深い事実を発見したり、他の国・地域のあり方と比べることができます。しかし、観察者がどのような立場から、どのような面に関心をひかれているのか、私たちがその旅行記・記録のどのような部分に注目するのかという点で、注意が必要です。育鵬社が取り出すのは、日本人は「世界でいちばん清潔な国民である」というシュリーマンの記述、日本の安全さと誠実さに感銘をうけたモースのエピソード、世界中で日本ほど安全に旅行できる国はないとバードが書いた箇所などです。

2 3人の観察のゆくえ

しかし、シュリーマンは旅行記（『シュリーマン旅行記　清国・日本』講談社学術文庫）の育鵬社の引用のすぐ後で、「日本には他のどの国よりも皮膚病が多い」とも書いています。さらに「日本文明論」という章では、幕末の日本について、諜報《ちょうほう》機関《きかん》が幕府の体制を支えており、密告がもっとも強力な武器だと書いています。

一方、文明開化を経た時期に来日したバードは、旅行記（『日本奥地紀行』平凡社・東洋文庫）でたとえば新潟の町の清潔さに驚いています。町が改善されたのは最近のことだとバードが書いているように、わずか6年前、新潟県当局は、市街は不潔をきわめており、恥ずべきことだと述べていました。清潔な街づくりは、文明開化政策を掲げる県当局のもと、警察の取締りと強制をともなって、民衆に強制されたものです。また、バードは秋田県内で、彼女の人力車を引いていた車夫が、警官の姿を見てあわてて土下座する情景を目撃しています。着物を脱いでいるととがめられることにおびえたのです。さらに、バードが北海道のアイヌ居住地で暮らす体験をした際、アイヌの人びとは自分たちの風俗習慣の話をしたということを日本政府に知らせないでくれ、と頼んだといいます。同化政策をすすめる日本政府に恐怖感を抱いていたのです。彼女の旅行記からは、このような文明開化と民衆のかかわりが浮かび上がってきます。

モースは各地をまわって体験・見聞を記録しましたが（『日本その日その日』3冊、平凡社・東洋文庫）、そこには、当時の人びとの暮らしぶりや風習が鮮やかに描き出されています。育鵬社のエピソードは、そのごく一部にすぎません。同時に、モースについては、「日本びいき」といった評価がある点に注意が必要です。彼は、西洋の影響下で変化が起こる以前の面影をとどめる日本に愛着と関心をもち、昔の日本を記録したのです。

3 観察者の目と歴史への豊かな視線

外国人の記録のなかから、日本や日本人の素晴らしさを書いた箇所を抜き出すだけでなく、時代や社会に対するさまざまな情報を読み取ることが大切です。もちろん、日本を体験・記録した外国人は、この3人だけでなくたくさんおり、翻訳も多数出版されています。それぞれの立場の観察者の目を通して当時の日本の姿に触れ、私たちの歴史の見方を大いに豊かにしていきたいものです。

Ⅳ章

2つの世界大戦と日本・アジア

各国とも国民を総動員して戦うことになった第一次世界大戦では、兵士も民間人もふくめて大きな被害が生じました。その結果、戦争そのものを禁止しようとする動きが世界のなかで大きくなり、国際連盟が発足し、1928年にはパリ不戦条約が結ばれました。また、民族自決、独立を求める動きも世界各地で発展しました。

日本も1919年に朝鮮の三・一独立運動と中国の五・四運動に直面しますが、朝鮮などの植民地を支配し続けるためには、中国への侵略を強めなければならず、それがさらに抗日運動を激しくするという矛盾にぶつかります。日本政府はその矛盾を、中国侵略の拡大でのりこえようとしますが、それは、アジア太平洋戦争へとさらに戦争を拡大する結果になります。

結局、アジアの人びとにも、日本の民衆にも莫大な被害を与えた上で、敗戦という破局を迎えます。この一連の戦争の真実をきちんととらえることが大事です。

歴史
20

第一次世界大戦と世界・アジア・日本

【育鵬社】p190 ～ 195,p198 ～ 199「第一次世界大戦」「ロシア革命と第一次世界大戦の終結」「ベルサイユ条約と国際協調の動き」「ワシントン会議と日米関係」

ここで学びたいこと

1 第一次世界大戦の性格と戦後の欧米列強

第一次世界大戦は、イギリス・フランス・ロシア（連合国）と、ドイツ・オーストリア（同盟国）の二大軍事同盟に分かれた帝国主義列強が、植民地などの再分割を求めて起こした戦争です。

戦場はヨーロッパからアフリカ大陸、中東・西アジア、中国に及び、アジアやアフリカの植民地の人びとも動員されました。戦車、潜水艦、戦闘機、毒ガスなどの新型兵器が登場して、戦争は長期化し、犠牲もこれまでよりはるかに拡大しました。

交戦諸国が物的・人的な総力を結集した、本格的な総力戦になった点に特徴があります。

戦場になって荒廃したヨーロッパ諸国にかわって、アメリカ合衆国が力を強めました。ロシアでは、大戦中、生活物資の不足などと専制政治批判からロシア革命が起こり、ソビエト社会主義共和国連邦が誕生しました。イギリス・フランスなどの戦勝諸国は、ベルサイユ条約で、ドイツに対し軍備と領土の縮小、植民地没収、巨額な賠償金などを求めました。また、日本の大国化を警戒するアメリカとイギリスの主導で、日本を牽制しアジア・太平洋の秩序を維持する目的でワシントン体制が築かれました。

2 戦後高まったアジアの民族運動

ロシア革命、ソ連邦のレーニンやウィルソン米大統領が唱えた民族自決主義などの影響で、アジア、アフリカの植民地・従属国で独立運動が多発しました。

中国では、日本の 21 か条の要求や山東《さんとう》半島の旧ドイツ利権の日本への譲渡に反対する五・四運動が、植民地朝鮮では日本からの独立を求める三・一独立運動が起きました。

日本は三・一独立運動を武力で弾圧し、その後、言論・集会の自由などを一部認める「文化政治」を掲げましたが、実際には力による植民地支配を継続しました。

3 第一次世界大戦と日本の軍事大国化

第一次世界大戦中、日本は日英同盟を理由にして連合国側に参戦し、ドイツの租借地《そしゃくち》であった中国の山東半島やドイツ領南洋諸島を占領しました。そして、中国に山東半島のドイツ権益の譲渡、南満州や東モンゴルでの日本の利権の拡大などの 21 か条の要求を強要し、進出をはかりました。さらに、連合国側への物資輸出で巨額な経済的利益を得て、アジアの軍事大国になりました。

その一方で、アメリカやイギリスとの対立が強まり、中国や朝鮮の民族運動にも直面しはじめました。

ここが問題！

① 第一次世界大戦を終わらせた力、世界の変化に目を向けない

アメリカの参戦によって連合国が勝利し、大戦が終結したかのような印象を与える記述になっています。

しかし、実際に大戦を終わらせた原動力は、戦争の長期化による生活難に苦しむ民衆や兵士が反戦と平和を求めて起こしたロシア革命、ドイツ革命、三国同盟側諸国における反戦蜂起《ほうき》などでした。民衆に対する大戦の重圧が革命を引き起こし、第一次大戦後、ロシア、ドイツ、オーストリア、オスマンの４つの帝国が消滅しました。育鵬社はこうした事実を軽視しています。

② 中国での利権拡大という日本の参戦意図をあいまいに

育鵬社は「大戦のさなか、わが国は、山東省のドイツ権益を日本が引き継ぐことや、関東州・南満州鉄道（満鉄）の租借期限の延長などを中華民国政府に要求しました（二十一か条の要求）」と記すだけで、日本の参戦の目的とのかかわりが説明されていません。実際は、中国での利権拡大が日本の参戦の大きな目的の１つでした。

帝国書院は「ヨーロッパ諸国がヨーロッパで戦っている間に、中国に力をのばそうとしたのです」(p190) と、この点をはっきりと書いています。

コラム　日本海軍が地中海に派遣された理由

1917 年２月、寺内正毅《まさたけ》内閣はイギリス海軍の再三の要請にこたえて日本海軍部隊を地中海に派遣することを閣議決定しました。この決定にともない、同年４月から１年９カ月間にわたり、巡洋艦１隻と駆逐艦12 隻がマルタ島に派遣され、同島を拠点に船団護衛の任務に当たりました。

なぜ、遠く地中海まで軍隊を派遣したのでしょうか。

日本は、日本海軍の地中海派遣の交換条件として、イギリス、フランス、ロシア、イタリアと秘密条約を結び、山東半島のドイツ権益と赤道以北の南洋諸島の領有権を認められたのです。こうした面からも、日本は第一次世界大戦への参戦を、軍事大国として台頭する契機にしていたことがわかります。

③ ロシア革命を一面的に記述

ロシア革命に関しては、皇帝らの処刑、人びとの殺害と追放、共産党の一党独裁政治などを強調するだけで、革命の成果やめざしたことにふれていません。たとえば、1917 年に革命直後のソ連邦が「平和に関する布告」を発表し、無併合・無賠償・民族自決にもとづく即時講和を提唱したことは世界に大きな影響を与えました。また、ソ連邦の成立後第一次五カ年計画を成功させ、その後、資本主義世界が恐慌で苦しむ中で一定の経済成長を成し遂げたことも世界から注目されました。

平和に関する布告は、東京書籍、教育出版、帝国書院などがその内容を紹介しています。また東京書籍は「ソ連の計画経済」(p187) というコラムを設け、社会主義の理想と経済活動への取りくみ、その成果と問題点などを詳しく記述しています。

ロシア革命への干渉戦争である日本のシベリア出兵は、ロシアの人民を相手にした５年間という明治維新以来最長の戦いとなり、約 3000 人の死者を出し、日本が初めて敗北した侵略戦争でしたが、育鵬社は「成果がないまま撤退しました」と記すのみです。

歴史 21

大正デモクラシーと民衆運動

【育鵬社】p196 ～ 197,p199「大正デモクラシーと政党政治」「ワシントン会議と日米関係」

ここで学びたいこと

1 民衆の力が政府を倒す

日露戦後、藩閥《はんばつ》政府を倒したのは、米騒動（1918 年）に代表される民衆運動の力でした。資本主義の発展により力を増した資本家や地主などの代表である政党は、民衆運動と連携したり後押しされて藩閥勢力と対抗し、また妥協して政権についたりします。藩閥と政党と民衆運動の 3 つの関係が大事です。

2 天皇機関説と民本主義

中国では辛亥《しんがい》革命で皇帝が退位して中華民国が成立し、日本では明治天皇から大正天皇に代わります。憲法学者美濃部達吉《みのべたつきち》は、大日本帝国憲法を国民や議会中心に解釈した天皇機関説を、政治学者吉野作造は、デモクラシーの訳語に民衆本位の政治、「民本《みんぽん》主義」をあて、その実現を主張しました。そうした主張が優勢になったのは、辛亥革命をはじめ第一次大戦とロシア革命、ドイツ、オーストリア各帝国の崩壊など、君主政治から民主主義へという世界的変動の影響がありました。

3 米騒動と社会運動の展開

1920 年代になると、日本労働総同盟や日本農民組合が結成され、労働者と農民の運動がすすみます。新婦人協会など女性の解放を求める運動、部落差別撤廃運動、社会主義運動などもいっせいに開花しますが、これらは米騒動で民衆が力を自覚したことがきっかけです。それまでの組織をもたない自然発生的な運動では貧困や差別をなくせないことがわかり、組織的な運動がすすみました。

4 普通選挙と治安維持法

米騒動で危機感を強めた藩閥・官僚勢力は、民衆運動を激化させないために原敬《はらたかし》の政党内閣を成立させます。その後、長年の運動が実を結んで普通選挙法が成立し、民衆の政治参加が実現しますが、女性は排除され、同時に治安維持法が制定されます。普選というアメを与える一方、手なずけられない勢力には治安維持法のムチをふるう政策でした。これも政党内閣がやったことです。

ここが問題！

1 民衆の動きを無視

育鵬社は、護憲運動を「尾崎行雄《おざきゆきお》や犬養毅《いぬかいつよし》を中心に展開され、桂内閣は退陣」と、政党指導者と藩閥の対抗として描きます。民衆の動きは写真とその説明だけで、本文には出てきません。原敬が日記に、桂が辞職しなければ革命的騒動が起きただろうと書いたように、政府を倒したのは民衆の力でした。「国際社会に確かな地位を占《し》めていたわが国は、世界的な民主主義の風潮の中、政党政治をめざす方向に向かいました」では、諸勢力の対抗関係も政党政治実現の筋道も、まったくわかりません。

2 「民本主義」「護憲運動」の意味がわからない

民本主義は、「選挙で多数を占めた政党が内閣を組織すること（政党政治）が大切」と説明し、帝国書院の「民衆の考えにもとづき、政党や議会を中心に」(p194) や、東京書籍の「普通選挙によって国民の意向を政治に反映させることなどを主張」(p192) と比べても国民・民衆抜きです。

護憲運動は、天皇絶対の帝国憲法を守るのではなく、天皇機関説にもとづいて解釈された帝国憲法にそって、政党や議会の権限をできるだけ強くしようという主張ですから、東京書籍のように、天皇機関説を「政党内閣制に理論的根拠をあたえ」(p192) たとして、民本主義とともに扱うとわかりやすくなります。

コラム　治安維持法

「国体の変革」、「私有財産制度の否認」をめざす者を取り締まる治安維持法は、制定のときは治安を乱す過激な思想だけを対象とすると説明され、非合法で活動した日本共産党などが厳しく弾圧されました。憲法が適用されなかった植民地台湾・朝鮮・樺太《カラフト》にも天皇の勅令《ちょくれい》で施行され、独立運動を弾圧しました。最高刑 10 年が死刑に引き上げられ、日本が中国で戦争を始めると、弾圧は反戦の運動や思想だけでなく自由主義者や宗教団体にも及び、処罰の対象も拡大されて、特別高等警察（特高）が政府や軍部の気にくわない者を、片端から逮捕・拷問《ごうもん》しました。本土で約 7 万人、朝鮮で約 2 万 3 千人が検挙され、小林多喜二をはじめ約 200 人が取り調べ中に拷問で殺され、約 1500 人が獄死しました。刑が終わっても釈放されない予防拘禁制度もつくられ、特高警察が戦時下の国民の思想や不満にいたるまで監視しました。

育鵬社の書くように対象は共産主義だけではなかったのです。

3 米騒動の原因と実態がわからない

米騒動の原因は「米の値上がりを予想した商人が米を買い占め、米価がはね上がりました」というだけで、政府がロシア革命で成立したソ連をつぶそうとシベリア出兵を決め、それが値上がり予想の買い占めにつながったことが書いてありません。約 50 日間、1 道 3 府 38 県で 70 万人を超える人びとが参加し、軍隊がのべ 10 万人以上鎮圧に出動したことも書かれていません。

米騒動後の社会運動の高まりは、「大戦景気の反動で不景気になると、労働運動もさかんになり」と不景気のせいにされます。続いて水平社や女性の地位向上運動も一応書いてありますが、不景気のせいでは説明できません。米騒動で民衆が力の自覚を高め、差別され、しいたげられた人びとが組織をつくり立ちあがったことが書かれていません。分量も他社に比べ数分の一で、ほんの付けたしです。

4 関東大震災と虐殺事件

関東大震災の「混乱の中で、朝鮮人や社会主義者が、住民たちのつくる自警団《じけいだん》などに殺害されるという事件もおきました」と書きますが、軍隊・警察の関与も、殺された朝鮮人の数千人という数も、中国人の殺害の事実も書いてありません。また、これでは社会主義者や労働運動指導者が軍隊・警察に殺害された甘粕《あまかす》事件や亀戸事件も、自警団のしわざと読める不正確な記述です。

歴史
22

世界恐慌前後の世界・アジア・日本

【育鵬社】p202 ～ 203,p206 ～ 207「世界恐慌と協調外交の行きづまり」「中国の排日運動と満州事変」

ここで学びたいこと

❶ 世界恐慌の原因と内容

資本主義経済には好況と不況が周期的に繰りかえすという特徴があります。1920 年代に繁栄の頂点に達したアメリカ合衆国では、同時に、生産の過剰と過度の株式の投機（いわゆるバブル経済）が続いていました。そのバブルがはじけて、1929 年 10 月、アメリカのニューヨークで株価が暴落し、企業の倒産と大量の失業者が発生する恐慌になりました。

恐慌は、戦後復興をアメリカの資金に依存していたヨーロッパ諸国に波及し、やがては、計画経済を進めていたソ連を除く、全世界の資本主義国と植民地・従属国にも広がりました。

❷ 世界恐慌を克服するために各国が行った対応

最大の経済大国になっていたアメリカの恐慌は、世界の貿易を縮小させ、恐慌を世界に広げました。アメリカは、国内ではニューディール政策を採用しました。政府の介入による生産量制限と補助金、大規模な公共事業による失業者の救済と景気の回復、労働組合の保護などを特徴とするものです。

ただし、アメリカが最終的に恐慌から脱したのはニューディール政策が成功したからではありません。日中戦争や第二次世界大戦の勃発《ぼっぱつ》にともなう軍事関連産業の拡大によるものでした。

海外に多くの植民地をもつイギリスやフランスは、自国と植民地や従属国との間の経済関係を強め、ほかの国の市場進出は高い関税で排除するなどのブロック経済を打ち立てました。それに対して、植民地や海外市場を多くはもたない日本、ドイツ、イタリアでは、国内で危機感があおられ、人びとの不満を集めて全体主義・ファシズムの政権が成立しました。

そして、それぞれ満州事変、東ヨーロッパ地域への領土の拡大、エチオピア侵略などによって新たな市場や勢力圏の獲得をはかり、第二次世界大戦の原因を生み出しました。

❸ 中国国民革命の展開と日本

辛亥《しんがい》革命後、軍閥《ぐんばつ》が地方に分立した中国では、孫文の後継者の蒋介石《しょうかいせき》が軍閥の打倒による国家の統一をめざして中国国民革命（北伐《ほくばつ》）を開始しました。蒋介石が南京に国民政府を樹立し、その北方の済南《さいなん》に接近すると、田中義一《ぎいち》内閣は山東省に出兵し、北伐軍と衝突しました。北伐軍が北京に近づくと、北京政府の軍閥張作霖《ちょうさくりん》は「満州」への撤退をはかりましたが、関東軍による鉄道爆破で殺されました。

中国国民政府は、不平等条約の撤廃を求める民族運動の高まりのなかで、日本の「満州」権益の回復を唱え、日本との対立を深めていきました。

ここが問題！

① アメリカが、戦後、どのようにして世界最大の経済大国になったのかわからない

育鵬社には、第一次世界大戦後にアメリカがヨーロッパにかわり世界を主導するようになった理由が書かれていません。

東京書籍はアメリカが第一次世界大戦の被害を受けることが少なかったこと（p198)、帝国書院はアメリカが戦場にならずに、連合国に物資を輸出し、大戦後もヨーロッパの復興に資金を貸して大きな利益を得たことを明記しています (p202)。

アメリカは第一次世界大戦を利用して物資と資金を提供し、世界最大の経済大国になったのです。

コラム　戦争違法化の動きと日本

1920年1月、国際連盟が発足しました。規約の第10条では領土侵略戦争の禁止、第12条では国交断絶の恐れのある紛争が発生した場合には国際裁判・連盟理事会の審査を実施すること、第13条では国際裁判判決に服した連盟国への戦争の禁止、第16条では戦争を始めた連盟国に対するほかのすべての連盟国による経済制裁などが決められました。

国際的な対立を戦争で解決することを違法とする戦争違法化の体制が成立したのです。

これは第一次世界大戦の悲惨な経験から生みだされたものです。1928年のパリ不戦条約の締結で、戦争違法化の流れが強まりました。

こうした中で日本が起こした満州事変は、国際連盟の成立後最大の軍事紛争となり、戦争違法化体制に対する挑戦になりました。

② 「昭和恐慌」を一面的にとらえ、政府の対策を美化

「昭和の恐慌」の説明で、農村での小作争議の多発について記述がありますが、民衆の犠牲の大きさや、社会的な不満の高まりを象徴する都市部での労働争議については、説明がありません。

実際には、都市の労働者の生活難の中、1931年の1年間だけで、2456件もの労働争議が起こっています。また、「財政支出を増やして……恐慌からいち早くぬけ出」したとありますが、人びとの生活を救済したのではなく、軍事予算を増やして軍国主義を強めていったことにまったくふれていません。

③ 中国国民革命への日本の干渉にふれない

「中国の国内統一への動き」の説明では、中国国民革命が、中国の国家統一と列強の干渉・支配からの自立を求めた、長期間の闘いであったことを正確に記述していません。また、この革命中、イギリスからの列強の共同出兵の提案に対して、幣原《しではら》喜《き》重郎《じゅうろう》外相が応じなかった点を強調しています。

しかし現実には、幣原外交は協調外交を掲げながらも、中国国民革命に間接的に関与し、蒋介石らを日本側に抱きこもうと企て、共産党勢力を排除することによって国民革命の分裂を意図していました。日本が張作霖らの軍閥を援助しながら、中国の民族運動を抑え、さらに「満州」の権益の拡大を図ろうとした点に、のちの満州事変に至る日中対立の原因がつくられていきます。育鵬社ではこうした経過がわかりません。

歴史 23

ファシズムと共産主義

【育鵬社】p204 ～ 205「共産主義とファシズムの台頭」

ここで学びたいこと

1 ファシズムとはなにか

イタリアでは、第一次世界大戦後に経済の危機が続く中で、ムッソリーニが率いるファシスト党が暴力を用いて労働運動や社会主義の動きを抑え、1922 年に政権を握り独裁政治を行いました。ドイツでは、世界恐慌の中の 1933 年、ヒトラーを党首とするナチスが政権を握り、巧みな世論の誘導や反対派への暴力的弾圧の上に独裁政治をすすめました。ナチスは、ドイツ民族の優秀さを説く一方でユダヤ人を徹底的に差別し、戦争の中で強制収容所を作ってユダヤ人を閉じ込め、さらに絶滅政策をとり、大虐殺を行いました。そのために 600 万人以上が殺されたと推定されています。

経済危機の中で、民主主義・自由主義を否定し、国家や民族の利益のためと称して排外主義をあおり、対外侵略を進める独裁政治をファシズム、国民生活のすべてを暴力的に統制するそのやり方を全体主義とよびました。そして同じような政治をすすめたイタリアとドイツと日本がファシズム連合をつくって戦争の道を歩み、イギリス、アメリカ、ソ連などが結んだ同盟と対立しました。

2 日本のファシズム

日本でも、軍部の横暴、独走だけで戦争がすすめられたのではなく、全体主義の体制がつくられました。国家総動員法のもとで各分野に報国会がつくられ、大政翼賛会は、首相を責任者に、知事を支部長として末端では町内会・隣組を組織したもので、いやおうなく国民を戦争に動員するしくみでした。

学校教育も、人びとの考えを画一化して統制する上で、大きな役割を果たしました。

ここが問題！

1 共産主義が全体主義を生んだ？

育鵬社は、「共産主義とファシズムの台頭」という項目を立て、ファシズムと共産主義を、同列に扱っています。ここではまず「全体主義の広がり」の小見出しで「ヨーロッパでも……強い国家権力で経済を統制するソ連のようなやり方のほうが効率的ではないかという考えが広がりました。そして、この考えが個人の権利や自由を制限してでも国家や民族の目標を優先しようとする全体主義の動きにつながりました」と述べ、全体主義は共産主義の動きから生まれたという記述になっています。「ファシズム」の小見出しがその後に続き、「ファシズム」には「全体主義の一種」という注がついています。「全体主義」を仲立ちにして共産主義とファシズムが結びつけられています。

東京書籍が「民主主義や自由主義を否定する全体主義の体制をファシズムといい」(p201) と記すように、全体主義はファシズムを理解するための言葉として使うのが一般的です。

② おざなりなファシズムの説明

「ファシズム」の小見出しの中では、ムッソリーニ、ヒトラーそれぞれが政権を握ったことに続けて、イタリアについては「武力でエチオピアを併合」、ドイツについては「ドイツ民族の優秀さと栄光の回復を主張してユダヤ人を迫害し自由主義や民主主義を弾圧」と記しています。

そして第二次大戦中のドイツ軍の占領政策については、「ユダヤ人に徹底した迫害を加え、収容所に送られて殺害されたユダヤ人は数百万人にのぼる」(p212) と2行だけ書きますが、ナチスへの抵抗運動にはまったくふれません。

帝国書院はチャップリンの「独裁者」やドイツ人の証言を載せ (p205)、東京書籍はアンネ・フランクをコラムで扱って「こうしたドイツの占領政策に対して、ヨーロッパ各地では、ドイツへの協力拒否や、武力などによる抵抗運動（レジスタンス）が行われ」(p207) たと書いています。

育鵬社は日本がファシズムだったことを認めないので、戦争中のドイツやとくに日本の支配の実態と抵抗の事実をきちんと書けないのです。

コラム　写真と地図の誤り

育鵬社は「ナチスの大会」という写真を掲載しています。しかしこれは誤りで、1937年10月3日にハーメルン近郊のビュツケベルクで開かれた収穫祭に、ヒトラーが参加したときのものです。旧版でこの写真を「ナチス大会」としていた東京書籍は「ナチスが行った収穫祭」と訂正し、説明文も「ナチスは、伝統的な秋の祝祭を利用し、ドイツ人の不満を人種的な差別へと向けていきました」と変えています(p200)。

また、掲載されている地図「ドイツとイタリアの侵攻」にも、誤りがあります。この地図では、チェコスロバキアが1939年3月にドイツに併合されたことになっていますが、実際には、チェコスロバキアはズデーテン地方を失ったのちに、ヒトラーによって2つに解体され、そのうちチェコが1939年3月、ドイツ軍の占領下におかれてドイツに併合されます。

一方、ヒトラーはスロバキアには独立を宣言させ、ドイツと保護条約を結ばせて、その保護国となります。1939年7月に「スロバキア共和国」が成立し、1945年まで存続したので、チェコスロバキアがすべて1939年3月に併合されたのではありません。

③ 社会主義・共産主義とファシズム

本来、社会主義や共産主義は、資本主義が生みだした貧困や経済恐慌を解決するために、資本家の支配を終わらせて働くものが中心の社会を築こうという思想と運動でした。ファシズムは、資本主義の危機を労働運動や社会主義者への弾圧と対外侵略で乗り切って、資本主義体制を守ろうとするものです。

ソ連でスターリンによる反対派への大規模な弾圧が行われたことは大きな問題です。しかしそのことを理由に、共産主義もファシズムも同じというのでは、ファシズムに反対し弾圧された共産党など社会主義の思想と運動がもつ歴史的な意味や、第二次世界大戦でソ連が、アメリカやイギリスなどとともに反ファシズム連合国の一員として戦ったことが理解できません。

歴史 24

満州事変と日中戦争

【育鵬社】p206 ～ 209「中国の排日運動と満州事変」「日中戦争（支那事変）」

ここで学びたいこと

❶ 中国国民革命

1924 年から 1928 年にかけて広範な民衆が立ち上がった中国国民革命は、国民政府による全国統一と不平等条約撤廃、関税自主権の回復、完全主権の確立などを実現しようとした革命でした。しかし、日本は 3 次にわたる山東《さんとう》出兵を行って、国民革命軍の北伐《ほくばつ》を妨害したのでした。

❷ 国際孤立を深めた日本

関東軍による満州事変と「満州国」樹立について、国際連盟はリットン調査団を派遣して現地調査を行い、連盟総会で「満州国」を認めない報告書を賛成 42 カ国、反対 1 カ国（日本）、棄権 1 カ国（シャム、現在のタイ）で採択しました。これに抗議した日本は国際連盟を脱退し、国際社会の批判に背を向けて、ファシズム国家への道を歩んだのです。

❸ 日中 15 年戦争の始まり

日本は、1931 年 9 月から満州事変、1937 年 7 月から日中全面戦争、そして 1941 年 12 月からアジア太平洋戦争に突入しましたが、中国に対しては、1931 年から日本の敗戦の 1945 年 8 月までの 15 年間にわたる侵略戦争を行い、膨大な被害と犠牲を与えました。

ここが問題！

① 戦争当時の日本政府・軍部の主張と同じ

「中国の排日《はいにち》運動と満州事変《まんしゅうじへん》」というタイトルが端的に示すように、また「排日運動の激化に対し、日本国内では日本軍による満州権益確保への期待が高まりました」「（リットン）調査団は中国側の排日運動を批判し、日本の権益が侵害されていた事実を認めましたが」という文章から明らかなように、中国の排日運動が満州事変の原因になったかのように記述しています。しかし歴史事実は逆で、育鵬社が「1928（昭和 3）年、北伐を進める国民党軍が済南《さいなん》にせまると、田中義一《ぎいち》内閣は日本人居留民《きょりゅうみん》保護のため山東省への出兵を決定し、日中両軍は衝突しました」と記している日本の山東出兵に対して中国国民の抗議運動が起こり、関東軍の謀略《ぼうりゃく》により開始された満州侵略（満州事変）に対してさらに抗議運動が展開されました。

これを当時の日本政府と軍部は、日本人を暴力的に排撃する危険な排日運動と決めつけ、日本人居留民を守るためという口実で大軍を派遣し、軍事行動を起こし、侵略戦争を開始したのです。

② 日本の「満州国」支配の事実を歪めている

「満州国の発展」という小見出しをつけ、「中国本土や朝鮮などから多くの人々が流入し、産業が急速に発展しました。日本からも企業が進出し、開拓団が入植しました」と記しています。しかし、朝鮮人は、日本の植民地支配によって土地や財産を奪われ、生活できずに「満州」へ行ったり、植民地支配に反対して、弾圧を逃れるために、移住していった人たちが多かったのです。

また、開拓団とは名ばかりで、中国農民が耕していた土地を強制的に買収したり、取り上げたりして、日本人を入植させたのでした。そのため、土地を奪われた農民たちは、抗日義勇軍《ぎゆうぐん》（ゲリラ部隊）を組織して抵抗し、中国共産党の指導により東北抗日連軍《こうにちれんぐん》が結成され、日本の侵略に反対して武装闘争を行いました。

関東軍は、満州国に反対して抗日闘争に立ち上がった軍人や農民を「匪賊《ひぞく》」と呼び、抗日ゲリラの根拠地と見られた村落を焼き払い、住民を容赦《ようしゃ》なく殺害しました。中国農民の抵抗を排除してから最初に入植させたのは、在郷《ざいごう》軍人（現役の兵隊生活を終えた後に民間の仕事についていた軍人）を集めて送り込んだ武装移民団だったのです。

コラム　巧妙な南京事件否定論

南京事件について、育鵬社は「日本軍は12月に首都・南京を占領しました」と書き、注で「このとき、日本軍によって、中国の軍民に多数の死傷者が出た（南京事件）。この事件の犠牲者数などの実態については、さまざまな見解があり、今日でも論争が続いている」としています。

これは、「南京を占領した時に中国の軍民に死傷者が出たが、これは普通の戦争で常にあることで、中国がいうように南京大虐殺ではない。実態は不明で、今日でも論争が続いている」と読めるようになっています。

育鵬社の執筆者たちは、南京事件否定論者なのですが、南京事件については日本政府も公式に歴史事実として認めているため、否定論をあからさまに書くと文科省の教科書検定を通らないので、このように巧妙に書いて、「実態は不明である」と思わせるようにしているのです。

育鵬社と自由社以外は、南京事件を歴史事実として明確に書いています。

産業についても、日中戦争やアジア太平洋戦争を推進するための軍需物資の生産を優先し、資源と労働力を収奪《しゅうだつ》して、経済発展を崩壊させました。

3 「支那事変」という時代錯誤のタイトル

「日中戦争（支那事変《しなじへん》）」とタイトルに「支那事変」を使っています。p206の注③に、わざわざ「宣戦布告のない国家間の戦闘を事変という」とまで書いていますが、日中戦争を当時の政府と軍部が「支那事変」と命名したのは、それが戦争ではなく事変なので、宣戦布告の必要もなく、捕虜の殺害や非戦闘員の殺害を禁止した戦時国際法（ハーグ陸戦法規）を守る必要がないとごまかすためでした。

「支那」については、日本政府は辛亥《しんがい》革命によって成立した中華民国（略称として中国）に対して、中国政府が抗議したにもかかわらず、意図的に「支那」と呼称するようにし、戦時中の日本国民も差別、蔑視《べっし》意識を込めて「シナ、支那人」と呼んでいたのです。中華民国といえば、皇帝政治を倒して国民主権の共和制国家となったことがわかり、日本がまだ天皇主権の国であることに気づかせるからでした。

育鵬社で学んだ生徒が、中国人に対して日中戦争（中国では抗日戦争）のことを「支那事変」と言ったとすれば、その生徒は中国人の心を傷つけることになるでしょう。

歴史
25

第二次世界大戦とアジア太平洋戦争

【育鵬社】p210 ～ 215,p220 ～ 221「緊迫する日米関係」「第二次世界大戦」「太平洋戦争 (大東亜戦争)」「戦争の終結」

ここで学びたいこと

1 開戦までの経過

1937 年以降の日中戦争は長期化し、日本は石油などの軍需物資の不足に陥りました。軍部は石油を産出するジャワやボルネオ（現インドネシア）を支配下におこうと南進を主張し、まず 1940 年援蒋《えんしょう》ルート（中国の蒋介石《しょうかいせき》政権支援のための物資輸送路）遮断《しゃだん》を名目にしてフランス領インドシナ北部（現在のベトナム北部）への進駐が実行されました。さらに日本軍が 41 年 7 月フランス領インドシナ南部に進駐すると日米関係は悪化し、アメリカは石油輸出全面禁止と日本資産凍結に踏み切りました。

戦争回避の日米交渉は開戦の直前まで続けられますが、米英に対し先制攻撃を仕掛けることは、アメリカの最終提案であるハル・ノートが示される以前の 11 月 5 日の御前《ごぜん》会議で決定されています。戦争の原因を英米に求めるのではなく日本の侵略にあることを押さえる必要があります。

2 戦争を支えた天皇制と戦争の実態

戦争中は議会も内閣も形骸化《けいがいか》し、最重要事項は天皇の臨席する「御前会議」で決定されていました。天皇は高度な軍事情報について報告を受け、多くの局面で戦争に関する意思決定を行っていました。天皇を神聖なものとし､国民の命を軽視する特異なファシズムが戦時体制を支えていました。

日本は東南アジアから太平洋の諸島にわたる広大な地域を侵略しましたが、占領地に対する海上輸送路は、やがて米軍の航空機や潜水艦による攻撃のため確保が困難になりました。補給が途絶した地域の日本軍は飢餓《きが》に直面し、この戦争全体の将兵の死因の半分以上は餓死という悲惨な状況に追い込まれました。

敗戦の直接の原因として原爆投下とソ連参戦は重要ですが、それ以前に石油などの軍需物資の不足と、占領地への補給困難により敗戦は避けられない事態に至っていたのです。

ここが問題！

1 「大東亜戦争」という呼称とＡＢＣＤ包囲網

育鵬社は一般に定着している「アジア太平洋戦争」という呼称に対抗し、あえて「大東亜戦争」という呼称を記載しています。そこには、この戦争の目的が、植民地支配からのアジアの解放と「大東亜共栄圏」の建設のためであるという、戦争中の論理を展開する意図がうかがえます。また「アメリカは……わが国を経済的に圧迫し、封じ込めを強化しました」と書き、「ＡＢＣＤ包囲網」の図解までしてそれを強調しています。

しかし当時、中国は日本に侵略され、オランダも日本の同盟国ドイツに侵略されているのです。この戦争が侵略戦争であることは、北はアリューシャン列島のアッツ島から、南は太平洋の島々やオーストラリア北部の都市まで攻撃した戦争範囲からも明白です。

2 議会政治の実態と戦死者数

日本は「ドイツやイタリアの一党独裁とは異なり、帝国議会は……停止されませんでした」という記述があります。

しかし1940年の大政翼賛会《たいせいよくさんかい》の成立により全政党は解散し、議会政治は崩壊していました。天皇の権威の下にすべての国民を動員する国家総動員体制が確立し、治安維持法や特《とっ》高《こう》警察により言論は抑圧されていました。

また敗戦の記述の部分には「第二次世界大戦全体の世界中の戦死者は2200万人」とありますが、全世界での戦死者数を示すだけでは侵略戦争の実態が見えません。日本軍の侵略によるアジア太平洋地域の犠牲者数は2000万人を超えるといわれています。

コラム 天皇におわびする民衆

皇居前で土下座《どげざ》して敗戦を天皇にわびている人々の写真が掲載されています。肉親を失い家を焼かれ生活を破壊された人々が、怒りもせず統帥権《とうすいけん》を持った天皇を追及することもなく、ただおわびしている姿は異様です。この姿に育鵬社は、天皇への忠誠心の篤さを示したいのかもしれませんが、むしろ当時の人びとの精神を呪《じゅ》縛《ばく》した天皇制のマインドコントロールの強さが見て取れます。

敗戦後初の内閣の東久邇宮稔彦《ひがしくにのみやなるひこ》首相は、記者会見で国民に対し「一億総懺悔《いちおくそうざんげ》」を説き、自らの戦争責任を反省することなく、国民に責任を押しつけて反省せよと説き、戦争責任はあいまいにされたのです。

3 「玉砕」は作戦の失敗による見殺し

p215の図版にはアッツ島玉砕《ぎょくさい》、サイパン島玉砕と、戦時中の用語がそのまま記載されています。アッツ島では2650名の守備隊が米軍約1万1000名の猛攻撃の前に食糧、弾薬も尽きて全滅しました。数倍のしかも装備に勝る敵軍に対し、島を死守せよという命令だけ出して援軍も送らず補給もしないのは、作戦失敗による見殺しといっていいでしょう。しかし軍部はこれを「玉砕」という美しい言葉で飾り、敗北の責任も明らかにせず反省もしませんでした。

国際法上は、敗北した軍隊は降伏し将兵は捕虜になる権利があります。日本軍だけがこの国際法を守らず『戦陣訓《せんじんくん》』によって捕虜になることを禁止し、自国の兵士に死を強いたのです。この非人道性について考えてみましょう。

4 ポツダム宣言受諾までの経過

ポツダム宣言の発表に対して、当初日本政府が無視したことを、育鵬社がまったくふれていないのは不適切です。帝国書院は「ポツダム宣言を日本が黙殺したため」その後アメリカの原爆投下やソ連の参戦が起きたことを記述しています(p218～219)。政府が受諾に際して、唯一重視したのは、国体護持《こくたいごじ》（天皇制の存続）の見通しを得られるかどうかで、それに時間が費やされていたのです。

8月10日、日本政府は連合軍に対し、国体護持のみを条件にポツダム宣言を受諾すると通知しましたが、連合軍側からは「日本の統治権は連合国軍最高司令部の従属下に置かれる」との回答でした。8月14日に、日本政府はようやく国体護持の容認の感触を得たので、再度受諾の通知をしました。この宣言が発表された7月26日に直ちに政府が受け入れていれば、アメリカの原爆投下(8月6日・9日）もソ連参戦（8月8日）もなかったはずです。国体護持にこだわって降伏を遅らせたことが敗戦をさらに悲惨なものにしました。何を守るための戦争だったのでしょう。

歴史 26

日本軍に支配されたアジアの人びと

【育鵬社】p216 ～ 217「日本軍の進出とアジア諸国」

ここで学びたいこと

❶ 日本軍の主要な戦場は東南アジアと南太平洋

1941 年 12 月 8 日、陸軍はイギリスの植民地マレー半島のコタバルに上陸し、約 1 時間後に海軍はハワイの真珠湾を奇襲しました。その後の日本軍の主な戦場は東南アジアの欧米植民地とその周辺海域でした。ハワイの真珠湾を攻撃したのは、東南アジアでの日本軍の行動をアメリカ海軍に邪魔されないようにするためでした。

日本軍は東南アジア占領に全力を注ぎ、イギリスの軍事拠点のシンガポールを翌年の 2 月 15 日に占領しました。勢いに乗った日本軍は、イギリス領ビルマ（現ミャンマー）からインドネシア、ニューギニア、ソロモン諸島まで占領地を拡大しました。占領地では、戦略物資や日本軍の生活物資の確保が最優先され、住民には強制労働や物資の提供などの犠牲が強いられました。

1942 年 6 月、アメリカの猛反撃によるミッドウェイ海戦で敗北した日本海軍は、その後も太平洋各地で激戦を重ね、おびただしい犠牲者を出しながら、敗北と撤退を続けました。1944 年 7 月サイパン島を占領したアメリカ軍は、ここを基点に日本の各都市への空襲を激化させました。

❷ 日本敗北の根本原因は中国民衆の予想外の抵抗

日本軍が東南アジア侵略に踏み切ったのは、中国戦線での戦闘が想像もしていなかった長期戦になってしまったからです。しかも、アメリカが、アヘン戦争以後イギリスなどに出遅れながらも、日本よりは中国の権益を多く獲得していたので、日本の勢力拡大を阻《はば》もうとし、長期戦に不可欠な石油や鉄鉱石などの日本向け輸出を禁止しました。そこで、日本軍は自力での石油確保のため、当時のアジアで最大のパレンバン油田（スマトラ島南部）などを占領する南進に追い込まれたのです。

この経過からわかるのは、日本軍が意気地なしと思い込んでいた中国の人びとの、予想外の徹底抗戦で、泥沼のような戦いに追い込まれたということです。こうして日本軍は、中国戦線に 100 万人以上の兵力を残したまま、英米との勝ち目のない無謀な戦争に踏み切りました。日本軍は、軍事面では主にアメリカに負け、大局では中国の人びとの抵抗に負けたのです。中国人の誇りを傷つけ、数々の野蛮な行為で怒りを倍増させていた過ちの重さに最後まで気づかずに。

❸ 東南アジアの残虐な占領地支配

日本軍は占領支配地の人びとを苦しめます。食料を奪い、経済を混乱させ、女性を辱《はずかし》め、少しの疑いでも住民を殺害し、記録もほとんど残しませんでした。しかもそれを実行したのは、普通の日本兵です。中国戦線と同様に、アジアの人びとを見下した差別意識が日本兵全体にあったためです。

当時の日本社会には、すでに差別的なアジア観があった上に、軍隊ではさらに兵士から人間性を奪う訓練を徹底して行っていたのですから、なおさらです。この屈辱的な扱いに対するアジア各国の反発が、日本の敗北を早め、戦後に戻ってきた欧米の勢力を追い払う解放・独立の原動力になったのです。

ここが問題！

1 「日本軍の進出とアジア諸国」のタイトルは事実の隠蔽《いんぺい》

日本軍は武力で東南アジアを占領したのですから、この「進出」や本文中の「進攻」の表現は、「侵攻」か「侵略」とすべきです。p211でも「東南アジアに進出しようという南進論」という用語で当時の軍の立場を説明しています。軍が自らの行動を「侵略」などというはずはありません。現在の歴史教科書が、かつての日本軍と同じ表現で説明するのは不適切です。この後に触れる数々の違法行為からも「侵略」というべきです。

育鵬社や日本文教出版（p231）にもあるように、12月8日の開戦時に遅れた通告は、「宣戦布告」ではなく、「交渉打ち切りの通告」なのですが、宣戦布告についての記述は、どこにもありません。「東条英機内閣は、…開戦を決断」と書いてあるだけです。日本は、開戦後の8日午前11時45分に英米に対して宣戦布告をしました。これは、国際法に定められた事前通告の規定に明らかに違反した軍事行為でした。

なお、今の日本の新聞・テレビや歴史書の大部分でも、「交渉打ち切りの通告」を「宣戦布告」だとする誤った説明を繰りかえしています。経過を正確に学ぶことで、この戦争の実態を明らかにし、同時にマスコミなどによる歴史の誤解や歪曲も正したいところです。

コラム 今さら、A・トインビーの日本贔屓《ひいき》による「世界国家論」とは

コラム「トインビーが見た『第二次世界大戦と日本』」では、日本の軍事行動で西洋による世界支配が終わったという評価をし、「今、日本は、世界史の新しい時代の中で、先駆者的な役割があるものと確信する」という彼の主張を紹介しています。かの著名な歴史学者がこれ程日本を評価しているのだから、やはりあの戦争は歴史的に高い意味があったのだ、と言いたいようです。

でもしかし、トインビーが敗戦後の日本に期待したのは憲法９条に由来する非武装中立論や理想的平和主義による「世界国家論」との結合です。それは、まもなく非現実的とされ、相手にされなくなりました。

また、引用されている中には「日本は、敗戦という痛ましい経験によって国家主義の限界を学んだ」という的確な指摘があるのです。ここでいわれている「国家主義」こそ、育鵬社の執筆者たちがめざしているものですが、それをトインビーが批判していることさえ気づいていないようです。

2 アジアの人びとの早くからの独立闘争を無視

本文冒頭に「戦争初期のわが国の勝利は、東南アジアやインドの人々に独立への希望をあたえました」とあるのは、日本の占領を正当化する歴史の歪曲です。これでは、この時まで独立の動きや闘争がなかったかのようです。東南アジアでは100年も前から各地で、時には数十年もの独立解放闘争が繰りかえされていたのです。ここにも、アジアの人びとが自力で早くから独立運動などをしているはずがない、という蔑視《べっし》の姿勢が示されています。

さらに「欧米諸国による支配からの独立を求めていたこれらの植民地は、戦争が終わった後、十数年のあいだに次々と自力で独立国となりました」という記述は、日本の「侵略」を一層正当化し効果を高めるようになっています。実に、巧妙です。

また、「ここで学びたいこと❸」で述べたように、日本軍支配への反発が、さらなる独立への意欲となって、独立を達成していたにもかかわらず、育鵬社の記述は、いかにも日本のおかげで独立が早まったかのようなイメージを与えることをめざしています。こうした説明をアジアの人びとは「盗人《ぬすっと》猛々《たけだけ》しい」という思いで見つめ、今なお日本に不信感を持つ原因の1つとしているのです。

3 タイは開戦前から独立国なのに「独立への希望」？

「独立への希望をあたえました」に続く本文で最初の事例にされているタイは「日米開戦直後に日本と同盟を結び、米英両国に宣戦布告しました」と書かれています。が、タイが米英に宣戦布告をしたのは、バンコクを爆撃された後の1942年1月末で、開戦直後ではありません。タイはもともとの独立国です。ここにタイのことを持ち出して説明するのは、まちがいです。

当時、タイの政治家の多くは、日本の敗戦を早くから予測していて、開戦直後から国内外に秘密の抗日組織を作り、連合軍に協力しました。その結果、この宣戦布告はなかったことにされ、日本の敗戦後も連合軍に占領されず、独立を維持しました。日本は敗戦後1952年4月27日まで連合軍に占領されました。アジアで唯一独立を維持したのは、日本ではなくタイです。タイが「たいした国」と気づかせない記述は、この教科書にアジアへの差別意識が「健在」であることの証明です。

4 独立に利用された日本の占領

フィリピンでは、アメリカが数年後の独立を認めていたところへ日本が攻め込んだので、逆に独立が遅れたのです。そのことにこの教科書はふれていません。インド国民軍は「独立をめざして日本軍と行動をともにしました」とありますが、もともと日本軍には本気で支援する気はなく、無謀と言われたアッサム地方へのインパール侵攻作戦では、使い捨てのようにされてしまいます。

ビルマやインドネシアの独立運動のリーダーたちは、日本の敗戦を予想しながら、日本軍の組織力を効果的に利用できる間は、住民の軍事訓練に協力しておいて、最後の一歩のところで自力の独立をめざしていました。実際その通りにやってのけたのです。アジアの人びとを見下していた日本側は、長年の独立運動をしてきたアジアのリーダーの面従腹背《めんじゅうふくはい》の逞《たくま》しさを見抜けなかったのです。

5 政治的演出としての「大東亜会議」

「大東亜を英米の支配から解放する」としたこの会議の開催は、開戦から2年後の1943年11月です。苦し紛《まぎ》れの政治的演出なのは明らかです。p217の地図には、各親日政権の独立承認や仮政府樹立の時期が会議の1〜3カ月前であることが示されています。開戦直前(1941年11月20日)の大本営政府連絡会議で決められていた「南方占領地行政実施要領」では「原住民ニ対シテハ」「其ノ独立運動ハ過早ニ誘発セシムルコトヲ避クルモノトス（独立運動を早々と起こさせないようにすること)」と明記されていたのです。

さらに、この地図で独立を認められていない場所として示されているマレーとインドネシアでは、どんな資源が産出されていたのでしょうか。帝国書院p210の地図にあるように、日本が求めていた石油やゴムなどです。これを知ると、なぜ独立させなかったのかがわかります。育鵬社には、このようなことを考えさせる記述がありません。

「大東亜会議」の開催を決めた1943年5月31日の御前会議での「大東亜政略指導大綱」の中で、同時に『「マライ」「スマトラ」「ジャワ」「ボルネオ」「セレベス」（現マレーシアとインドネシア）ハ帝国領土ト決定』して日本領土に編入することにしながら、これを「当分発表セズ」としたのです。前出の親日政権の独立承認はこの御前会議の後ですから、ますます同会議が茶番だったといえます。

それに、日本は台湾や朝鮮をそのまま植民地にしていたことを見ても、ごまかしは明らかです。

6 占領地の実態の記述は不十分

育鵬社では、日本の加害責任について一応はふれていますが、その記述の共通点は「反発もありました」「一般市民も犠牲になりました」「従事させられることもありました」などと、例外的なできごとであるかのように記述していることです。実態はどうだったのでしょうか。

日本軍は、住民の人間的、民族的な尊厳を傷つけ、日本の天皇中心の文化や流儀を押しつけました。また確かな証拠もなく住民を殺害したり、過酷な労働に従事させたため、おびただしい犠牲者が出ました。たとえば、「死の鉄道」といわれた泰緬《たいめん》鉄道（タイとビルマ間の鉄道）建設の場合にも、アジア人労務者の死者数などをめぐる議論が、今なお続いています。シンガポールやマレー半島各地での中国系住民への残酷な虐殺においても同様です。いずれも、日本軍は、住民個人の尊厳を無視して記録を作らなかったり、責任を逃れるために、敗戦時には記録を燃やしたりしたためです。

これらの行為が「アジア解放のための日本軍」への幻想を消し、戦争の後半には抗日勢力を増加させたのです。そのために前記の「大東亜会議」の開催という政治的な演出が必要だったのです。

シンガポール小学校5年生の教科書。2008年から小学5年生が半年かけて日本軍占領下の「暗黒の時代」を詳しく学習するようになった。

コラム「今の日本の戦後生まれの人には、加害責任など関係ない」のでは？

日本軍の占領によって東南アジアでは食料や医療の事情がひどく悪化しました。そのような社会状況では、最初に命を落とすのが乳幼児や妊婦です。これは人口学や社会学の常識です。

けれども、同時代の日本では多くの乳幼児や妊婦が、日本人だったということで、同じような目にはあわないですみました。そのようにして生きながらえた日本人の子どもや孫である戦後生まれの人が、「私には関係ない」とか「責任はない」と言ったとしたら、東南アジアの人びとは納得するでしょうか？

育鵬社はp253の「まとめ」で「日本の歴史は、私たちのご先祖様の歩みなのです」と強調しています。縄文時代まで一気にさかのぼるのではなく70年前の日本国内と日本軍占領下のアジアとを比較して、当時の「ご先祖様の歴史」と自分との関係を考えてみましょう。

歴史
27

戦時体制下の国民生活

【育鵬社】p218 ～ 219,p223「戦時下の暮らし」「昭和 20 年、戦局の悪化と終戦」

ここで学びたいこと

1 「お国のために」の総力戦の実態

国民は「聖戦」と信じ込み、兵力や労働力として心身ともに国（天皇）に捧げることが要求されました。徴兵猶予《ゆうよ》されていた大学生は召《しょう》集《しゅう》されて学徒出陣が行われ、未婚女性は女子挺身隊《ていしんたい》に編成されて軍需工場の労働力を担《にな》い、中学生や女学生も勤労動員によって軍需工場にかり出されました。小学校は「国民学校」と改称され、児童も「少国民」として戦争を担う対象にされたのです。さらに植民地の朝鮮や台湾の人びとにも「国民」として徴用《ちょうよう》や徴兵が義務づけられ、強制連行と過酷な労働が強いられました。

2 「ほしがりません、勝つまでは」の窮乏生活

主食の米をはじめ魚・味噌・醤油さらに青果物さえもが配給になり、しかもとどこおるようになって、野草や昆虫などを食料とした地域もありました。衣料も切符制度になりました。一方、武器の原料として金属の供出が命令され、梵鐘《ぼんしょう》、銅像をはじめ鍋釜・火鉢までもが対象になりました。

3 思想統制と軍国主義教育の徹底

情報は政府が独占し、大本営発表として新聞とラジオで報道され、国民には戦争の真実が知らされませんでした。治安維持法によって、自由主義的な学問・芸術・文芸・芸能も厳しい取り締まりを受け、映画や音楽も戦意高揚の風潮が当然とされました。教育では忠君愛国の精神が徹底され、すべての学校で「鬼畜《きちく》米英」を敵として軍事教練が実施されるようになりました。

4 空襲・沖縄戦・原爆投下による大被害

米軍の B29 の無差別攻撃により、東京・横浜・大阪、さらに地方都市も空襲を受けるようになりました。沖縄では米軍の上陸による激しい地上戦、広島と長崎への原爆投下によって、空前の大被害を蒙り、おびただしい犠牲者が出ました。映像や体験談から実相を学ぶことが大切です。

ここが問題！

1 耐乏生活を強いられた民衆の実態やその背景を考える視点が見えない

「新聞や雑誌、映画も戦争への協力を呼びかける内容が大半を占めるようになりました」との記述は、誤解を招きます。当時の厳しい検閲では、戦争を讃《たた》えるものしか許されませんでした。

また「国民の多くはひたすら日本の勝利を願い、励まし合って苦しい生活に耐え続けました」とあります。「正しい戦争」と信じこまされていた国民は、辛苦《しんく》に耐え、本土空襲に備えながら「一億玉砕《ぎょくさい》」まで決意させられ、戦争に協力するしかなかったからです。長期化する戦時体制や空襲の

体験から、戦争への疑問や厭戦《えんせん》気分を胸に抑えこんでいた国民もいました。それを口にすれば、非国民として白眼視されたり逮捕されたからです。6頁も後の「戦前・戦中の昭和の文化」(p224)に「日中戦争がはじまると、言論・思想に対する取り締まりが強められ」と書かれてはいますが、戦時体制と切り離して文化を扱うのでは、総力戦になった実態を学ぶことはできません。

帝国書院のコラムでは、戦争学習の際に生徒自らに考えさせる資料と課題を重要な視点で提供しています(p222 〜 223)。「この時期、人々は戦争について批判することができなくなっていただけではなく、積極的に支持するようになっていた。今後、戦争を起こさせないようにするために、私たちはどのようなことに最も気をつけていくべきなのか、情報を参考に自分の意見を述べよ」とあり、斎藤隆夫代議士の戦争批判演説をめぐる顛末《てんまつ》や、現地取材による新聞報道の不許可写真、ミッドウェイ海戦の日米の新聞比較などを提示しています。育鵬社には、こうした多角的な思考を促す資料や記述は見られません。

コラム　敗戦時の国民の声とは…

戦時体制の終わりを、国民はどのように受けとめたでしょうか。「あなうれしとにもかくにも生きのびて戦《たたかひ》やめるけふの日にあう」(河上肇)という安堵感《あんどかん》や、「あかあかと燈《とも》すこよひを幼子も　瞳《ひとみ》みはりてたのしかるべき」(木俣修)に見られるように、灯火管制《とうかかんせい》から解放されたよろこびを共感していました。また「悉《ことごと》くわれらだまされこの日迄　ひきずられしといきどほりいふ」(内田穣吉)は、強烈な批判です。さらに「おそかりし終戦のみことのりわれよめば　焦土の上の被爆者は哭《な》く」(秋月辰一郎)にこめられた思いは、極めて重大です。「遅すぎた聖断」への深い嘆きがよめます。

戦争の終結は、なぜ遅れたのでしょうか。1945年2月に天皇の重臣の近衛文麿が、戦争終結を上奏しましたが、天皇は「もう一度戦果をあげてから」と拒否しました。政府が7月の「ポツダム宣言」の受諾《じゅだく》を引き伸ばした理由も、「国体(天皇制)護持」の確約の返事を連合国側から得たかったからでした。

(短歌は講談社『昭和万葉集第7巻』より引用)

「東京大空襲の惨状」とされている絵は題名も説明も誤っています。正しい作品名は「皇土《こうど》防衛の軍民防空陣」で、住民をモデルにして描いたものであり、東京大空襲を描いたものではありません。

2 植民地支配の加害の実態について具体例が少ない

「わが国が統治していた朝鮮半島」という書き方は、「日本が植民地にしていた朝鮮」と正確に明記すべきです。日中戦争以来、朝鮮では、朝鮮神宮への参拝や日本語の強制が進み、学校では朝鮮語や朝鮮史を禁じ、日本語や日本史の時間が増え、「皇国臣民《こうこくしんみん》の誓詞《せいし》」の唱和、宮城遥拝《きゅうじょうようはい》(皇居への敬礼)などが強制されました。さらに創氏改名《そうしかいめい》によって名前まで日本式に変えさせ、皇民化《こうみんか》政策がすすめられました。育鵬社は創氏改名などにもふれ、「日本語教育など同化政策が進められたので、朝鮮の人々の日本への反感は強まりました」(p177)と述べているものの、他社とくらべて具体例が少なく、植民地の苦しみや犠牲になっていく過程が理解しにくくなっています。

また、1939年以降、強制的に「満州」・樺太《カラフト》・日本・台湾などに移送され、鉱山・ダムや道路工事・軍需工場などで過酷な労働を強いられた朝鮮人は80万人以上といわれています。「戦争の末期には、…日本の鉱山などに連れてこられ、きびしい労働を強いられる朝鮮人や中国人もいました」という、それがあたかも例外であるかのような育鵬社の書き方は不適切です。

歴史 28

多くの住民が犠牲になった沖縄戦

【育鵬社】p219,p222「戦時下の暮らし」「コラム　昭和 20 年、戦局の悪化と終戦」

ここで学びたいこと

1 住民の犠牲が軍人を上回った

沖縄戦を学習するにあたっては、一人ひとりの住民の視点で、なぜそうなったのか、そこから何を汲み取ることができるのかを考えることが大切です。日本軍は沖縄の人びとを守るために来たのではなく、本土決戦準備のための時間かせぎをすることが大本営《だいほんえい》の方針でした。このことが住民の多大な犠牲を生み出したのです。

日本軍が首里《しゅり》から南部に撤退したことが多くの住民を戦闘に巻き込み、犠牲を大きなものにしました。さらに軍司令官が自決する直前に戦闘を継続せよとの命令を出したため、終わりがない戦いとなり犠牲が増えました。

また日本軍は敵の捕虜《ほりょ》になることを認めなかったため、兵士たちは死ぬまで戦い続けることを強いられて戦闘が長引き、また民間人であっても敵に保護されることが許されなかったため、民間人の犠牲が大きくなりました。

2 日本軍によって住民が犠牲にされた

住民の生命を粗末にする日本軍は、スパイの疑いをかけた住民や泣く子どもなどを殺害し、住民を避難している壕から追い出し、食糧を奪うなどの迫害を行いました。

また住民が米軍に捕まらないように、捕虜になるくらいならば死を選べと、いわゆる「自決」や「集団自決」が強制されました。

ここが問題！

1 混乱・誤解を招く記述

本文では「４月になると米軍は沖縄本島に上陸し」と書きながら、コラムでは「３月、アメリカの機動部隊が沖縄に進攻してきたときのようす」とあり、混乱する記述です。慶良間《けらま》列島に米軍が上陸し「集団自決」が起きたのは３月末ですので、前者の記述では沖縄戦の重要な出来事が落ちてしまいます。後者では、その後に紹介されている体験談は４月以降の話なので矛盾してしまいます。

座間味《ざまみ》島で捕らえられた日本軍捕虜（１９４５年３月28日・米軍写真）／沖縄県公文書館提供

「集団自決」についての説明も、「米軍の猛攻で逃げ場を失い、集団自決する人もいました」とあります。しかし、日本軍は住民であっても捕虜になることを許さず、住民にあらかじめ手《て》榴弾《りゅうだん》を配り、降伏しようとする住民は殺しました。また日本軍がいた島だけで「集団自決」が起きています。

このような日本軍が強制した事実がすべて消し去られ、米軍の攻撃だけがその原因であるかのように誤解を誘導させる記述です。

写真の説明として、「日本側は東京大空襲を上回る18万〜19万人の死者を出し」とありますが、一夜の空襲と3カ月あまりの地上戦を比較することには、意味がありません。これは混乱をひきおこすだけでしょう。

ひめゆり学徒の死亡日

時期別	死者数
南風原陸軍病院の時期（-5/25）	11 （8%）
南部撤退から解散まで（-6/18）	8 （6%）
解散命令以後	109（80%）
その他	8 （5%）
計	136（100%）

（出典）ひめゆり平和祈念資料館『資料館だより』第14号より

2 ゆがめられた記述

コラムで「絶え間なく砲弾が飛び交う中での危険な看護活動を行い、ひめゆり学徒隊のうち半数以上が沖縄戦で命を落としました」と説明されていますが、これは事実に反します。ある程度の看護を行えたのは南風原《はえばる》の陸軍病院にいた時期だけです。南部撤退後は看護活動と言えるものはできませんでした。

表にあるように、ひめゆり学徒の死者の８割以上は、解散命令が出て戦場に放り出されてからのことです。彼女たちが米軍に保護されることを日本軍が認めていれば多くの犠牲は避けることができたのです。

引用であるかのような資料にもゆがめられたものがあります。大田《おおた》實《みのる》海軍少将の電報として「県民は青年・壮年の全部が防衛召集に応募してくれた」と紹介しています。しかし電報の原文は「県民は青壮年の全部を防衛召集に捧げ」です。そもそも軍隊への召集は強制的であり「召集」に「応募」することはありません。有無を言わせない強制をあたかも県民が自ら進んで応募したかのようにいうのは偽りです。

この電報を取りあげるのであれば、大田少将の上官であり、沖縄の全日本軍を指揮した牛島《うしじま》満《みつる》第32軍司令官の、最後の一兵まで戦えという命令こそが沖縄県民の命運を左右した、沖縄戦を考えるうえで重要な電報でしょう。

育鵬社の記述では、特攻など日本軍の戦いだけが強調され、しかも特攻にも強いられたものが多かったことは隠されています。他方、日本軍による住民殺害などの問題にはふれられていません。したがってなぜ沖縄県民に多大の犠牲が生まれたのかは、まったく理解できません。

帝国書院p217では１ページ全部を使ってくわしく沖縄戦が取りあげられ、そのリード文で「多くの住民が犠牲になりました」として、住民の具体的な体験と被害の実相が説明されているのとは対照的です。育鵬社には住民の視点がまったく欠落しています。

住民の視点で戦争を考える教科書こそが、国民主権と平和主義の日本社会にふさわしいでしょう。

沖縄戦の諸相

◀壕から出るよう海兵隊員に説得された親子。海兵隊員は危害を加えないことを納得させるのに苦労した。（1945年4月2日・米軍写真）／沖縄県公文書館提供

▲隠れ家であった大きな壕から出て、海兵隊に投降する491人の民間人の一部。沖縄が米海兵隊に占領されたとき、日本軍によって民間人の心に刻み込まれていた米軍への恐怖心は消えた。多くの人びとが病気で、怪我をしていた。（1945年6月24日・米軍写真）／沖縄県公文書館提供

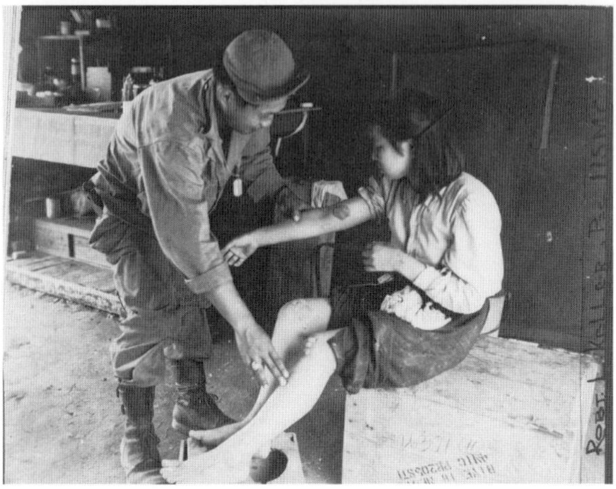

▲火傷を負った沖縄の少女に薬を塗り手当する（米軍の）通訳。日本軍は住民に「米軍は住民を殺害する」と教えていたため、この少女は壕から出ることを恐れていた。（米軍写真）／沖縄県公文書館提供

▲投降をよびかける米軍のビラ（提供:林　博史）

◀渡嘉敷島の「集団自決跡地」の碑（撮影:林　博史）

V章

現代の日本と世界

戦争が終わるということは、その戦争について人びとの間で共通認識ができ、戦争の処理が国内外できちんと行われることでなくてはなりません。日本ではその点はどうでしょうか。

大部分の日本国民は戦争の反省から生まれた日本国憲法の平和主義や国民主権、基本的人権尊重の原則を支持していますが、育鵬社の教科書は憲法の諸原則に否定的です。これは、戦争についての国民の共通認識がまだできていないことを示しています。

また、戦争で与えた損害に対する戦後補償の問題が解決されておらず、アジアの人びととの間で深い溝が生まれています。原爆や空襲など日本国民の被害の問題も残されています。世界の大多数の国とは違って、朝鮮民主主義人民共和国との国交もまだ成立していません。

こうした問題を残してきたことには、戦後日本の社会のありかたが深くかかわっています。戦後日本の歩みをあらためて見直しながら、日本の未来を考えたいものです。

歴史 29

戦後改革と日本国憲法

【育鵬社】p230 ～ 231「占領下の日本と日本国憲法」

ここで学びたいこと

❶ 占領政策と民主化

敗戦後、日本は植民地を喪失したほか、沖縄・奄美《あまみ》・小笠原をのぞく地域で、連合国軍最高司令官総司令部（ＧＨＱ）により日本政府を通した間接統治が行われ、さまざまな民主化政策が実現しました。

ここで、まずおさえたいことは、第二次世界大戦が、反ファシズムや反植民地主義といった、民主主義を維持・拡大しようとするさまざまな動きをともなっていたことです。それは、大西洋憲章やポツダム宣言などを通して占領政策に反映されただけでなく、日本社会でも、明治初期の自由民権運動や大正デモクラシーの運動に、そうした動きと共通するものを見出すことができます。

ですから、「民主化を行ったのは誰か？」と言えば、「世界や日本で民主主義を求めたさまざまな人々」なのです。

❷ 日本国憲法の制定と民衆の視点

戦後の民主化を代表するのが日本国憲法の制定です。当初、日本政府が作成した原案は、旧憲法を手直ししたに過ぎず、民主化とはほど遠い内容でした。そのため、ＧＨＱは民間の憲法研究会の案なども取り入れつつ独自の案をつくり、日本政府に採用させました。

しかし、憲法は、それを生かす努力があってこそ意味を持ちます。そこには、民主主義を求める人びとのそれまでの活動や、戦後、人びとがそれをどう生かそうとしたのかといった、いわば民衆の視点を欠かすことができません。憲法９条に代表される平和主義の原則も、戦争の惨禍《さんか》を経て未来に託された民衆の切実な願いです。

民主主義や平和主義は、〝輸入〟されたり押しつけられたりする " 製品 " ではありません。それは、人びとがそのつど社会に関与し改善していこうとする " 働きかけ " を中身とします。戦後の民主化とは、そうした〝働きかけ〟によって促進され、その " 働きかけ " を促進した出来事なのです。ですから、「新しい時代に対する当時の国民の期待がもりこまれていました」（帝国書院 p231）・「国民の間からも、民主化に向けた動きが高まりました」（東京書籍 p229）といった説明が、ここでは欠かせないのです。

❸ 戦前・戦中の日本社会との比較

この時期に生じた変化の意義を考えることで、民主主義とは何かといった根本的な問題を考えましょう。農地改革や財閥解体《ざいばつかいたい》、教育の民主化をはじめ、治安維持法や天皇・皇族に対する不敬罪《ふけいざい》の廃止、女性参政権の実現、新民法や労働組合法の制定など、日本社会の民主化は大きく前進しました。

他方、東京裁判での天皇の免責《めんせき》や象徴天皇制の成立など、旧体制が温存された側面もあります。

ここが問題！

① 日本政府と民主化との関係

育鵬社には「日本政府は、マッカーサーを最高司令官とする連合国軍総司令部（ＧＨＱ）の指令を受け、改革に取りくみました」「ＧＨＱは、日本がふたたび連合国の脅威《きょうい》にならないよう、精神的なものも含めて国のあり方を変えようとしました」とあります。日本政府を前面に出した前者の説明と、ＧＨＱを主語にした後者の説明とでは、当事者が異なるような印象を与えます。

どちらも間接統治下の政策であるにもかかわらず、前者の民主化は日本政府が主体的に取りくんだものであり、言論統制など、後者の弾圧的な政策こそがＧＨＱの主眼であったかのような巧妙《こうみょう》な書き方です。むろん、多くの弾圧がＧＨＱの指令によって行われたことは事実ですが、ＧＨＱは民主化の指令も行いました。

そして、その民主化を日本政府が、さまざまな形で阻止しようとしたことも事実なのです。

コラム　「国民主権」の落とし穴

戦後改革のなかで日本政府は、さまざまな形で民主化に抵抗しました。例えば、憲法制定にさいしては、10条のa Japanese nationalと11条以下のthe peopleとを、ともに「国民」と訳すことで、原案ではthe people（民衆・人民）に広く保障されるはずだった基本的人権などが日本国民にのみ限定され、外国人には保障しないでも良いかのような訳文に改変したのです。また、女性参政権が実現した1945年12月の選挙法改正では、従来認められていた在日朝鮮人・台湾人男性の参政権が「停止」されます。在日朝鮮人・台湾人はこれ以後、一方で、外国人に対して保障されるべき民族教育を否定されながら、他方で、外国人として参政権を否定されます。従来、「国民主権」ゆえに「民主化」であると教えられてきた変化の裏では、このような操作が行われていたのです。

② ＧＨＱの憲法改正案

日本国憲法の制定過程については、ＧＨＱが「自ら全面的な改正案を作成」し、それを日本政府に強制した点を誇張《こちょう》しています。ここでは、「ＧＨＱは、日本の民間団体の案を参考にしながら、自ら草案をまとめました」（東京書籍p229・本文）、「総司令部は、政党や民間の学者らによって独自につくられた憲法草案も参考にしました」（帝国書院p231・注）といった説明とくらべることで、育鵬社の説明の不正確さを確認しましょう。

③ 日本国憲法の三原則

日本国憲法の内容については、三原則を本文で明記する他社版と異なり、「日本国憲法の最大の特色は、……他国に例を見ない徹底した戦争放棄（平和主義）の考えでした」と、平和主義だけにしぼって書いています。日本国憲法の説明として異例なだけでなく、戦前・戦中の日本社会から見て、国民主権や基本的人権の尊重がいかに重要な意味をもっていたかが理解できません。さらに、平和主義がＧＨＱによって押しつけられたかのような誇張が、ここにもあります。しかし、憲法の平和主義に託された理想は、こうした口実で打ち消されるべきものではありません。

また「他国に例を見ない」という指摘も不適切です。平和主義の条項は、現在15カ国以上の国々にまで広がっている点や、1928年のパリ不戦条約をはじめ、戦争を違法化し禁止しようとする国際社会の、20世紀を通した長い取りくみと関係している点などにも注目する必要があります。

歴史
30

コラム「東京裁判」「昭和天皇」に描かれていないもの

【育鵬社】p232 ～ 233「東京裁判」「国民とともに歩んだ昭和天皇」

1 「平和に対する罪」だけでは裁かれなかったA級戦犯

東京裁判（正式名称：極東国際軍事裁判）は、第二次大戦後、連合国 11 カ国が日本の「重大戦争犯罪人」28 人を被告とした裁判です。この被告人は、一般にＡ級戦犯と呼ばれますが、審理対象となった犯罪は、①「平和に対する罪」（Ａ級戦争犯罪：侵略戦争や条約に違反する違法戦争の準備・遂行などに関わった罪）、②「通例の戦争犯罪」（Ｂ級戦争犯罪：国際人道法・慣習法違反など、戦闘中の非戦闘員の殺害や捕虜《ほりょ》虐待など）、③「人道に対する罪」（Ｃ級戦争犯罪：一般市民に対する虐殺などの非人道的行為）の３つであり、これらを犯した個人の刑事責任が問われました。

コラムでは、①を理由に国家指導者層が裁かれたことが強調されていますが、実際は、捕虜虐待や占領地での住民殺害などの②をも重視し、絞首刑となった７人は全員①だけでなく、②でも有罪とされたのです。他方、ナチスドイツによるユダヤ人虐殺に適用された③は、東京裁判やＢＣ級戦犯裁判など対日戦犯裁判では、実際には適用されませんでした。

2 日本軍の道義的責任を認めたパール判事

ここではインドのパール判事が全被告を「無罪」としたことが強調されています。確かにパールは、①を事後法（行為が行われた後に作られた法）であるなどとして、これらを適用した東京裁判の構造を批判し、被告の「無罪」を主張しました。しかし、②の審理については意義を認めた上で、日本の指導者は「過ちを犯した」として南京事件などを事実と認定し、「鬼畜《きちく》のような性格」の行為と断罪しました。さらにパールのほか、ウェッブ裁判長ら５人の裁判官が出した少数意見書には、天皇が裁かれないことへの批判もありました。

3 BC級戦犯裁判の問題点と意義

指導者層を裁いた東京裁判に対し、②と③に該当する個々の残虐行為にかかわった者（命令者から実行者まで）を対象にしたいわゆるＢＣ級戦犯裁判では、連合国７カ国で 5700 人が裁かれ、うち 984 人が処刑されました。その中には、通訳や手続き上の不備などで問題があった裁判も確かにありますが、他方、元弁護士らによって公正性が評価される事例もあります。ＢＣ級戦犯裁判研究は途上であり、各裁判についての詳細な分析と解明が今後も求められています。

しかし、裁判という方法を採用したことによる意義も確かに存在します。たとえば、無罪となった例は 1000 人以上、全体の 18％を占め、再審・減刑の事例も多数あります。また、被害者による復讐や即決処刑の否定など、裁判という方法はその後の国際社会の基準ともなり、国際刑事裁判所（ICC）の設立につながるなど国際法の発展に役立ったとも考えられるのです。

さらに現在では、天皇や財閥が起訴されなかったことや、日本軍の植民地でのさまざまな残虐行為、731 部隊による捕虜などへの生体実験や細菌戦・毒ガス戦が罪に問われなかったことなどが、東京裁判とＢＣ級戦犯裁判の「真の問題点」として注目されており、これらを明らかにしようとする取りくみも行われはじめています。

4 昭和天皇の戦争指導

大日本帝国憲法下では、天皇自身の考えとは違っても政府の決定は認めることが原則であったとして、昭和天皇の「立憲君主」としての立場を強調し、戦争の拡大を心配しながらも時代の流れに逆らえなかった天皇像を描いています。

しかし実際は、昭和天皇は政府・軍の指導者の決定を常に認めたわけではありません。アジア太平洋戦争中、天皇は陸海軍から毎日詳細な戦況報告を受け、ガダルカナル攻防戦などでは精力的に戦争指導にあたり、しばしば軍の責任者を叱責《しっせき》しました。

1945 年２月に、重臣の近衛《このえ》文麿《ふみまろ》が、敗戦はもう避けられないとして講和を進言しましたが、天皇は耳を貸しませんでした。５月ころまでは、日本軍が沖縄で米軍に打撃を与えることに期待していたのです。しかし、ドイツの敗北と沖縄戦での敗退や広島・長崎への原爆投下、さらにソ連の参戦を目の当たりにした日本政府は、２度の御前《ごぜん》会議を開きポツダム宣言の受諾を決めました。これを、天皇の「聖断」によって戦争が終結したかのように書いています。

コラム　沖縄の米軍統治継続を希望した昭和天皇のメッセージ

1947 年９月 20 日、宮内庁御用掛の寺崎英成は、連合国軍総司令部政治顧問 W.J. シーボルトに会い「沖縄の将来に関する天皇の考え」を伝えました。シーボルトはその内容を国務長官への書簡にして米国政府に送りました。次の文がその書簡にある「天皇メッセージ」の概要です。

「寺崎氏は、米国が沖縄その他の琉球諸島の軍事占領を継続するよう天皇が希望している、と言明した。天皇の見解では、そのような占領は、米国に役立ち、また、日本に保護をあたえることになる。（中略）さらに天皇は、沖縄（及び必要とされる他の島々）にたいする米国の軍事占領は、日本に主権を残したままでの長期租借―二十五年ないし五十年あるいはそれ以上―の犠牲に基づくべきであると考えている。」（原文は米国国立公文書館・1947 年９月 22日付）

この発言は、同年５月に施行された新憲法に違反する天皇の政治的行為であり、米軍の沖縄支配の継続を決定的にしたともいわれています。

5 昭和天皇の実像：天皇は国民とともに歩んだか

昭和天皇は、戦後も戦前の「大権」保持者としての感覚をもちつづけ、しばしば政府要人に内政・外交に関する報告を求めました。日本国憲法施行後の 1947 年にも、ＧＨＱ を通して沖縄の占領継続を希望する旨をアメリカ政府に伝えています（「天皇メッセージ」）。さらに 1975 年の記者会見では、戦争責任に関する質問に対し「そういう言葉のアヤについては、私はそういう文学方面はあまり研究していないのでよくわかりませんから……」という問題をはぐらかす発言をし、話題をよびました。

ちなみに、コラムでは『マッカーサー回想記』を根拠に、マッカーサーが天皇の人間性に感動した話を紹介していますが、『回想記』は、彼自身の占領政策の正当性を強調するために作成したもので、専門家からは信用性に疑問が出されています。

歴史 31

冷戦下のアメリカ・アジア・日本

【育鵬社】p234 ～ 237「朝鮮戦争と日本の独立回復」「冷戦と日本」

ここで学びたいこと

1 戦後世界をどうとらえるか

米ソ二大陣営の間の冷戦が戦後世界を動かす１つの重要な要因でしたが、第二次大戦直後のアジア、1960 年前後のアフリカでひろがった植民地の独立が、戦後世界を動かしたもう１つの重要な要因でした。

2 占領政策の転換とサンフランシスコ平和条約

アメリカが事実上日本を単独占領したため、占領政策はアメリカの冷戦戦略によって動かされるようになりました。中華人民共和国の成立や、その後の朝鮮戦争のなかで、占領政策は、民主化・非軍事化から再軍備と戦時中の政財界指導者の復活へ転換しました。その延長線上で平和・安保両条約が結ばれました。平和条約で日本は独立しましたが、二大陣営のうちアメリカ側の国だけとの平和条約でアジアの緊張がさらに強まること、沖縄などでアメリカの占領が続くことに強い批判がおこりました。安保条約で米軍基地がひきつづき維持されることにも強い反対がありました。

3 平和運動の発展と新安保条約

２で述べたことの結果、日本では米軍基地問題、水爆実験による被害などの問題が起こり、基地反対、原水爆禁止などの平和運動が大きくなりました。それは植民地から独立した国々が米ソ両陣営のどちらにも属さず世界平和を求める大きな動きをつくりだしたこととも響きあうものでした。そうした平和を求める動きが 1960 年には新安保条約反対運動に集中し大きく盛り上がりました。

4 ベトナム戦争

新安保条約後の大きな問題がベトナム戦争でした。それはベトナムを支配しようとしたアメリカに対する民族独立の戦いでした。日本ではベトナム反戦運動、沖縄返還運動がひろがりました。

ここが問題！

1 戦後の植民地独立の動きを戦後世界のなかに位置づけていない

育鵬社は、戦後の植民地独立について本文ではまったくふれていません。戦後世界の地図でも、「冷戦のようす」と題して、アメリカ側のＮＡＴＯ加盟国とソ連側のワルシャワ条約機構加盟国とを色分けした地図を掲載するだけです。この地図では広大なアジア・アフリカ・中南米は白のままで、そこは世界の主役ではないという扱いです。わずかに側注でアジア・アフリカで戦後独立国が誕生したという事実に簡単にふれているだけです。東京書籍では「冷戦と並ぶ、第二次世界大戦後の世界の重要な動きは、植民地の解放でした」と位置づけ、アジア・アフリカにまたがる「第二次世界大戦後の独立国」の地図も掲げています (p231)。

第二次世界大戦後 一九五五年までの世界

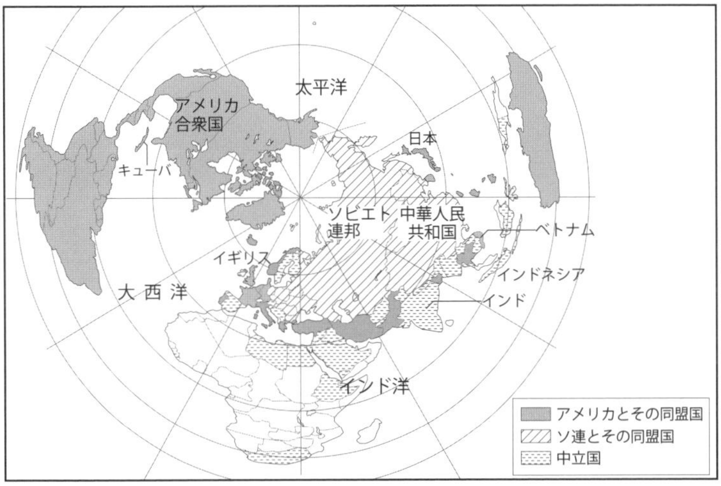

第二次大戦後にはアジア・アフリカにひろがる中立国が世界で重要な役割をはたすようになった。

2 占領政策の転換の原因、内容、その意味がとらえられない

育鵬社は、冷戦の激化で「アメリカの占領政策は、日本を自由主義陣営の一員として強化する方向にむかいました」と書き、警察予備隊設置、自衛隊への発展の事実を書いていますが、占領政策の基本となるはずのポツダム宣言との関係、再軍備と憲法９条との関係をめぐる議論、日本の政財界指導者の立場などにふれていないため、この問題の意味を歴史的にとらえることができません。

3 平和条約と安保条約を肯定するだけで、その問題点がまったくわからない

平和条約については本文で「主権を回復しました」、側注で「沖縄などは引き続きアメリカの施政下に置かれた」と書くだけです。安保条約については本文で「アメリカが日本および東アジアの平和と安全を保障する」ことになったと書くだけです。東京書籍では平和条約について「日本が侵略したアジアの国々の多くとの間では講和が実現しませんでした」(p232) と書き、沖縄・小笠原などがアメリカの統治のもとにおかれたことも本文で書いています (p233)。さらに注ではインド、ビルマや東南アジア諸国の平和条約に対する態度にふれるなど、その問題点を指摘しています。

4 平和を求める動きを無視している

育鵬社は第五福竜丸の被災を写真つきの側注欄で簡単に説明しますが、それ以後大きくひろがった原水爆禁止運動にはふれません。東京書籍は原水爆禁止運動をコラムで扱い (p233)、世界的なベトナム反戦運動や沖縄復帰運動 (p234 ～ 235) も取りあげていますが、育鵬社はベトナム反戦運動も沖縄復帰運動も扱いません。新安保条約について教育出版は「日本がアメリカの軍事行動に巻き込まれる危険がある」(p242) と強い反対の声があがったことを指摘しますが、育鵬社はアメリカと対等な立場にしようとしたとだけ書くので、大きな反対運動が起こった理由がわかりません。

5 ベトナム戦争は米ソ冷戦の一幕というとらえかた

育鵬社は米ソの対決という枠組みで世界をとらえる立場なので、ベトナム戦争は「冷戦の進行」のなかで扱います。しかも、アメリカの侵略に対するベトナム民族の独立の戦いというとらえかたはなく、「インドシナ半島の共産化をくい止めるため」アメリカは軍を送ったと書き、アメリカの侵略を正当化する一面的なとらえかたしかしていません。日本のベトナム戦争へのかかわりや、世界的な反戦運動にもふれていません。

歴史
32

高度成長期とその後の日本

【育鵬社】p238 ～ 241,p244 ～ 246「世界の奇跡・高度経済成長」「冷戦と昭和時代の終わり」「冷戦の終結と日本の役割」

ここで学びたいこと

1 高度経済成長と住民運動の発展

1960 ～ 70 年代の高度成長期は、戦後日本の大きな転換期です。重工業優先の経済成長政策によって暮らしと社会が大きく変わり、公害、第一次産業の衰退、過密過疎などの問題がおこりました。これらの諸問題を解決し庶民の暮らしを守るための住民運動が発展しました。それを背景に 60 年代末から 70 年代にかけて革新政党と住民運動が結びつき、福祉と教育重視の革新自治体が増えました。

2 日本のアジア外交と沖縄返還

ベトナムに対するアメリカの戦争が本格化した 1965 年、日韓基本条約が結ばれ、アメリカの敗北が近づいた 1971 年に米中首脳会談、72 年に日中首脳会談が行われ、日中国交が正常化しました。ベトナム戦争と日本のアジア外交は関連しながら進みました。

ベトナムへ爆撃機が直接飛び立った沖縄では、米軍の土地取り上げや事故が頻発し、祖国復帰運動が高まり、1972 年、沖縄返還が実現しました。復帰運動はベトナム反戦運動や高度成長のなかでの民衆運動と同時進行で高まりました。

3 低成長時代と「企業社会」「構造改革」

石油危機をへて高度成長の時代が終わり、これを機に大企業は合理化を進め、労働者には企業への従属意識が強まりました。そのなかで過労死などさまざまな問題が起こり、革新自治体は減少しました。1990 年代にはバブル経済が崩壊し、「構造改革」が本格的にすすんで、非正規雇用が増え貧困と格差が広がりました。一方、生活困難の救済措置と社会保障は縮小にむかっています。

4 これからの日本とアジア・世界

経済成長が進み大きく変わるアジア、一方貧困を克服しきれていないアジア、国際緊張が続く一方、平和への動きも進むアジア、そのアジアと日本がこれからどのように良い関係をつくりあげるかが課題となっています。そのさい戦後補償問題の解決など過去の清算が欠かせません。また、戦争・貧困・環境など地球規模の課題についての日本の役割を考えることが大切です。

ここが問題！

1 高度成長が引き起こした問題の具体的な記述がなく当時の住民運動が無視されている

育鵬社も小項目「経済成長のひずみ」で、公害、過密過疎などの問題は一通り取りあげています。しかし他社がすべて取りあげている公害反対運動や、ほとんどが取りあげている四大公害裁判勝利の事実を育鵬社は取りあげていません。むしろ

沖縄本島の主な米軍基地

政府の公害対策によって「大きな改善がみられ」た面が強調されています。育鵬社はここでも住民運動を徹底的に無視しているのが特徴です。

2 日韓基本条約とその後に残された課題にまったくふれていない

日韓基本条約について育鵬社は「韓国政府を朝鮮半島にあるただ一つの合法的な政府として認め」たことにふれているだけです。この唯一合法条項は1948年の国連総会決議を根拠にしていますが、北朝鮮も国連加盟国となり大多数の国と国交を樹立している現在では、大きな矛盾をかかえています。その説明ぬきで唯一合法条項だけを強調すれば、北朝鮮無視・敵視をあおりアジアの平和構築を阻害することになりかねません。帝国書院は、「アメリカの強い要請のもと」で結ばれたものであることと「朝鮮民主主義人民共和国とは、まだ、国交がありません」と残されている課題にもふれています (p239)。

また、日韓基本条約は財政危機におちいったアメリカが、ベトナム侵略を前に韓国援助の肩代わりを日本に求め、対立してきた日韓の主張を調整し、締結にもちこんだのです。植民地支配の清算と補償の問題、北朝鮮との関係、日米韓の軍事同盟強化などの問題をめぐり、日韓両国内で激しい反対運動が起きましたが、育鵬社も他社もまったくふれていません。

3 沖縄返還の背後にある基地反対運動と返還後の基地問題が無視されている

沖縄返還は、帝国書院が「ベトナム戦争でアメリカ軍の軍事拠点となると、基地と住民との対立が深まりました」(p238) と書くように、ベトナム戦争の激化が米軍基地反対と復帰運動に拍車をかけ実現したものです。しかし育鵬社はここでも民衆運動を無視し、「沖縄の人々の長年の願いが実を結び、……佐藤栄作内閣によって沖縄本土復帰が実現しました」と簡単に書くのみで、政府の力で返還が実現したかのように誤解させるものです。

また沖縄返還後の米軍基地問題については、帝国書院がコラム「現在に残る沖縄の基地問題」(p239) を設け、他社もすべて沖縄の米軍基地の地図を掲載するなどして解決していない基地問題を記述していますが、育鵬社は一言もふれていません。

4 今日の日本とこれからの課題

育鵬社は「憲法や外交、防衛、教育など戦後の国のあり方をめぐる問題」で「しくみの見直しも徐々に進んでい」る点を強調し、側注で教育基本法改正や憲法改正のための国民投票法制定、防衛省昇格をその例としてあげています。また、外交には「わが国の主権を守る姿勢が必要」として拉致問題、領土問題をあげています。教育出版が地球環境、人権尊重、平和を築く問題を課題としてあげたり、帝国書院が戦後補償問題やＮＧＯの国際支援活動を取りあげ、東京書籍が憲法の理念を尊重した国際貢献や核廃絶を取りあげるのとくらべると、育鵬社の課題意識はかなり異質です。

歴史
33

「なでしこ日本史」とイラストに見る女性の扱い方

【育鵬社】p59,p85,p135,p185,p225

ここで学びたいこと

女性の位置づけ

歴史全体において女性をどう位置付けるかは大切な問題です。人口の半分が女性ですから、本来は人物の記述の半分が女性にあてられてもよいはずです。しかし男性中心の時代が長く続いてきたので、男性中心の記述になりがちです。男女共同参画をめざす現代の教科書としては、どのように女性を取りあげる工夫をしているかが問題になります。どんな女性をどのような角度から取りあげるかにも、教科書の姿勢が色濃く出ます。

ここが問題！

1 女性の数と本文での取りあげ方が少ない

育鵬社の教科書の人物索引を見ると全体で 496 人の名がありますが、女性は 26 人で、5.2％です。このうち、各章末の女性の人物コラム「なでしこ日本史」にあるのが 15 人で、残りは 11 人ですが、名前だけや、写真と名だけなどが 4 人で、本文に 1 行でも説明が出てくるのは、卑弥呼《ひみこ》、持統《じとう》天皇などの 7 人です。

育鵬社では、女性はほとんど「なでしこ日本史」でしか扱われていないといってもいいでしょう。

東京書籍を見ると、女性が少ないのは同じで、300 人中 14 人と 4.7％にすぎません。ただし、書き方はそれぞれ本文で説明したり、側注の場合は資料つきでのせており、写真説明のみは緒方貞子 1 人です。市川房枝は索引にはありませんが、写真説明に名前は出てきます。また東京書籍では、各章の扉の次のページに、その章の各時代の特徴を写真で表していますが、各時代に男女の登場人物がイラストで描かれており、歴史が両性によって担われてきたことを示そうとしています。

2 「なでしこ日本史」の問題点

〝なでしこ〟は「大和撫子《やまとなでしこ》」から取っているのでしょう。国語辞典で大和撫子は「見掛けは弱々しくても芯が強い意で日本女性の美称」などと出ています。女性のコラムにふさわしい名でしょうか。

（1）母・妻役割の強調と、本文からの消去

「なでしこ日本史」に取りあげられているのは、第 1 章（原始と古代）—推古天皇・光明皇后・紫式部、第 2 章（中世）—池禅尼《いけのぜんに》・北条政子・日野富子、第 3 章（近世）—高台院《こうだいいん》（北政所《きたのまんどころ》）・春日局《かすがのつぼね》・加賀千代《かがのちよ》、第 4 章（近代）—天璋院《てんしょういん》（篤姫《あつひめ》）・津田梅子・樋口一葉、第 5 章（二度の世界大戦）—クーデンホーフ光子・平塚らいてう・与謝野晶子《よさのあきこ》、第 6 章（現代）—なしです。

第 1 ～ 4 章までの 12 人のうち 8 人が天皇・皇后・将軍などの母か妻か乳母《うば》です。残りの 3 人が文学者、1 人が教育者です。池禅尼・高台院・春日局は母・妻・乳母としてのみの描かれ方です。

一方、推古天皇や北条政子のように歴史の表舞台でも重要な役割を果たした人については、「な

でしこ日本史を参照」とすることで、本文ではふれず、本文から女性の姿が消えることに拍車をかけています。紫式部の説明の半分は、第一次世界大戦後に世界に紹介されたことを評価する内容です。「日本は世界一」と強調したい思いが出ています。

（2）津田梅子

育鵬社は津田梅子について、アメリカ大統領に「日本人が大切にしている伝統は」と問われて「犠牲の精神と忠誠心」と答えたとか、「式典の場には和服で出席したといいます」などと書いています。

しかし現在の津田梅子研究によれば、留学から帰国した津田梅子を最も悩ませたのは、留学帰りの男性がすぐに活躍の場を与えられたのに対し、女性にはそのような場が準備されていなかったことでした。華族女学校で教えた後、36 歳で「女子英学塾」を開いたのも、「女性の権利の尊重と社会への参加」のために、女性の英語教師を育成しようと思ったからでした。育鵬社はこうした幹の部分を書かず、枝葉末節のことにこだわっています。

（3）平塚らいてうと与謝野晶子

平塚らいてうについては、ほとんど「青鞜《せいとう》」のことしか書かれていません。生涯を描くならば、年下の男性との事実婚や、戦後の反核運動などさまざまな材料があるのに、無視しています。それに対して与謝野晶子は長い期間を取りあげて、有名な日露戦争の時の詩「君　死にたまふことなかれ」は題名のみですが、太平洋戦争時の「出征する四男を励ます歌」は全文紹介しています。また生年・没年とも与謝野晶子が平塚らいてうより先ですが、ほかは生年順になのに、与謝野晶子だけを後にもってきています。

これは最後の「11 人の子の母親として、家族を愛し、家を重んじたその姿勢は、当時さかんだった女性解放運動とは一線を画するものでした」というまとめを強調したかったからでしょう。このような手法は教科書としてはあまりに意図的で、一方的な価値観を押し付けるものといわざるを得ません。

（4）現代には「代表する女性」はいない？

最終章の現代には、「なでしこ日本史」そのものがありません。男性は生存中の人も多く登場しています。女性では山川菊枝、赤松良子、丸木俊、緒方貞子、森山真弓、土井たか子などの名前が思いつきます。

育鵬社のめがねにかなう女性が、ひとりもいなかったということでしょうか。

3　イラストに強調される「女らしさ」「男らしさ」

教科書全体を通してあちこちに男女各 1 人の生徒のイラストが出てきます。セーラー服の女子生徒は歴史絵巻を除き 62 カ所出てきますが、そのうち指を口に当てるポーズが最も多く 37.1%、両手で頬をはさみ口をあけるポーズが 29.0%です。一方、詰襟の男子生徒は同じく 62 カ所中 50%が親指と人差し指であごをはさむポーズです。男女が逆のポーズをとっているところを想像してみましょう。他社にも頬に指を当てる女子生徒の挿絵はありますが、口に当てるものはありません。

育鵬社教科書をどう読むか

◆「公民」を学ぶとは◆

主権者として生きる力を育てる憲法学習を

「『公民』って、どんな勉強をするの？」

各社の『公民』教科書の特徴

「先生、『公民』ってどんな勉強するの？　地理や歴史のようにはイメージがわかなくて、なんだか難しそう」……そんな子どもたちの声にこたえて、どの教科書も最初の導入のところで、「公民」学習の内容と意義をできるだけ身近なところから解き明かし、理解させようと工夫をこらしています。そこには、それぞれの教科書の特徴がよくあらわれています。

日本文教出版は、「私たちは、広大な宇宙の中のこの地球に人間としてのかけがえのない命をあたえられて、今ここに存在しています」という文で始まり、「この生の営みは、多くの人たちの営みに支えられ」、日本だけでなく「世界に住む実にさまざまな人たちの営みとかかわり合って」いることに気づかせます。そして、これまで人類が積み重ねてきた「一人一人の人間がよりよく生きることのできる社会を築くのに必要な知識と知恵」を学びとりながら、「社会のはたらきに積極的に参画していく心がまえを培《つちか》ってほしい」と結んでいます。

清水書院は、この社会はさまざまな「思いをもつ個人からつくられている」こと、そのなかで私たちは「ほかの人たちに助けてもらいながら、同時に、その人たちの自由や夢や希望の実現にかかわって」いること、そのために必要なルールや社会のしくみは「その社会のメンバー自身の手によって決められること」などを語り、そうしたなかで生きていくために、現代社会の現実を知るとともに、「めざすべき理想をしっかりと見すえて」いこうとよびかけています。

教育出版は、卒業生からのアドバイスのかたちで、教科書だけでなく、新聞やニュース番組、インターネット、図書館の本や資料・情報を「読み解くこと」を通して「生きた知識や情報を身につけることで、生きる意味をとらえ、希望を抱き、正しい判断力を養って」ほしいと述べています。

日本国憲法にもとづき、主権者として生きる力を育てる

そもそも「公民」とは、どのような意味なのでしょうか。辞書を引いてみると、「政治に参加することができる人々」、「市民、国民、住民、人民などと同じような意味をもつが、厳密には、参政権、特に選挙権や被選挙権があることをもって公民と呼ぶことが多い」とあります。「公民」の「公」には、「政府や役所に関係すること」という意味もありますが、「多くの人に関係すること」「かたよりがないこと」「広く通じること」という意味もあります。「公園」「公衆」「公正」「公理」などの「公」ですが、「公民」の「公」にもこれらの意味が含まれているようです。清水書院は、「『公民』というのは、かんたんにいえば、私たちが生きているこの社会のメンバーという意味」だと説明しています。

いま、私たちは、人類の永い歴史の到達点の上に立って社会をつくり、生活しています。歴史的分野で学習したように、人類はその歴史の中で「主権在民」「基本的人権の尊重」「平和と民主主義」という原則を打ち立ててきました。その原則は、そっくりそのまま日本国憲法の理念として位置づけられています。したがって、「公民」の学習では、この日本国憲法の理念を理解し、社会のなかで主権者として生きる力を身につけることが求められています。

導入のページなどに見る
育鵬社『新しいみんなの公民』の問題点

「個人」の上に「国家」を置き、国家への奉仕を求める

育鵬社は導入の「『公民』を学ぶにあたって」で、「縄文時代の人々も奈良時代や平安時代の人々もみなさんのご先祖様」であり、日本は「非常に歴史の古い国である」としたうえで、「外国から多くを学びながらも、中国とも欧米ともはっきりちがう文明をつくりあげてきた国です」と、その独自性を強調しています。そして、「自分自身がこのような日本の歴史に連なる存在であることを自覚してほしい」と述べています。そこには、人びとがその人権を守るために政府をつくるという、近代の市民革命によって打ち立てられた、人権と民主主義の思想が反映されていません。それどころか、最初から「国家」があって、その下に「公民」がいるということになり、「個人の尊重」をかかげた日本国憲法とは違う立場になってしまいます。

さらに、「国があなたのために何をしてくれるかを問うのではなく、あなたが国のために何ができるかを問おう」という、Ｊ・Ｆ・ケネディ大統領の就任演説の一部分を紹介し、「公民とは、そのように公の一員として考え、行動する人たちのことです。そのような公民意識を身につけることこそが公民学習のねらいです」と、国家への奉仕を求めています。

しかし、演説全体からみれば、これは、国家への忠誠や奉仕を説いたものではなく、たとえば日本国憲法第12条「この憲法が国民に保障する自由及び権利は、国民の不断の努力によって、これを保持しなければならない」のように、主権者自身が人権を守るために行動することをよびかけたものです。

全体を通して、このように「個人」の上に「国家」を置く立場で書かれていることが、問題点の1つです。

貧弱な主権者像

2つめの問題点は、主権者の描き方がきわめて貧弱なことです。同じく導入のページで、これから「一人前の社会人として活躍するために必要不可欠な知識」を学ぶことは、「適切な投票行動をとる助けになる（政治）」、「消費行動を賢明にする（経済）」などと述べています。しかし、国民の政治参加の方法は、投票行動だけではなく、被選挙権や請願権・請求権の行使、世論形成など、たくさんあります。経済でも、消費活動だけでなく、生産や流通、金融のしごと、政府の財政とのかかわりなど、私たち一人ひとりが社会を動かしているのだということを子どもたちに理解させたいものです。投票と消費という例を出しているだけでは、将来、よりよい社会をつくっていくために主体的に行動する力を育てることは、できそうもありません。

国際的視野に欠け、平和の実現に背を向ける

3つめの問題点は、国際社会に関する記述です。育鵬社の導入のページには、「貢献」という言葉が何度も登場します。そのあとの本文でも、優位な立場にある日本が、困っている国に「援助してあげる」という論調が目立ちます。そこには、国際社会の中で多様な人びとといっしょになって、地球的規模で起こっている問題を解決し、よりよい社会をつくっていくために努力しよう、という視点がありません。最後の「社会科のまとめ」も、日本の「国づくり構想を立てよう」というテーマになっていて、国際社会に目を向けさせたり、グローバルな視点で考えさせようとはしていません。

こうした点について、たとえば清水書院は、導入のところで、「国や地方公共団体の政治にたよらずに、ときにはその境界をこえて、自分自身の手で、自分の夢や希望を実現し、共生の場をつくり、また発展させていくこと」を「『公民』のたいせつな役割」だと述べています。

また、育鵬社は、平和の問題についても特異な立場をとっています。冒頭に「世界平和の実現に向けて」というグラビアがありますが、10枚の写真のうち、領土問題が3枚、北朝鮮の拉致問題が1枚、テポドン、陸上自衛隊の海外での活動、地雷の処理など戦争に関する写真が3枚です。核兵器廃絶や平和を求める各地の取りくみの写真は、1枚もありません。戦争放棄、平和主義の原則を打ち立て、「……国際社会において、名誉ある地位を占めたいと思ふ」と宣言した日本国憲法の理念とは、大きくかけ離れています。

Ⅰ章

私たちの生活と現代社会

第二次世界大戦後、日本は、経済成長を実現し、社会や人びとの生活は大きく変化しました。少子高齢化がすすみ、情報化、グローバル化が私たちの生活にもさまざまな影響をあたえています。日本で生活する外国人もふえています。さまざまな外国の文化が日本に入り、異なる文化との交流も進んでいます。

新学習指導要領では「私たちが生きる現代社会と文化」のなかで「我が国の伝統と文化に関心をもたせ、文化の継承と創造の意義に気付かせる」と記述されています。これは2006年の教育基本法で定められた「教育の目標」の1つ「伝統と文化を尊重し、それらをはぐくんできた我が国と郷土を愛する」を受けています。

また、「現代社会をとらえる見方や考え方の基礎として、対立と合意、効率と公正などについて理解させる」ことも新たに登場しました。

このような内容が教科書でどのように取りあげられているのでしょうか。

公民 1

私たちの生活と文化

【育鵬社】p8 ～ 15「第 1 節　現代社会の文化と私たちの生活」

ここで学びたいこと

1 文化とは何か

それぞれの地域や社会、民族の中で築きあげてきた生活のしかたや社会のしくみ、ものの考え方や価値観などの全体を「文化」といいます。文化には、衣食住のような日常的な生活の営みをはじめ、科学、技術、哲学、芸術、宗教など、さまざまな分野があります。これらの文化は、人々の生活の中で産みだされ、永い歴史の中で受けつがれ、発展してきたものです。

世界には、多様な文化が存在しています。そのあらわれ方は違っても、土台にある人間としての願いや感じ方には共通するものがたくさんあります。それぞれの文化に込められた人びとの思いを理解し、互いの文化を尊重しあうことが大切です。また、こうした異なる文化との出会いや交流によって、それぞれの文化がゆたかに発展してきたということもできます。

2 日本の文化の特徴

四季の変化に富み、さまざまな地形が見られることから、日本の文化は自然とのかかわりや季節ごとの行事が多いことが特徴の 1 つです。東京書籍は「日本文化の多様性」として「琉球とアイヌの文化」を取りあげています（p18 ～ 19）が、これらは欠かすことのできない内容です。また、清水書院は「漢字や仏教、儒教、近代以降に欧米から取りいれた技術や思想、生活様式など」を例にして、「日本の文化は、世界のさまざまな文化をたくみに取りいれることで発展してきた」（p11）と述べていますが、このことも重要な視点です。

ここが問題！

1 日本文化の独自性を強調

育鵬社は、「日本の文化の特徴」として、日本語の成立変遷にふれながら「日本の文化は、早い時期に中国の文化から自立し、中国とも欧米ともちがう独自の文化を築いてきました」と書いています。なぜ、「早い時期」に「自立」し、「独自の文化を築いて」きたことを強調する必要があるのでしょうか？　むしろここでは、中国や朝鮮、欧米の文化から取りいれたものが日本文化の中にどのように位置づいているのかを分析し、「文化は異なる文化に出会い、交流することでさらに磨かれ、新しい創造がおこなわれていく」（清水書院 p10）ことを理解させるべきではないでしょうか。

2 伝統文化の尊重と愛国心

育鵬社は、「文化のグローバル化が進む現代では、外国の商品をはじめとして、異なる文化を宣伝するたくさんの情報が次から次へと入ってくるので、私たちは日本の文化の個性やすばらしさを

各社の教科書は「伝統文化」をどのように取りあげているか

新学習指導要領に書かれた「現代社会における文化の意義や影響を理解させるとともに、我が国の伝統と文化に関心をもたせ、文化の継承と創造の意義に気付かせる」という項目の扱い方は、教科書によってそれぞれ違います。とくに「伝統文化」の取りあげかたについて、比較してみました。

教育出版	「暮らしのなかに息づく文化　受け継がれる伝統や文化」という小単元の中で、「花見」「海開き」「紅葉狩り」「寒げいこ」「しょうぶ湯」「ゆず湯」などの例をあげ、「わたしたちの生活は、これまで受け継がれてきた多くの伝統や文化とともに成り立って」いるとしています。そして、具体的に「茶」「茶の湯（茶道）」の例を歴史的に詳しく述べながら、伝統と文化を受け継ぐということはどのようなことなのか、子どもたちに考えさえようとしています。
清水書院	「先人によってきずかれてきた」日本の「伝統や文化」として、「自然を敬う」こと、節句や盆踊り、収穫を祝う祭り、庭園や住居、和歌や俳句、歌舞伎や能楽、狂言や落語、「鳥獣戯画」などの例をあげています。そして、これらの文化は「世界のさまざまな文化をたくみに取りいれることで発展してきた」と述べ、こうした「文化や伝統を受けつぎながらも、異なる文化との交流も活発にして、さらに豊かな文化をつむいでいこう」と記述しています。
帝国書院	「伝統文化に根ざす現代」という小単元をおいています。正月やお盆などの年中行事、成人式や結婚式などの通過儀礼などの多くが「自然とのつながり、宗教的な意味や由来」をもっており、こうした「伝統的な文化を理解することは、日本人らしい考え方を確立することにつながる」としています。「伝統文化」の具体例としては、歌舞伎、茶道、能・狂言、和服などの例をあげ、「伝統とは、人々が過去から受けつぎ、未来へ伝えること」、「伝統文化が教えてくれる先人の知恵を、どのようにして未来の創造に生かすかが私たちの課題」であるとしています。
東京書籍	「くらしに生きる伝統文化」という小単元をおき、伝統文化には、「能や歌舞伎、茶道や華道といった一部の専門家の人々によってになわれてきた文化」と「広く庶民によって日常生活の中で受けつがれてきた衣食住、年中行事、冠婚葬祭などの生活文化」があるとし、前者の例として能や茶道の写真、後者の例として、初詣や盆踊り、節分などの写真が掲載されています。そして、「七五三」の例を出して、伝統文化が「時代や環境に合わせて姿や形を変えながら、現代に受けつがれて」きたことなどが記述されています。
日本文教出版	「受けつぎ、創造する日本の伝統・文化」という小単元の中で、「日本家屋や庭園、日本料理や、能、歌舞伎、和太鼓」などとともに、入学式や卒業式などの「学校の伝統行事」も紹介されています。また、伝統工芸の例をひいて、「たえず新しいくふうを積み重ね、現代のくらしやセンスにマッチしたものをつくり出そうとする努力」により、新しい伝統が作りだされていることを述べています。同時に、日本の文化の歴史をひきながら、文化には「異なる文化との接触を通じて少しずつ変わる側面と、長いあいだ変わらない部分とをもっています」とも書かれています。

見失いがちになります。私たちには自国の文化を尊重し、しっかりと身につける努力とともに、日本文化のすばらしさを海外に紹介する努力が求められています」と述べ、「伝統文化を尊重することは、それらをはぐくんできた日本や郷土を愛することにつながります」と結論づけています。そして、「日本の伝統文化」を「信仰」「芸道」「武道」「美術・建築・工芸」「芸能」の５項目に分け、見開き３ページにわたってたくさんの写真を掲載しています。

しかし、たとえば「信仰」の項にある「宮中年中行事」や「神道」には、天皇制国家を支えるために、明治政府が新たにつくりあげた「儀礼」も含まれています。本来、「伝統文化」とは、時の権力者によって公認されたり、押しつけられたりするものではなく、それぞれの地域の人びとが日々の労働や生活の中で選びとってきたものです。また、伝統文化といえども、けっして固定化されるものではなく、「時代や環境に合わせて姿や形を変えながら、現代に受けつがれて」（東京書籍p17）いくものです。伝統文化をおしつけたり、愛国心につなげていくことで、本当に「新しい文化の創造」が期待できるのでしょうか。

公民 2

「対立と合意、効率と公正」という社会の見方

【育鵬社】p26 ～ 36「第３節　現代社会をとらえる見方や考え方」

ここで学びたいこと

❶ 社会をとらえる見方・考え方の基礎としての「対立と合意、効率と公正」

新学習指導要領の中学公民的分野に、「現代社会をとらえる見方や考え方の基礎として、対立と合意、効率と公正などについて理解させる」という文言が加わりました。

1998 年学習指導要領には「公正に判断する」という言葉はありましたが、「対立と合意、効率と公正」は初めてです。新学習指導要領についての解説書を見ると、たいていどの本にも、この「対立と合意、効率と公正」が挙げられたことが重要な点だと書かれています。

しかし、「対立と合意」「効率と公正」が、そもそも社会をとらえる見方や考え方として適切なのか、疑問です。

❷ 必要な「対立」、必然的な「対立」もある

新学習指導要領解説には、生徒会で規則を決めることを例に、「対立」があっても議論を通して「合意」にいたると書かれてあります。もちろん、この事例のように、社会におけるさまざまな「対立」は、「合意」に向けて努力がなされ、「合意」されることが望ましい場合も多くあります。しかし、かんたんに「合意」するべきではなく、政治的「対立」が必要な場合もあります。また、現代社会には必然的な「対立」もあります。

たとえば 2011 年秋からアメリカを中心に、「Occupy Wall Street」（「ウォール街を占拠せよ！」：ウォール街はアメリカの金融業界密集地区）といった運動が広がり、世界各地に波及しています。一部の資本家が富を集める一方で、貧困層が増え、格差が拡大していることに対しての抗議、反対の運動です。このように、資本家と労働者の対立は、資本主義社会では必然的なものです。「合意」を強調することは、必要な「対立」や必然的な「対立」を見えにくくすることになります。

「ウォール街を占拠せよ！」のデモ（HP「Occupy Wall Street」より）

❸ 「効率と公正」よりも必要なこと

新学習指導要領解説には、「効率」とは「無駄を省く」考え方だと書いてあります。現代日本では、「効率」の名のもとに社会保障な

ど必要なものが多く削られているだけに、これが「現代社会をとらえる見方」の１つに挙げられることは心配です。

また、この「効率と公正」が「合意」された内容を判断する基準になる、と書かれていますが、それは、「合意」を正当化するための方便にすぎません。基準とすべきは、日本国憲法の理念から考えて公正なのか、人類が学び、大切にしてきた平和や人権の概念から見て公正なのか、といった視点ではないでしょうか。

新学習指導要領は「効率と公正」をもちだすことで、こうした視点を見えにくくしてしまいました。

育鵬社は、「対立と合意、効率と公正」について４つの事例で説明していますが、ここではそのうち２つの事例を検討します。

ここが問題！

1 財政難と市立病院の診療休止

１つは、市立病院が医師不足と財政難のために診療を休止し、その決定をした市長の解職を求めて署名集めが始まった、という事例です。この「対立」は、アンケートや有識者からなる事業検討委員会の結果、内科・外科・整形外科・小児科の４科のみで、病院規模を半分にした公設民営病院として再開されることになり、解職請求は取りさげられた、という「合意」に導かれています。

あたかもこれで問題が解決したように書かれていますが、本当にこれでよいのでしょうか。４つの科以外の患者は、ほかの病院に行かなければなりません。また、民営ということは、事業者は採算が合わなければ撤退するので、患者にとっては安定的な治療が保障されないことになります。規模が縮小されれば病床も減りますから、入院がしにくくなるでしょう。国公立の病院では、採算の合わない研究や診療も行ってきましたが、それも放棄されることになります。また、そもそも医師不足の問題は、国の医療政策にもかかわることですが、そのような視点は見られません。

この事例の場合、憲法になぜ生存権、幸福追求権が明記されたのか、それらの人権の視点から見て、医療はどうあるべきか、市は何をすべきか、ということこそ、学習の中心にすえるべきではないでしょうか。「対立と合意、効率と公正」という見方のあいまいさが、ここにも表れています。

2 給食と食料事情

もう１つは、クラスで給食を残す人が多く、この問題について話し合いをしたところ、食料自給率の低下や飢餓の問題についても意見が出て「対立」したという事例です。話し合いの結果、「給食完食運動」を行うことにしたという「合意」が描かれています。

話し合いの過程で、食料自給の重要性や貧困の問題に視野が広がったことは貴重です。しかし、それは日本の農業政策や貿易問題、南北問題として深めるべき内容で、自分たちの食の改善だけで解決できるものではありません。給食が残ることを改善するためには、自らの健康のためにどのような食が必要なのかという子ども自身の学びや、それに見合った内容の給食になっているのかどうかという、行政の点検も必要です。

残った給食を肥料や飼料として有効利用する地域もあり、そのような可能性を子どもたちが追求することもまた、豊かな学びになるのではないでしょうか。

公民 3

現代社会における家族

【育鵬社】p28~29「家族と私」

ここで学びたいこと

❶ 新学習指導要領の家族の扱い方

新学習指導要領では、1998年学習指導要領にあった「家族や地域社会などの機能を扱い……」という文言はなくなり、「内容の取り扱い」などにおいても、家族に関する言及はありません。したがって、東京書籍や清水書院、帝国書院の公民教科書では、目次に「家族」という文字はありません。

育鵬社は、「現代社会をとらえる見方や考え方」の中で家族を取りあげていますが、約半分は1989年学習指導要領の内容に近いものといえます。

❷ 家族・家庭の役割と地域・社会

この内容は主に家庭科で扱っていますので連携して学ぶとよいと思います。家族・家庭は、子どもの成長・発達を促したり、日々活動するためのエネルギーを得たり休養したり、心の安らぎを得るなどの役割を果たしていることを理解し、家族の関係がどのような関係であればいいかについて考えます。

しかし、家族・家庭と地域・社会は相互に影響し合っており、家族が努力していてもいつもその役割が果せるとは限りません。そのような困難に出会った時、どうすればいいかについて周囲の人びと・近隣・地域・社会にまで目を向けて考えます。

❸ 個人の尊厳と両性の本質的平等

「個人の尊厳と両性の平等」は、日本国憲法の家族の条項（第24条）に掲げられている理念であり、学習指導要領でも一貫して掲げてきている事柄です。これらの理念に到達した歴史的経緯とともに、個人の尊厳・両性の平等の大切さを、憲法の第11条（基本的人権）第13条（個人の尊重）第14条（差別の禁止）の理念とともにしっかり学び、その上で、自分の家族をみつめ、今後の家族のあり方について考えることが大切です。

❹ 現代社会における家族・家庭の問題の解決について考える

現代社会における家族は、さまざまな問題を抱えていることは誰もが実感しているところです。家族で集まり話し合う時間が不足していたり（グラフ参照）、虐待により死亡する子どもが後を絶たない、一人暮らしで生活の支えが必要な高齢者がいる、さらに少子高齢社会の改善があまり進んでいない日本の状況などに中学生もとても関心をもっています。

なぜこのような問題があり、どう解決したらいいのかを考えていくことが重要です。

1日のうち家族全員がそろう時間

「全員が一堂に集まる時間を持てない家族が増えている」

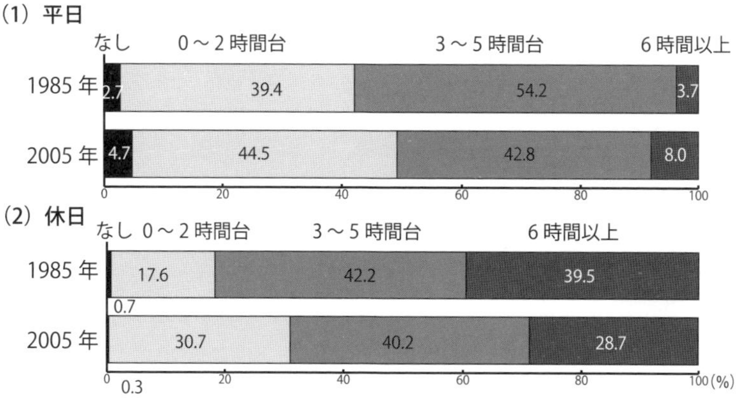

『二〇〇七年国民生活白書』

ここが問題！

1 家族の絆を「効率」の視点で考えさせていいか

育鵬社では、「家族のきずなについて考えましょう」として父親の単身赴任の例を取りあげ、「公正」への手続きをあれこれ列挙しています。たとえ、「対立と合意」「効率と公正」について考える練習としても、考えるテーマに「家族」を取りあげたこと自体に非常に問題があります。もともと「対立と合意」「効率と公正」は、経済および政治の分野で物事を解決する時の視点です。

家族・家庭は、「効率の論理」を生かす場ではなく、「人間性の論理」が大切にされなければならない場であり、それを持続することで家族たりえていることを忘れています。育鵬社の本文の家族の役割の記述とも矛盾します。人と人の関係、まして家族の関係は、等身大の距離でのなにげない付き合いがあってこそ形成されるものです。

「テレビ電話でお父さんと会話」することや「月に一度は週末に帰宅し、いっしょに食事を楽しむ」ことで決着するという内容は、現実にはその例があるにしても、決して真の解決ではありません。

2 家族の役割への期待を説くことだけでいいか

家族は、国家からの期待が強く反映するところですが、子どもを何人もつかなどは個人が決める私的なところでもあり、その狭間《はざま》でのくいちがいが大きくなっているのが現代の家族です。したがって現代の家族について、客観的・歴史的にみつめ、自分たちはどういう家族をつくっていくか、それにはどうすればいいか、などを〝考える〟学習として展開する必要があります。育鵬社にはそのような内容は皆無です。「家族の役割」のところは、「両親の下に生まれ育ち、家族の一員として助け合いながら生活を営んでいます」と述べていますが、一人親や、祖父母との家庭、養護施設から通学している生徒がいる現実とそれらの生徒への配慮を欠いています。

また、家族の多様化の背景に、単身者が増えたことや一人暮らしの高齢者が増えたことなどが記述されていますが、なぜそのようになったのか深めた内容やそれを考えさせる手だてが記述されていません。そして、「家族のきずなについて考えていく努力が必要です」と結びます。つまり、「ここで学びたいこと」で述べた内容は非常に不十分で、個人の努力への期待が強調されていることは問題です。

公民
4

憲法と民主主義の基本原理

【育鵬社】p32～33「国家と私」

ここで学びたいこと

1 国民の権利を守るために国家がつくられる

近代社会の根本は、〝かけがえのない個人〟にあります。フランス革命などの市民革命によって、旧来の伝統や社会秩序が否定され、一人ひとりの人間が生まれながらにもっている、自由と平等の権利が何よりも大切にされることが確認されました。そして、その権利を保障し、安定した秩序をつくるために「国家（政府）」がつくられ、もし国家がその約束を守らない時は、国民が国家をつくり替えることができる、という考えがひろまりました。

近代憲法とは、この考えにもとづいて、国家権力が国民に対して横暴な支配を行わないことを明文化した、国民からの国家に対する〝命令〟ともいえるものです。その憲法の範囲内でのみ、国家は国民を統治できるということが、近代立憲政治とも近代民主主義とも呼ばれる原理です。

2 個人と国家の関係

近代立憲政治における個人と国家の関係とは、個人が国家に従属することではありません。日本国憲法第13条には「すべて国民は個人として尊重される」とあります。個人が、何が正しいのか、何を好ましい社会のあり方とするのかを自由に考え、自由に発言することを尊重しあえる社会こそが大切であり、それこそが戦前戦中の歴史から学ぶことでもあります。

ここが問題！

1 「個人」より先に「国家」がある

新学習指導要領は、公民的分野の目標の1つとして、「民主政治の意義、国民の生活の向上と経済活動とのかかわり及び現代の社会生活などについて、個人と社会のかかわりを中心に理解を深め」ることをあげています。その「個人と社会とのかかわり」の1つとして、「国家」と自分の関係を考えさせるための単元を独立させている教科書は、育鵬社と自由社以外にはありません。

育鵬社は、国家を「その領土に住む人々が憲法や法律、日常の慣習などの共通のルールを共有し、共通の政治体制の下に共存する空間」と位置づけています。それは、〝かけがえのない個人〟が、その権利を守るために「国家」をつくるのではなく、最初から「国家」があって、その中にいるのが「国民」だ、という説明です。これは、近代社会の原理とは異なるものです。

2 国民は「国家に守られて」いるのか

育鵬社は、「私たち国民は国に守られ、国の政治の恩恵をうけています」と書いています。しかし、無条件に「国民は国に守られている」といえるのでしょうか。日本国憲法にあるように、国家には自由権、平等権、社会権などを保障する責任があります。現在、多数のホームレスの人びとや、不安定な派遣などの非正規労働者の存在は、それらの権利の保障がきわめて不十分なことを物語っています。また、東日本大震災や東京電力福島第一原発事故による避難者の多くも、「国に守られている」とは決していえません。

さらに育鵬社は「国家に保障された権利を行使するには、社会への配慮が大切であり、そして権利には必ず義務と責任がともないます」と述べています。この記述は、権利が国から与えられた恩恵であった大日本帝国憲法の考え方に近いものです。日本国憲法の人権規定は、「法律ノ範囲内」においてしか認められていなかった大日本帝国憲法の「臣民」の権利とは、根本的に異なります。

それはかけがえのない個人の、国家に優先する基本的人権です。このことをあいまいにして、「社会への配慮」「義務と責任」を強調するのは、「権利ばかりを主張するな」といっているのに等しいのではないでしょうか。

また育鵬社は、「国家は他国から侵攻されないように方策を講じることが義務づけられ」と述べ、国家の重要な役割が「国防」であることを前面に出しています。

コラム 「『われわれ』意識」と「絆」

育鵬社は、「多様な人々をひとつの国民へとまとめる重要な役割」を果たすものとして、「何か共通のものを軸にした『われわれ』という意識」をあげています。この「『われわれ』意識」の強調は、個人と国家の関係を問い直すよりも、国家への従属をおしつけることにならないでしょうか。

2011年3月11日の東日本大震災の後、さかんに使われた「絆」という言葉についても、その使われ方に対し、心配の声があがりました。精神科医の斉藤環さんは、「絆」が強調されることに対し、「異論や反論を認めない、旧態依然とした保守的な村社会を感じる」「(横の連帯ばかりが強調されると) お上に異議申し立てしにくい雰囲気になる。被災した人が堪え忍んでしまうとまずい」(2011年12月13日付朝日新聞) と発言しました。

作家のあさのあつこさんも、座談会で次のように述べています。「絆で何でもくくると、きれいな、収まりのいい物語になってしまう。確かに美しい物語も生まれましたが、感動するために一言に集約するのは稚拙、思考停止です」(2011年12月26日付朝日新聞夕刊)。

無言であろうとなかろうと、あるひとつの考え方や感じ方に同調させていく社会的な圧力は、一人ひとりに息苦しさを与えるものです。自分の思いを自由に、そして何よりも安心して表現できる社会のあり方こそが民主主義にふさわしい、といえるのではないでしょうか。

3 「国家規模の政策」には従うしかないのか

「対立と合意」「効率と公正」にかかわる事例として、「国家規模の政策についてはどのように考えればよいのでしょうか」と、原子力発電所の建設計画がもちあがった市のことが取りあげられています。賛成派と反対派の「対立」があったとしながら、「話し合い(効率と公正)」の中で、原発のような「効率と規模をもつ発電方法はありません」と断定し、「地域の安全や環境問題にも公正に配慮し、国の将来を考え、対立を合意に導く努力が求められます」として、結局は原発推進へ誘導しています。この場合の「合意」とは、結局のところ「市民をふくめ国民全体が原子力発電所と共存」することであり、「国家規模の政策」に従うことになっています。

しかし、東京電力福島第一原発の事故によって明らかになったことは、立地地域への利益誘導と情報操作そして反対派の排除と切り崩しなど、国策としての原発推進と民主主義とは両立しないということでした。国家をはじめ権力関係で優位に立つ強者が、力関係で事の正否を決定しないように権力を制約する原理こそが「公正」ではないでしょうか。

コラム
》2《

教科書は誰が選ぶのか❶

◆公立小・中学校の教科書は地域ごとに採択される

学校で使う教科書を選定することを採択といいます。日本の市区町村立の小中学校の教科書は、地域単位に採択し、これを広域採択制度といいます。国立と私立の小中学校と高等学校は学校単位に採択します。2011年時点では採択地区は584あります。

◆戦後16年間は学校ごとに採択していた

しかし、昔から地域単位で教科書を採択していたわけではありません。戦前・戦中の小学校は国定教科書で各教科共に1種類の教科書なので、教科書を選ぶ問題はありませんでした。敗戦後の1947年に憲法と教育基本法が制定され、翌48年から検定制度による教科書の作成と使用がはじまり、その後1963年までは学校ごとの採択でした。

当初、文部省は使うもの（教員・学校）に選択権があり、学校単位だけでなく、教員単位、教室単位で別の教科書を採択してもよい、そのほうが教員に自主性が与えられ、より創意工夫した授業ができると述べていました。

◆文部省が行政指導によって広域採択を推進

1950年代の半ばから、政府は教科書の国家統制に乗り出し、教科書検定制度を改悪して検定を強化し、教科書の広域採択を行政指導で進めました。1956年には教育委員会法が廃止され、「地方教育行政の組織及び運営に関する法律」（「地方教育行政法」）が制定され、教育委員は公選制から任命制に変えられました。そして、1957年に文部省は、「採択権は教育委員会にある」という通達を出し、同一の地域で同じ教科書を使用する広域採択を行うよう、都道府県教育委員会を強力に指導しました。当時はまだ学校ごとの採択制度でしたが、教育委員会の指導によって、1962年には、統一採択が行なわれた府県は40％以上になっていました。県で1種類の教科書を採択するところもいくつかありました。

◆教科書無償措置法による広域採択制度を強行

1962年、「義務教育の教科書を無償にする法律」（「義務教育諸学校の教科用図書の無償に関する法律」）が国会で成立しました。ところが、政府・自民党・文部省は、これを利用して1963年に「教科書無償措置法」（「義務教育諸学校の教科用図書の無償措置に関する法律」）の制定を強行しました。この無償措置法の実施を機に、教員が自分で使う教科書を選べなくなり、教科書は広域採択になり、今日に至っています。

広域採択実施後、教科書の発行種類は減り、大手出版社への寡占化が進行し、教科書発行をやめたり、倒産・撤退する出版社が増大しましました。その結果、教育にとってとても重要な「多種類で多様な教科書」の発行が困難になっています。それだけでなく、自分たちが使う教科書を自分で選べないということで、教員の教科書に対する関心が大幅に薄れるという弊害も出てきています。広域採択制度の意図は教科書の「準国定化」を推進するもので、当時、「教科書国家統制法」と批判されていました（注）。

◆世界に例がない教科書の広域採択制度

世界中どこを探しても日本のように地域で同じ教科書を採択する広域採択制度の国はありません。欧米諸国をはじめ、中国・韓国も学校ごとに教科書を採択しています。当然、学校採択においては、教員が教科書を選ぶ権利が保障されています。検定制度も同様ですが、日本の教科書採択制度はきわめて時代錯誤の制度です。

（注）無償措置法の国会審議中に文部省が自民党に出した文書には次のように書かれています。

「義務教育教科書については、国定化の論もあるが、現在検定は学習指導要領の基準に則り厳格に実施されているので、内容面においては実質的に国定と同一である。…（中略）…今後企業の許可制の実施及び広域採択方式整備のための行政指導を行なえば、国定にしなくとも5種程度に統一しうる見込みであるので、国定の長所を取り入れることは現制度においても可能である。」（文部省「教科書無償給与実施要綱案」1962年）

Ⅱ章

日本国憲法と基本的人権の尊重

日本は、アジア太平洋戦争によって、アジアの人びとに大きな被害をあたえるとともに、国民もまた多くの命が奪われました。第二次世界大戦後の日本は、この反省のうえに制定された日本国憲法のもとで、平和で民主的な社会をめざして歩んできました。

日本国憲法は、国民主権、基本的人権の尊重、平和主義を三つの基本原則としています。なかでも、徹底した平和主義は日本国憲法の重要な柱になっています。

憲法は、人間が生まれながらにしてもっている基本的人権を定めた人権宣言でもあります。多年にわたる自由と権利を獲得するたたかいによって、多くの権利が保障されるようになりました。これらの自由権や平等権、参政権、社会権を社会に生かしていくために、基本的人権とその保障をめぐる課題について学びましょう。

公民
5

法にもとづく政治と憲法

【育鵬社】p38 ～ 40「法と私たちの生活」「大日本帝国憲法と日本国憲法－憲法とは何か」

ここで学びたいこと

1 政治と法

社会生活のなかで、人びとはさまざまな要求や利害をもっています。ときには対立する利益や主張を調整し、社会を動かしていく働きが政治です。かつては国王による専制支配が行われていましたが、近代においては、基本的人権を保障するために、憲法をはじめとする法によって、権力を行使することが民主政治の基本的な原理になりました。

2 立憲主義と「法の支配」

憲法は、人間が生まれながらにしてもっている基本的人権を定めるとともに、国の政治のしくみを定めた国の最高の法です。憲法は、個人の自由や権利を確保するために国家権力を制限することを目的としています。このような考えを立憲主義といいます。日本国憲法もこの立憲主義を基本にしている憲法です。

この立憲主義は「法の支配」の原理と密接に関係しています。「法の支配」とは、国家権力の気ままで好き勝手な支配（人の支配）を排除し、権力を法で拘束することによって、個人の自由や権利を擁護することを目的とするものです。

3 憲法を守る義務はだれに

個人の自由や権利を確保するために、憲法によって国家権力を制限しようとする立憲主義においては、まず「法」を守らなければならないのは、国家権力にたずさわる人びとでなければなりません。日本国憲法第 99 条が「天皇又は摂政及び国務大臣、国会議員、裁判官その他の公務員は、この憲法を尊重し擁護する義務を負ふ」と定めているのは、このような立憲主義、「法の支配」の理念の表れです。

ここが問題！

1 社会秩序の維持のみを強調

育鵬社は「なぜ法は必要なのだろう」「法に基づく政治」「法を守る心」について記述しています。そこでは冒頭から「法を守らないと罰則が適用されることもあります」と述べ、「社会の秩序を維持し、みんなの自由や安全を守るためには、ときとして各《おのおの》が少しずつ不自由をがまんする必要があります」と述べています。

育鵬社は、あたかも「法」を守らないと社会の秩序が維持されないから「法」を守らなければならない、といっているかのようです。社会の秩序の維持が必要なことはそのとおりです。しかし、だからといって、なんでもかんでも「法」を守らなければならないことにはなりません。

定められた「法」が、憲法の定めた「個人の尊重」「基本的人権の尊重」の理念に合う内容であるか、公正な手続が保障されているか、ということを絶えず確かめることが私たちには必要とされるのです。

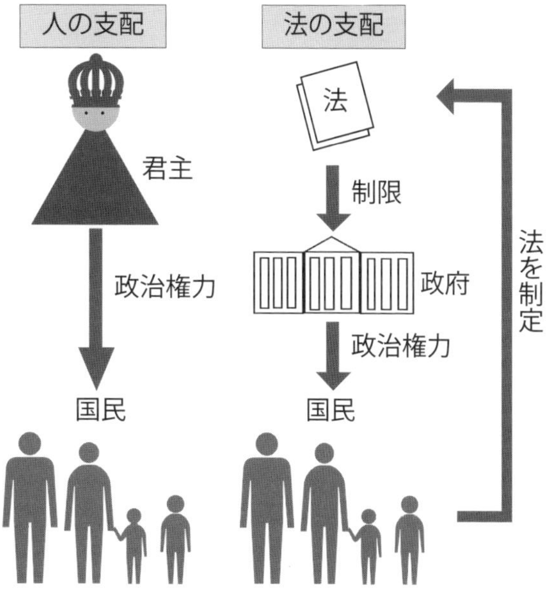

「人の支配」と「法の支配」

2 「法の支配」と立憲主義が教えられていない

育鵬社の説明で大きな問題は、「法の支配」と立憲主義について述べられていないことです。

「私たちは、生活の中でおこるさまざまな事件やトラブル、その解決や処理をはかるため、法というきまりをつくり、必要に応じて改正を加えながら、今日の社会を築いてきました」と述べているように、育鵬社は、法を単なる利害調整のルールとしか見ていません。個人の自由や権利を確保するために、法によって国家権力を制限するという立憲主義的な視点が欠落しているのです。

帝国書院は「人権が守られるためには、国の政治が憲法や法律などの法にもとづいて行われなければなりません。人権が国の政治において最大限尊重され、国の権力のはたらきが民主的に定められた法によって制限されるという原則を法の支配といいます」(p33) と述べています。

他方で、他社本には見られない「法治主義」だけは取りあげていますが、その「法治主義」のもつ危険性は教えられていません。「法治主義」という考え方は第二次世界大戦前のドイツで生まれたものですが、「法の支配」とは異なる考え方です。

「法の支配」は国民が定めた法によって権力者を拘束するというものですが、「法治主義」とは、法律にもとづいて政治が行われるということであり、その法律はいかなる中身であってもかまわないのです。これでは人びとの権利が十分に守られることにはなりません。

3 不十分な憲法の意義

東京書籍は「憲法は、政府の権力を制限して国民の人権を保障するという立憲主義の思想にもとづいて、政治権力の乱用を防いで、国民の自由や権利を守ります」「憲法は、人権の保障と国の政治のしくみの二つから構成されています。そこでは、人権の保障こそが目的で、国の政治のしくみはその手段です。憲法は、国の基礎となる法であるとともに、最高法規であって、憲法に反する法律や命令は効力を持ちません」(p36) と説明しています。

これに対して、育鵬社は、「憲法は、国の理想や基本的なしくみ、政府と国民との関係などを定めたものです。憲法は、政治権力が濫用されることのないように抑制するしくみを定めて、国民の権利と自由を保障しています」と述べています。立憲主義についての説明もなく、これだけの記述では、立憲主義における憲法の意義については不十分です。

公民 6 大日本帝国憲法の特色

【育鵬社】p40 ～ 41「大日本帝国憲法と日本国憲法
－大日本帝国憲法の制定」

ここで学びたいこと

大日本帝国憲法は、自由民権運動を抑圧しながら、君主の権限が強いプロイセン（ドイツ）の憲法を参考にして制定されました。大日本帝国憲法では、天皇が主権者であり、軍の統帥《とうすい》権（最高の指揮命令権）など大きな権限をもっていました。この天皇主権のもとで、帝国議会、内閣、裁判所などの政治の組織が定められました。また、国民は天皇の「臣民」とされ、「臣民の権利」は天皇によって恩恵的に与えられたものであり、「法律の範囲内」や「臣民としての義務に反しない限り」での自由であり、いつでも法律によって制限することができました。

大日本帝国憲法のもとで、議会政治が行われ、第一次世界大戦後の一時期、議会で多数を占める政党が内閣をつくる政党政治が行われ、1925 年には男子の普通選挙権が実現しました。しかし一方で、同時に治安維持法が制定され、国民の思想や言論が厳しく制限され、1931 年の満州事変から 15 年にわたる戦争への道に突き進んでいきました。

ここが問題！

1 自由民権運動と憲法草案

育鵬社は「大日本帝国憲法の制定」でまず取りあげているのは、明治維新によって「五箇条の御誓文」が出されたことであり、「五箇条の御誓文はその後もつねに参照され、国政の指針となりました」と述べています。そして「近代的な法制度をつくって欧米諸国と対等な関係を築くため、政府はもちろん民間でも、多くの憲法草案がつくられました。政府は伊藤博文らを中心に欧米の憲法を調査研究するとともに、日本の歴史や伝統、国柄の研究を行い」大日本帝国憲法を制定したと述べています。自由民権運動にはまったくふれず、君主の権限が強いプロイセンの憲法を参考にしたことも述べていません。

他社の教科書も大日本帝国憲法の制定については不十分ですが、そのなかでは教育出版が「日本における人権思想のめばえ」で自由民権運動にふれて、山村の青年たちが作った「五日市憲法草案」や植木枝盛《えもり》の「日本国国憲案」を紹介（p35）し、「日本では、明治維新を経て近代国家が成立しますが、その初期には、一部の藩の出身者と急進的な公家が中心の専制政治が行われました。政府は、自由民権派による議会開設運動などの動きを抑えて、ドイツ（プロイセン）にみられた君主権の強い憲法などを参考に、1889 年に大日本帝国憲法（明治憲法）を制定しました」（p36）と述べています。

2 天皇主権と天皇の大きな権限

育鵬社は、大日本帝国憲法について、本文では「この憲法は、アジアで初めての本格的な近代憲法として内外ともに高く評価されました」と述べるだけで、大日本帝国憲法の内容を説明していません。そして、コラムで「大日本帝国憲法の理念」を取りあげています。そこでは「日本は万世一《ばんせいいっ》系《けい》の天皇が統治する立憲君主制」「天皇は国の元首であり、国の統治権を総攬《そうらん》する（すべてまとめてもつ）ものであるが、憲法の規定に従って統治権を行使する」と述べています。しかし、軍の統帥権や宣戦布告、講和条約その他の条約を結ぶ権限など、天皇がもっていた大きな権限にはふれていません。

大日本帝国憲法は、天皇主権のもとで、外見的には立憲主義をとっているように見えますが、天皇は万世一系であり神聖不可侵である、というおよそ「神話的」としかいいようのない規定をもっています。天皇の地位は天皇の祖先である神の意志に基づくものであり、天皇は神の子孫として神格をもち、主権は天皇にあるというものです。

◆第二次世界大戦中に引き起こされた日本の近代史上最大の思想・言論弾圧事件「横浜事件」のフレームアップに使われた写真

日米開戦後の1942年7月、国際政治学者の細川嘉六が郷里の富山県泊町に若い編集者や研究者を招いた懇親旅行の時に撮影されたもの。神奈川県特高課は、この写真をもとに「共産党再建準備会議」をでっち上げ、出版編集者等60余人を逮捕し、横浜市内の各警察署で拷問を加えました。

1986年、被害者9名が再審裁判を提起し、24年をかけて無罪を主張し続けました。教育出版は、側注でこの事件を紹介し、「2010年2月に、実質的に無罪の司法判断が下されました」（p41）と記述しています。

3 「臣民の権利」と「法律の留保」

大日本帝国憲法も一応は人権の保障規定をおいています。しかし、それらの権利は、天皇から恩恵として与えられた「臣民の権利」であって、人間がだれでも生まれながらにしてもっている基本的人権とはされていません。それだけではなく、「臣民の権利」には「法律の留保」が付されています。「法律の留保」とは、行政権が勝手に権利を制限することは許されませんが、法律をもってすればどのようにでも人権を制限することが認められる、というものです。この「法律の留保」があることによって、治安維持法などの法律にもとづいて国民の人権を制限し、政府にとって都合の悪い言論を抑圧することができました。戦争に疑問をもつなど、政府に批判的な態度をとった人の多くが処罰されました（写真参照）。

ところが育鵬社は、「法律の留保」についてコラムの中で「国民には法律の範囲内で権利と自由が保障されました」とふれているのみです。これでは「法律の留保」のもつ危険性がまったくわかりません。東京書籍は、大日本帝国憲法では「天皇が主権者と定められる一方で、人権は天皇が恩恵によってあたえた『臣民ノ権利』であり、法律によって制限されるとされました。実際にも、政府を批判する政治活動や自由な言論が抑圧されました」（p35）と説明しています。また清水書院も「国民は臣民とよばれ、さまざまな権利が保障されたものの、治安や秩序の維持を名目に言論や思想、宗教の自由が大きく制約された」（p28）と記述しています。

育鵬社の記述はこれらときわめて対照的です。

公民
7

日本国憲法の制定

【育鵬社】p40～41「大日本帝国憲法と日本国憲法―日本国憲法の制定」

ここで学びたいこと

日本国憲法の制定については、どのような過程を経て憲法が制定され、それがどのように国民に受け入れられていったのか、という全体的な流れを把握することが大切です。

敗戦後の民主化のなかで、大日本帝国憲法の改正が問題になりますが、当時の政府が作成した案は、大日本帝国憲法の語句を部分的に修正したものにすぎませんでした。そこで、ＧＨＱは、連合国の内部で天皇の戦争責任を追及する声が高まりつつあったこともあり、アメリカの方針であった天皇制維持のために、はやく憲法改正を実現する必要があると考えました。そのために、民間の憲法草案を参考にしながら、自ら憲法草案を作成し、日本政府に提示することになりました。

日本政府は、これをもとに憲法改正案を作成し、国民に発表しました。そして、1946年４月の衆議院総選挙によって新しく選ばれた議会で、約３カ月間にわたって審議し、いくつかの重要な修正のうえ可決し、日本国憲法が制定されました。

当時の国民世論をみると、多くの国民は、国民主権と象徴天皇制や基本的人権の尊重、戦争放棄の平和主義を支持していました。

ここが問題！

1 日本国憲法は押しつけられた憲法か

育鵬社は「連合国軍最高司令官マッカーサーは、日本の憲法の改正を政府に求め、政府は大日本帝国憲法をもとに改正案を作成しました。しかし、ＧＨＱはこれを拒否し、自ら１週間で憲法草案を作成したのち、日本政府に受け入れるようきびしく迫りました。日本政府は英語で書かれたこの憲法草案を翻訳・修正し、改正案として1946（昭和21）年６月に帝国議会に提出しました。改正案は、一部の修正を経たのち、11月３日に日本国憲法として公布され、翌年５月３日から施行されました」と記述しています。

このページの右上には英文で書かれた日本国憲法の憲法草案の一部を資料として載せています。ここには「日本国憲法はＧＨＱに押しつけられた」とする見方があらわれています。しかし、これは正しいのでしょうか。

2 国民主権と基本的人権を認めなかった日本政府案

当初日本政府が用意した「憲法改正案」は、天皇主権を維持し、国会に対し責任を負わない枢密《すうみつ》院《いん》（天皇の諮問機関）を残し、国民に対する権利の保障についても広範な法律による制限を設けるなど、きわめて保守的なものでした。この日本政府案は、当時発表された民間の憲法草案などと比べても、大日本帝国憲法に近いもので、国民の間にも批判がありました。

日本が受諾したポツダム宣言には、軍国主義を取りのぞくこと、民主主義を強化すること、基本的人権の尊重を確立することなど、降伏後に日本がとるべき政治の方針が示されていました。これは近代憲法の一般原理であり、この原理に基づいて憲法を制定することは日本の民主化にとって必要不可欠でした。しかし、日本政府はそれにふさわしい草案を用意することができなかったのです。

当時の政府案が大日本帝国憲法とほとんど変わらなかったため、当時の政治情勢もあいまって、1946年2月3日マッカーサーは、連合国軍総司令部民政局に憲法草案の起草を命じ、2月13日には総司令部案が日本政府に渡されることになりました。

ＧＨＱは、憲法草案の作成にあたって、日本の憲法学者のあつまりである憲法研究会の案などを参考して作成したことが明らかになっています。

【参考文献】

■『劇画日本国憲法の誕生』　勝又　進：作画　古関彰一：原作・監修（高文研）

■『日本国憲法を国民はどう迎えたか』歴史教育者協議会：編著　（高文研）

■『1945年のクリスマス』ベアテ・シロタ・ゴードン：著　平岡磨紀子：構成・文（柏書房）

■『新憲法の誕生』古関彰一：著（中央公論新社）

3　国会の審議で修正された憲法改正案

日本政府は、総司令部案に修正を加え、3月6日に「憲法改正草案要綱」が閣議決定されました。その後、4月17日にこの要綱をもとにした「憲法改正草案」（内閣草案）が作成され、正式の大日本帝国憲法改正案となりました。

4月10日には、初めて女性の選挙権を認めた普通選挙による総選挙が行われ、新しい国会（最後の帝国議会）が成立しました。大日本帝国憲法改正案は、6月20日に衆議院に提出され、衆議院で約2カ月、貴族院で約1カ月半にわたる審議を経て、10月6日に修正可決されました。

この国会では、発言の自由に対する制限がない中で審議され、国民主権の原則を明確化すること、国家賠償や刑事補償に関する規定を新設すること、「健康で文化的な最低限度の生活を営む権利を有する」という文言を憲法第25条に付加するなどの重要な修正を行っています。

4　日本国憲法制定の流れを無視した育鵬社

教育出版は「各政党や民間の憲法草案も発表されるなか、政府は、国民の自由と権利の保障や、議会の権限の拡大などの内容を盛り込んだ改正案を作りました。しかし、天皇の統治権が変わらないなど、その内容が十分ではなかったため、連合国軍総司令部は満足せず、独自の案を作って日本政府に示しました。政府は、示された案に基づいて改めて憲法改正案を作り、国民に発表しました」（p37）と記述しています。ここには不十分な点もありますが、なぜＧＨＱが当時の日本政府案を拒否したのかが述べられています。清水書院は「改正案が、新たに20歳以上の男女による普通選挙で選ばれた国会で審議・議決されて、日本国憲法が誕生した」（p28）と述べています。

このような日本国憲法の制定経過をみると、「日本国憲法はＧＨＱに押しつけられた」という単純な議論は成り立ちません。ところが育鵬社はそうした制定経過にふれることなく、先に述べたように「押しつけ憲法」論を展開しているのです。ここには「押しつけ憲法」論にたって、子どもたちを憲法改正に誘導する育鵬社の姿勢があらわれています。

公民
8

国民主権と象徴天皇

【育鵬社】p42 ～ 43「国民主権と天皇」

ここで学びたいこと

1 国民主権の意義

国民主権とは、国の政治のあり方を最終的に決める力を国民がもっているということです。国民主権は、日本国憲法で基本的人権の尊重や平和主義と並んで三大原則の1つとなっています。

国民主権を具体化するものとして、日本国憲法では選挙権、請願権、憲法改正の国民投票などの権利が定められています。また表現・結社の自由や知る権利なども、国民が正確な情報を得た上で国の政治を判断するという意味で、国民主権を具体化する重要な権利です。

将来、子どもたちが、主権者として政治に参加し、適切に権限行使をするために、国民主権の重要性とその役割を学ぶ必要があります。

2 天皇主権から国民主権へ

戦前の大日本帝国憲法では、主権者は天皇であり、「天皇大権」と呼ばれるほど広範な権限をもっていました。国民は、天皇の臣下である「臣民」とされ、国の政治を決める主体ではなく、天皇の支配を受ける存在にすぎませんでした。

日本国憲法によって、天皇主権から国民主権へと根本的に変わりました。日本国憲法は「政府の行為によって再び戦争の惨禍が起ることのないやうにすることを決意し、ここに主権が国民に存することを宣言し、この憲法を確定する」（憲法前文）と述べて、国民主権を明らかにしています。

3 戦前と戦後の天皇制の違い

日本国憲法で国民が主権者になったことで、天皇の地位も変わりました。戦前は主権者であった天皇は、日本国憲法では「日本国の象徴であり日本国民統合の象徴」（第1条）とされました。象徴としての天皇は、政治に関する権限を持たず、内閣の助言と承認のもと、形式的・儀礼的な国事行為のみを行うことになっています。

ここが問題！

1 国民よりも天皇を重視

育鵬社では、国民主権よりも天皇の役割を強調する記述が目につきます。「国民主権と天皇」の項目のうち半分以上が天皇制の記述にあてられ、「理解を深めよう」と題されたコラム2つは「皇室と福祉」、「日本の歴史・文化と天皇」といういずれも天皇についての記述です。そこでは、天皇が被災地を訪問したときなどの写真が1ページに3点も掲載されています。

育鵬社は、天皇は憲法に定められた国事行事以外にも、さまざまな「公的行為」と「数多くの職務にたずさわっています」と述べ、「天皇は直接政治にかかわらず、中立・公平・無私な立場にあることで日本国を代表（する）」「国民の統合を強めたりする存在」と天皇の役割を強調しています。これは憲法が天皇について「国政に関する権能を有しない」としていることと相容れません。

また、コラムで「日本の歴史には、天皇を精神的な中心として国民が一致団結して、国家的な危機を乗りこえた時期が何度もありました。明治維新や、第二次世界大戦で焦土と化した状態からの復興は、その代表例です」と天皇の歴史的役割をことさらに強調しています。しかし、その時代のさまざまな困難を乗りこえていったのは国民自身です。当時の国民が天皇を「精神的な中心」としていたか否かは、一人ひとりの受け止め方によって異なることは言うまでもありません。すべての国民が天皇を精神的な中心にしていたかのような育鵬社の記述は一面的です。

また、育鵬社は、側注で、国民主権の「国民」の意味を、「この場合の国民とは、私たち一人ひとりのことではなく、国民全体をさすものとされています」と記述しています。あたかも私たち国民一人ひとりは主権者ではないかのような説明です。しかし、憲法が、選挙権や請願権、憲法改正の国民投票など、国民が直接国政に参加する権利を規定したのは、国民一人ひとりが主権者として、国の政治の運営に積極的に参加することを前提にしているからです。

国民主権の「国民」は一人ひとりの国民をささないかのような説明は誤りです。

コラム　日本国憲法と象徴天皇

日本国憲法では、「天皇は、この憲法の定める国事に関する行為のみを行ひ、国政に関する権能を有しない」（第４条）として、国政不関与の原則を明確にしています。そして、第６条で「①天皇は、国会の指名に基いて、内閣総理大臣を任命する。②天皇は、内閣の指名に基いて、最高裁判所の長たる裁判官を任命する」とし、第７条で、天皇の国事行為について「１ 憲法改正、法律、政令及び条約を公布すること。２ 国会を召集すること。３ 衆議院を解散すること。４ 国会議員の総選挙の施行を公示すること」などをあげています。これらはきわめて形式的、儀礼的な行為であり、国事行為については「内閣の助言と承認を必要とする」（第３条）としています。

このように、憲法は天皇の国事行為を限定的に定めていますが、天皇は、外国の大統領を接待したり、被災地を訪問したりしています。このような行為は象徴としての地位に基づく公的行為とされています。しかし、何が公的行為であり、何が私的行為であるかは論議のあるところです。

日本国憲法における天皇は国家元首ではありません。国家元首は、統治権と対外的に国家を代表する権限を持っていますが、象徴としての天皇はいずれの権限も持っていないからです。

2　現在の天皇制を戦前から連続したものととらえている

先ほどの天皇の記述にみられるように、育鵬社は、日本国憲法下の象徴天皇制を戦前やさらにもっと以前の天皇制から連続する同質のものととらえています。日本文教出版は「大日本帝国憲法では主権者だった天皇は、日本国憲法のもとでは、国の政治に関する権能をいっさいもたない象徴になりました」（p43）と述べて、主権者であった戦前の天皇制から国政に関する権限をもたない象徴天皇制に変わったことを明確にしています。

しかし、育鵬社にこのような記述はありません。育鵬社は、国民主権よりも天皇制に多くの記述をあてていますが、天皇制の役割を必要以上に強調し、日本国憲法以前の天皇制と連続するものととらえているため、現在の象徴天皇制についても正しい理解を得ることができません。

公民 9 人権思想のあゆみ

【育鵬社】p44 ～ 45 「人権の歴史」

ここで学びたいこと

1 人権は、人間としての基本的な権利

言いたいことが言える、暴力をふるわれない、奴隷のような扱いをうけない、いじめられない、などという人間としての権利は、誰でも生まれながらにもっているものです。どこに生まれたか、性別はなにか、財産があるか、どの宗教を信じているか、どんな仕事をしているか、などということで差別されるものではない、ということです。これを「生まれながらの権利」といいます。

2 人権はたたかいによって獲得されてきた

一人ひとりの自由や権利はいらないと考えてきた支配者によって、人権はおさえつけられてきました。ヨーロッパの絶対王政の時代の農民の生活、日本の江戸時代までの庶民のくらしなどを考えればわかると思います。

近代になり、虐げられてきた人びとは、人権を獲得するためのたたかいを始めました。アメリカの独立宣言、フランスの人権宣言などには「人は生まれながらにして自由で平等」と書かれています。日本でも明治時代以来、自由民権運動や米騒動などの運動が起きました。部落差別や女性差別、障がい者差別などに反対する運動も進んできました。

ここが問題！

1 「人権の伝統」のまちがい

日本における人権という点で、育鵬社は「大日本帝国憲法を制定する際、古くから大御宝《おおみたから》と称された民を大切にする伝統」があったと書いています。「日本では古くから天皇が民を大事にしてきた」ことを強調しています。しかし、歴史的には民の権利という観点はありませんでした。戦前、「宝」であったはずの民を戦場にかり出し、無謀な戦争を続けて多くの命を失わせた事実を思いおこせば、この記述の誤りははっきりします。

また、育鵬社は、「大日本帝国憲法では、国民には法律の範囲内において権利と自由が保障され」と、「法律の範囲内」という制限がついていたことをさりげなく紹介しつつ、明治憲法があたかも人権を認めたかのように書いています。しかし、新聞紙条例や治安警察法などによって人権は制限され、また治安維持法も作られました。戦争に反対するだけで治安維持法違反とされてとらえられ、虐殺された人もいました。育鵬社の書き方は戦前にも人権が保障されていたという誤解を与えます。

2 エドマンド・バークについて

育鵬社は、コラムでエドマンド・バークを取りあげています。18世紀のイギリスの思想家ですが、彼が、フランス革命を批判し、「最も大切なもののひとつは、社会秩序を維持するために必要

なモラルやマナーやルールに関するものであり、それらが守られてはじめて自由も平等も守られる」と主張したことを紹介しています。日本の絶対的な天皇制を否定してまで人権を要求してはいけない、とでもいうつもりでしょうか。

他の教科書の多くはここで「アメリカ合衆国の独立宣言」や「フランスの人権宣言」の条文を紹介しています。

3 人権思想の発展

東京書籍や教育出版など他社の教科書は、「人権思想の発展」として、近代憲法で保障されたのは自由権であり、その後、資本主義経済が発展するなかで、貧富の格差が拡大し、普通選挙権獲得の運動や労働運動が高まり、20世紀になって、国家に対して人間らしい生活を保障することを求める権利（社会権）が保障されるようになってきたことを述べています。

しかし、育鵬社は、アメリカ独立宣言やフランス人権宣言のあとの普通選挙権獲得の運動や社会権の登場にはふれていません。

◆「ハンセン病市民学会」第７回総会・交流集会
（2011年5月21日、撮影：沖縄愛楽園自治会）

ハンセン病患者は外見と感染に対する恐れから、遠く離れた島や、隔離施設へ追いやられてきました。2001年、熊本地方裁判所は、このような隔離が人権侵害であることを認め、国に賠償金の支払いを命じました。その後2008年には、ハンセン病問題解決促進法が成立しました。

ハンセン病は完治する病気であり、回復者や治療中の人からも感染しません。社会の無知、誤解、無関心、根拠のない恐れから、回復者とその家族までもが、ハンセン病に対する偏見に今なお苦しんでいます。

ハンセン病市民学会は、ハンセン病に対する偏見や差別を解消し、ハンセン病問題における歴史の教訓を、これからの社会のあり方へと引きつぐために活動しています。

4 憲法第97条（基本的人権の本質）の取りあげ方

育鵬社は憲法第97条を「憲法が日本国民に保障する基本的人権は……侵すことのできない永久の権利として信託されたものである」と紹介しています。実は……で省略されているところが大切です。そこには「人類の多年にわたる自由獲得の努力の成果であって、これらの権利は、過去幾多の試練に堪へ」と書かれているのです。人類の多年にわたる自由獲得の努力をしっかりふりかえることが必要なのです。

明治時代の初期には、国民の権利と議会の開設を要求する自由民権運動が展開されました。明治政府は大日本帝国憲法を制定し、帝国議会を開設しましたが、選挙権を金持ちの男性に限り、貧しい人や女性の意見はききませんでした。大正時代には、普通選挙権獲得を求める運動や、女性参政権獲得の運動もありました。生まれによる差別は不当だ、と部落差別を否定する全国水平社の運動もおこりました。これらの「自由獲得の努力」を学習することこそ、「人権の歴史」では必要です。

また「過去幾多の試練に堪へ」てきたことも大事です。支配者たちは、自分たちに都合の悪い「自由獲得の努力」を弾圧してきました。しかし、人権をめざす運動がやむことはありませんでした。人権は、差別され苦しんだ人びとの人間としての叫びの中から生まれたものなのです。

育鵬社には、人権はたたかいによって獲得されてきたという視点が見られません。

公民
10

基本的人権の尊重と「公共の福祉」

【育鵬社】p46 ～ 47「基本的人権の尊重」

ここで学びたいこと

❶ 基本的人権の尊重

基本的人権は、人が生まれながらにしてもっている、侵すことのできない権利です。憲法には、自由権（精神活動の自由、生命・身体の自由、経済活動の自由）、社会権、参政権、国務請求権など、とても多くの権利が定められています。また、環境権やプライバシー権などの新しい人権も、憲法の条文にはありませんが、憲法の趣旨から保障されると考えられています。

基本的人権は、人類の長年にわたる自由獲得の苦闘の中で歴史的に獲得されてきたものです。ですから、私たち自身が不断の努力によって基本的人権を守っていくことが大切です。

❷「公共の福祉」とは

このように基本的人権は大切なものですが、これはすべての人に公平に保障されているものです。ですから、私たち一人ひとりは、自分の人権を勝手気ままに使ってよいというわけではなく、他の人の自由や権利を侵害しないようにしなければなりません。そこで、憲法は、ある人の人権と他の人の人権を調整する原理として、「公共の福祉」を定めています。

しかし、何が「公共の福祉」にあたるのかを政府が一方的に判断して、人権が制限されるようなことがあってはなりません。とくに、精神活動の自由は、民主主義の基礎となる重要な人権ですから、「公共の福祉」によって安易に制限してはなりません。

❸ 国民の義務

憲法は、国民の義務として、普通教育を受けさせる義務、勤労の義務、納税の義務を定めています。これらの義務は、人間としての生活を維持するために必要なものですが、決して、「権利ばかりを主張するのはよくないから、義務も書くべき」ということで定められたものではありません。

教育については、子どもたちの教育を受ける権利を保障するために、親を含む国民は子どもたちに普通教育を受けさせる義務をもっています。また、国民は、勤労の権利をもっているとともに、勤労の義務をもっています。

ここが問題！

❶ 権利よりも「公共の福祉による制限」「義務」を強調

育鵬社は、「基本的人権の保障」よりも「公共の福祉による制限」と「国民の義務」の説明に多くをあてており、権利よりも、権利の制限と国民の義務を強調する内容になっています。

このような記述は、他社の教科書には見られないものです。たとえば、東京書籍は２頁にわたって「人権を保障するということ」「だれもがもっている人権」「子どもの人権」を取りあげて基本的人権とその大切さを記述しています（p40~41)。「公共の福祉」による制限や国民の義務については、平等権や自由権、社会権、参政権の学習の後に説明しています。

また、帝国書院は、人権が侵害された歴史から始まり、基本的人権が誰も奪うことのできない永久の権利であり、「基本的人権は国民の不断の努力によって保持しなければならないとされ、人権の尊重に努力し続けることが求められています」(p41）と述べています。このような記述と比べると、育鵬社が「基本的人権の尊重」を軽視していることは明らかです。

2 「公共の福祉」を過度に強調

育鵬社は、「公共の福祉による制限」として、「憲法は、権利の主張、自由の追求が他人への迷惑や、過剰な私利私欲の追求に陥らないように、また社会の秩序を混乱させたり社会全体の利益をそこなわないように戒めています」と述べるのみで、「ある人の人権と他の人の人権とが衝突したときに調整する原理」という本来の意味について説明していません。また、「公共の福祉による基本的人権の制限」の例として、図表で、表現の自由や集会・結社の自由、経済活動の自由、労働基本権の制限の例をあげていますが、その制限の違いについてはふれていません。

このことについて、清水書院は「公共の福祉とは、ある人の人権と他の人の人権とが衝突しないように調整するための原理」「財産権などは、公共の福祉のためにより多くの制限を受ける」(p48）と説明しています。

また、育鵬社は、「公共の福祉」による人権の制限に限界があることについてはふれていません。東京書籍は「何が『公共の福祉』にあたるのかを政府が一方的に判断して、人びとの自由な人権の行使を制限することがあってはなりません」(p53）と記述し、清水書院は側注で「そもそも、他の人の権利との衝突がありえない人権は、公共の福祉による制限を受けない」(p48）として、思想・良心の自由をあげています。

育鵬社は、「公共の福祉」による人権の制限について限界を示さず、「公共の福祉」を過度に強調することによって、あたかも基本的人権が「公共の福祉」という名のもとに容易に制限できるかのように説明しているのです。

コラム 「公共の福祉」による人権制限と最高裁判所の判断

人権は「公共の福祉」によって制限される場合がありますが、精神活動の自由よりも経済活動の自由のほうが「公共の福祉」によって制限される場合が多くあります。

1979年の北海道知事選に立候補予定の者を批判攻撃する記事を掲載した雑誌が、名誉棄損を理由に発売前に差し止められた事件（「北方ジャーナル」事件）では、最高裁判所は、判決の中で「主権が国民に属する民主制国家では……表現の自由、とりわけ、公共的事項に関する表現の自由は、特に重要な憲法上の権利として尊重されなければならない」と述べました。

これに対し、薬局を新規に開設する際に距離制限を定めていることが憲法違反ではないかと問題になった事件では、最高裁判所は、判決（1975年）の中で「職業の自由は……精神的自由に比較して、公権力による規制の要請が強い」と述べました。

このように、最高裁判所も、精神活動の自由の制限については慎重な立場をとっています。

公民
11

平和主義

【育鵬社】p48 ～ 49 「平和主義」

ここで学びたいこと

日本は、第二次世界大戦で東アジアをはじめとする諸外国に重大な損害を与えるとともに、自らも大きな被害を受けました。その反省から、日本国憲法は、恒久平和の実現を希求し、再び戦争の惨禍が起こることのないようにするため、戦争を放棄し、戦力を保持しないと定めています（前文、9条）。これが平和主義であり、日本国憲法の基本原理の1つです。

ところが、冷戦が激化し、1950年に朝鮮戦争が始まると、警察予備隊が設置され、後に自衛隊となりました。自衛隊は人員、装備、編成の実態から軍隊としての実質を備えており、戦力の不保持を定める憲法第9条に反するのではないかということが問題とされています。また、自衛隊の海外派遣や、相互防衛と米軍駐留を認める日米安全保障条約も、憲法の定める平和主義に反するのではないかという議論がなされています。

国際紛争の原因が、国益の追求のみならず、異なる民族・宗教への不寛容や、貧富の格差の拡大にあることから、平和を築く取りくみとして、異文化理解、貧困の克服、軍縮の必要性など、多種多様な実践が続けられています。今日、武力行使が深刻な被害を生み出しており、武力行使によらない紛争解決をめざすことは国際的な共通理解になっています。このように、戦争の放棄が世界の流れとなっていることを学ぶ必要があります。

ここが問題！

1 平和主義を「押しつけ」と教えている

日本国憲法は、先の戦争の悲惨な体験をふまえ、戦争についての深い反省に基づいて、平和主義を採用し、戦争と戦力の放棄を宣言しました。日本文教出版は「わが国は、日中戦争や第二次世界大戦を通じて、アジア・太平洋地域を侵略し、他の国々に大きな被害をあたえました。また、わが国も、戦場で、そして国内で多くの死傷者を出し、世界で初めての原子爆弾の惨禍もこうむりました」（p70）と述べて、日本国憲法の徹底した平和主義を説明しています。東京書籍や清水書院にも同じような記述があります。

ところが、育鵬社は、戦争への反省にはふれないまま、平和主義が連合国軍からの強い要求により、押しつけられたものであると強調しています。戦後65年にわたって日本が戦争に巻き込まれずにきたことについて、平和主義が果たした役割にもまったくふれていません。これでは平和主義の意義を理解できません。

2 軍事力による抑止を無批判に肯定する

育鵬社は、自衛隊が日本の防衛に「不可欠」であり、「戦後の日本の平和は、自衛隊の存在とともにアメリカ軍の抑止力に負うところも大きい」（p168）と説明して、軍事力による抑止を無批判に肯定しています。その一方で、平和主義に根ざした日本の国際貢献の歴史にはふれていません。

自衛隊は今後どのような面に力を入れていったらよいと思いますか

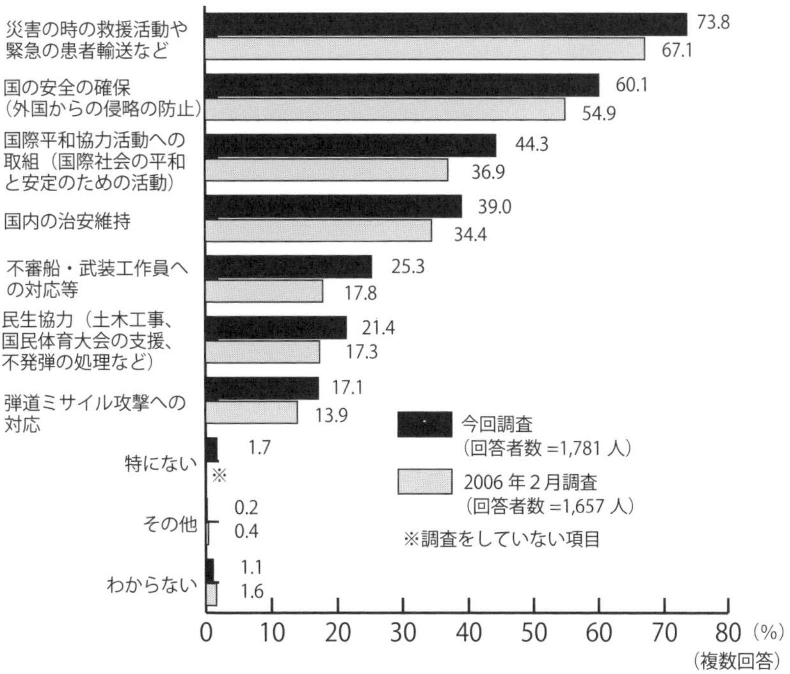

内閣府「自衛隊・防衛問題に関する世論調査」2009 年 1 月より

平和主義の意義について、教育出版は「不戦を誓った憲法第 9 条についても、さまざまな国のモデルとして期待を寄せる声が、国内外からもあがってきています」(p67) と述べ、帝国書院は「軍縮によって世界平和を追求する方法として、平和主義は現実的な選択になっています」(p38) と述べています。また、東京書籍は「核兵器の廃絶をうったえ、軍縮による世界平和をアピールすることこそが、国際社会において日本の果たすべき使命」(p39) と述べています。このような他社の記述と比較すれば、軍事力による抑止だけを強調する育鵬社の説明は、きわめて一面的で不十分といわざるを得ません。

3 憲法９条「改正」へ誘導する

育鵬社は、憲法前文の平和主義は「理想」であって、「現実の国際政治とは異なっている」として、海外（イラク）で活動する自衛隊のカラー写真を掲載するとともに、その隣に内閣府の世論調査を引用して、「多くの国民が自衛隊の存在を肯定的にとらえている」と説明しています。しかし、この内閣府調査で、国民が自衛隊に最も期待していたのが、実は、国の防衛でも海外派兵でもなく「災害派遣」であったことが隠されています（グラフ参照）。

このように自衛隊の活動を好意的、肯定的に描き、「憲法第 9 条は現実的ではない」との印象を与える記述からは、憲法第 9 条を「改正」へ誘導しようとの意図が読み取れます。

4 国防の義務を強調する

育鵬社は、「各国の憲法に記載された平和主義条項と国防の義務」という図表で、諸外国の憲法を例にあげ、国民に国防や兵役の義務を課している国があると説明しています。しかし、日本国憲法が兵役の義務を否定していることや、兵役義務の例として示されているドイツとイタリアではすでに徴兵制が停止されていることにはふれていません。

これでは、あたかも国防や兵役が当然に国民の義務であるかのような誤解を招きます。

公民 12 日本国憲法の改正をめぐる問題

【育鵬社】p50 ～ 51「憲法改正」

ここで学びたいこと

憲法は、個人の自由や権利を保障するために国家権力を制限することを目的とする国の基本法であり、国の最高法規ですから、高度に安定していることが求められます。しかし、政治・経済・社会の動きに対応して変化する必要があることも確かです。

この安定性と変化の必要性をどのように調和させるのか、というのが憲法改正の規定に与えられた課題です。

日本国憲法第 96 条は、憲法の改正について、衆議院、参議院のそれぞれ総議員の３分の２以上の賛成で国会が発議し、国民投票において、その過半数の賛成を必要とすると定めています。これは、通常の法律の改正よりもその要件を厳しくしている各国の憲法の中でも、とりわけ改正の要件が厳しくなっているものです。

それは、憲法の安定性を重視し、憲法の基本価値として守るべき三大原則（国民主権、平和主義、基本的人権の尊重）は、社会がいかに変化しようとも、守っていかなければならないという意思表明であるということができます。

ここが問題！

1 改憲を強調する育鵬社

育鵬社の目次を見ると、「第２章　私たちの生活と政治－日本国憲法の基本原則」の「第１節　日本国憲法の基本原則」の中の第７項として「憲法改正」が扱われています。これはとても不思議なことです。日本国憲法の基本原則といえば「国民主権」「平和主義」「基本的人権の尊重」の３つです。憲法改正というのは、憲法の安定性と変化の必要性をどう調和させるのかという問題であって、基本原則が何かということとは直接関係しないことがらだからです。

こうした「憲法改正」の項目を独立して設けている教科書は、育鵬社と自由社以外にはありません。しかも、育鵬社は「憲法改正」にまるまる２頁を費やしているのです。ここまで「憲法改正」の記述に力を注いでいるものは、他社の教科書ではありません。

2 憲法の改正回数を論じることの無意味さ

育鵬社は、側注部分で「なぜ日本の憲法は一度も改正されていないのでしょう」という見出しのもと、各国の憲法改正回数の一覧表を掲載し、「各国では必要に応じて比較的ひんぱんに憲法の改正を行っています」と記述しています。

しかし、各国の憲法の改正の頻度は、憲法が改正しやすいかどうか、政治・経済・社会の変動の大きさ、憲法にどの程度細かい内容まで定めているかなどの要素にもよるもので、単純に改正回数を比較することには意味がありません。その一覧表で第１位となっているドイツは、議会で３分の

２以上の同意があれば憲法が改正できる（国民投票の必要がない）ことになっており、比較的憲法改正がしやすくなっている憲法ですが、そのようなことはまったく記述されていません。また韓国の憲法改正はいずれも軍事政権下でのことであり、軍事政権が倒されたあとは、憲法改正は行われていません。

こうしたことに関する説明をまったく抜きにして、改正回数の一覧表を掲げ、「なぜ日本の憲法は一度も改正されていないのでしょう」と問題提起するやり方は、いかにも憲法を改正しない日本がおかしく、憲法を改正しなくてはならないという結論へ導こうとするものです。

3 改憲をめざす育鵬社

また、育鵬社は側注部分で、改正の論点の例として、新しい人権の導入をあげ、直接憲法に定められていない権利を憲法に明記すべきだという考えがあると紹介しています。しかし、そのためにわざわざ改憲をする必要はない、という考えは紹介されていません。

同じ論法は、本文にも見られます。憲法前文と第９条があるので集団的自衛権の行使はできないと政府は解釈しているとしたうえで、「自衛隊がＰＫＯなど他国軍と共同で活動しているときに、万が一、他国軍が攻撃された場合でも、日本の自衛隊は相手に反撃することができないとの指摘があります」と紹介しています。そして「憲法を絶対不変のものと考えてしまうと、時代とともに変化する現実問題への有効な対応をさまたげることにもなりかねませんが、あまり安易に改正されれば憲法の安定性がそこなわれてしまうことも考えられます」と述べています。

ここに共通しているのは、いかにも中立的にこういう考え方がああります、と紹介しているようでいて、一方的な意見に子どもたちを誘導している、ということです。

育鵬社は、さらに、憲法改正手続法の制定についてふれたあと、「今後は、各院に設置された憲法審査会で、国会に提出された憲法改正原案の審査が行われ、国会の議決を経た上で、国民投票による改正の是非が諮《はか》られることになります」と、憲法改正が当然であるかのように述べています。

こうした記述からも、育鵬社の教科書が憲法改正をめざすものであることは明らかです。

コラム　新しい人権のために憲法改正の必要があるのでしょうか

日本国憲法の施行後、社会の変化に応じて、新しい人権が登場してきました。公害や環境破壊が深刻化するなかで「環境権」が主張され、「日照権」は権利として確立しています。「知る権利」や「プライバシー権」も認められています。最近は、治療方法などを自分で決定する「自己決定権」が尊重されるようになっています。

このような新しい人権を保障するために、憲法の改正をする必要がある、という意見があります。何となく聞くと、なるほどね、と思われるかも知れません。

しかし、よく考えてみましょう。憲法の施行後に新しい人権が認められた、ということは、憲法にその人権が書き込まれていなくても、人権として保障された、ということにほかなりません。

個人の尊厳に基本をおく憲法では、個人の尊厳を保つうえで必要な権利は、すべて人権として保障されるのです。日本国憲法でいえば、幸福追求権（13条）を根拠にして、個人の尊厳を保つうえで必要な権利を人権として保障することができます。

新しい人権を保障するために憲法の改正をする必要がある、という言い方の裏には、秘められた目的があるのではないかと疑う必要がありそうです。

公民
13

平 等 権

【育鵬社】p52 ～ 57,p68 「平等権」「男女の平等と家族の価値」
「ともに生きるために」「『ともに生きる』ために尽くした先人」

ここで学びたいこと

「すべての人は生まれながらにして平等である」ことは、市民革命によって認められた重要な人権です。しかし、市民革命時には「男性、白人、財産」などの条件が自明とされ、その後、財産のない人、女性、黒人、障がいをもつ人など、多くの人びとの運動により、一つひとつの差別が克服されてきました。したがって、その途上である現在も多くの差別が残っており、それらを知り、いかにしてなくしていくかを考えることが重要な課題です。（なお「男女平等」「外国人の権利」の問題は、「14」「15」でふれます）

ここが問題！

1 平等権の位置づけ

育鵬社では、「憲法は『すべて国民は、法の下に平等』（14 条）であり、人種や性別、社会的身分などによって差別されてはならないと定めています」と記述したすぐ後に、「しかし、これはすべてのちがいをとりはらった絶対的な平等を保障するものではありません。また、行きすぎた平等意識はかえって社会を混乱させ、個性をうばってしまう結果になることもあります」と記述しています。

東京書籍では、「基本的人権と個人の尊重」という項がまず置かれ、その中で「人権は、大人も子どもも、老人や女性、障がい者も、すべての人々に保障されます」(p40) としており、また清水書院は「平等とは何だろうか。それは、だれでも人間としての尊厳にちがいはないということであり、それゆえに、すべての人が差別なく人間として平等なあつかいを受ける権利をもつということである」(p36) としています。育鵬社にはこうした観点がなく、むしろ平等権を限定的にとらえさせようとしています。

2 子どもの権利について

育鵬社は、小見出しを「子ども・未成年者」として、「憲法はすべての国民に基本的人権を保障していて、子どもも例外ではありません。しかし、子どもは心身の成育段階にあり、肉体的・精神的に未熟なので、親の監護の下におかれたり、少年法の適用を受けるなど、さまざまな法律上の保護を受けます。同時に飲酒・喫煙の禁止など、さまざまな権利や自由についても制限を受けます」としています。これは子どもの権利条約成立以前の考え方です。

子どもの権利条約によって、子どもは「保護される存在」から、年齢の制限はあっても「権利の主体」ととらえられるようになりました。子どもの権利条約がここでまったく触れられていないのは不思議ですが、育鵬社が子どもの権利を認めたくない表れといえます。

東京書籍では小見出しが「子どもの人権」で、「子どもはまだ成長の過程にあるため、親の保護を受けたり、飲酒や喫煙の禁止などの特別の制限を受けたりします。しかし、子どもも一人の人間として尊重され、人間として健やかに成長する権利を持っています」(p41) と記述し、続けて「子ども（児童）の権利条約」を説明しています。このような記述が現在では自然です。

3 「不合理な差別」という言い方について

育鵬社は、合理的な根拠を持つ差別は合憲としています。しかし、「不合理な差別」の例を見ると、部落差別は「完全には解消されていない」程度、外国人差別は、選挙権や公務員になる権利は「国民のみに保障された権利」なので外国人にはなくても仕方ない、「障がい者差別」はコラムで「働く可能性の拡大を」として市役所で働く知的障がい者の例を紹介しています。「普通」に働けない知的障がい者は差別されてもよいのかとも受け取れます。「不合理」の範囲が狭く、逆に差別を肯定してしまいかねません。

アイヌ民族の現状を語りあった「第１回全国アイヌの語る会」
(1973 年 1 月 21 日・札幌市)

4 部落差別について

育鵬社は、側注で「部落差別の起こり」について「中世の時代から町民や農民などのいずれの身分にも属さず芸能や清掃・皮革業などにたずさわり差別視されていた人々がいました。部落差別は、かれらが集団をつくり集落に定住を始めた江戸時代に、同じ身分集団とされてからおこったものです」と記述しています。これは、江戸時代の幕府や藩が、部落差別をはじめとする身分差別によって民衆の支配を強化しようとした責任を隠す文章です。また現在の部落差別の実態について、東京書籍はｐ 46 のコラムで具体的に説明していますが、育鵬社は一般的な説明しかしていません。

また「『ともに生きる』ために尽くした先人」というコラムで、水平社宣言を起草した西光万吉《さいこうまんきち》を取りあげ、彼が「天照大神《あまてらすおおみかみ》が治める高天原《たかまがはら》を理想とした……時期もありました」と述べています。しかし、彼が共和制を支持し「平民よ、常に人類社会に不幸をもたらしたものはこれ（王や貴族）である」と述べた文は紹介せず、全国水平社や部落解放運動を誤解させる書き方です。

5 アイヌ民族への差別とその他の差別について

同じコラムで育鵬社は『アイヌ神謡集』を書いた知里幸恵《ちりゆきえ》を取りあげています。しかし、アイヌ民族については差別の起こりも、どういう差別なのかもまったく書いていないのが特徴です。東京書籍や清水書院ではアイヌ民族が「先住民族」であることやアイヌ語のラジオ放送も紹介していますが、育鵬社はこれらのことにまったくふれていません。

育鵬社では「障害者差別」を本文で小項目をもうけて取りあげています。東京書籍や清水書院では、そのほかにハンセン病の元患者について詳しく取りあげていますが、育鵬社では「法務省の人権啓発活動」として語句がのっているだけです。

公民
14

男女平等

【育鵬社】p52 ～ 55 「平等権」「男女の平等と家族の価値」

ここで学びたいこと

男女の平等は平等権の重要な部分です。戦後、日本国憲法で男女の差別は否定され、法の下の男女平等が実現しました。戦前とは大きな変化でしたが、実質的な平等はなかなか進みませんでした。

1979 年に採択された国連の「女性差別撤廃条約」は、女性差別の原因を、男女の後天的に形成された社会的・文化的性差（ジェンダー）と、男女の性別役割分業に求め、その克服を大きな課題としました。日本は 1985 年にこの条約を批准し、1999 年「男女共同参画社会基本法」を制定して、「男女が…性別にかかわりなく、その個性と能力を十分に発揮することができる男女共同参画社会の実現は、緊要な課題となっている」としました。その到達点と、現実の性差別の実態を知り、差別をどう克服していくかを考えることが大きな課題です。

ここが問題！

1 性差のとらえ方

育鵬社は、「今日では……男女の役割分担をこえ、個人の能力に基づいて自己を生かしていこうとする傾向が見られます」と記述し、続けて「しかし、同時に男女の性差を認めた上で、それぞれの役割を尊重しようとする態度も大切です」としています。

この「男女の性差を認める」ということが、育鵬社のキーポイントです。性差は次の３つに分けられます。①身体的な性差、②社会的・文化的に形成された性差（ジェンダー)、③セクシュアリティ(性的な意識・行動)です。③のセクシュアリティには性自認（自分はどの性と思うか）と性指向（どの性を好きになるか）が含まれます。かつては子どもを産み育てるのは女性のしごとと考えられていました。産むのは身体的性差から女性にしかできませんが、育てるのは男性でもできます。1999 年の改正育児休業法では男性にも育児休暇が認められました。しかし、男性の育休行使がなかなか進まないのは、「男が子育てなんて」というジェンダー意識が強いことが１つの原因と考えられています。

育鵬社は身体的性差のみを誇大にとらえ、①～③のすべてをひとくくりにして「性差」と呼びます。これは科学的な認識ではありません。後述するように育鵬社は一律に「女らしく・男らしく」あることを要求します。日本の現状はようやくジェンダー的なとらえ方が始まった段階です。こうした科学的なとらえ方を進めるのか、後戻りさせるのかが問われています。

2 男女差別の実態にまったくふれない

育鵬社は、現実の社会での男女差別に関してはまったくふれないのが特徴です。「男女共同参画社会に関する行政への要望」というグラフが、説明抜きでのっているだけです。東京書籍では「男女平等をめざして」の項目で「女性差別はなかなかなくなりません。『男性は仕事、女性は家事と

年齢別働き方の国際比較
(2010 年度版・男女共同参画白書より)

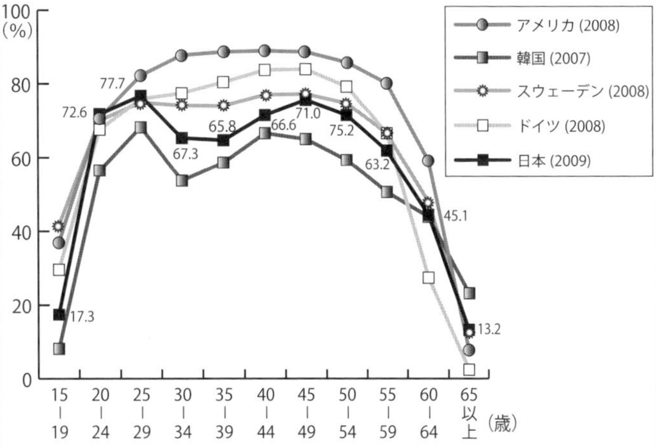

日本・韓国は出産・育児の時期に一度仕事をやめてその後また働くM字型、スウエーデン・独・米国は途中でやめない逆U字型です。

育児』という固定した性的役割分担の考えがまだ残っています。仕事では、採用や昇給、昇進などで男性よりも不利にあつかわれがちです。性的ないやがらせ(セクシュアル・ハラスメント)も問題になっています。女性は、実際に家事や育児、介護を引き受けることが多く、そのため社会に出ていくことが難しくなっています」(p44) と記述し、続けて女性差別をなくすための方策を述べています。女性のバス運転手や獣医の写真、「女性の働いている割合 (年齢別)」の国際比較のグラフ、格差がわかる「男女の年齢別賃金」のグラフがのり、授業で取り上げやすくなっています。清水書院では、「男女の平等」の項で、「家族生活における個人の尊厳と両性の平等」を定めた憲法第 24 条を取り上げ、その後で現実の女性差別を説明し、「男性と女性の賃金の格差」のグラフ等をのせています (p37)。また p40 には「男女平等をめざして」というコラムで住友金属男女差別裁判を取り上げています。これらの比較から、育鵬社が女性差別や男女平等について目を向けさせようとしていないことがわかります。

3 なぜ第２次男女共同参画基本計画のみを取り上げるのか

育鵬社は、側註で 2005 年 12 月の小泉純一郎首相・安倍晋三官房長官のもとで閣議決定された第 2 次男女共同参画基本計画について、詳しく述べています。なぜ第 2 次計画かというと、安倍官房長官のもとで「『ジェンダー・フリー』という用語で性差を否定する」ことを否定する内容が、盛り込まれたからです。しかし、この教科書が作成された段階では、すでに 2010 年 12 月に、菅内閣で第 3 次基本計画が閣議決定されており、第 2 次基本計画は否定されています。

4 家庭と専業主婦の捉え方

育鵬社は、2 頁を使って「男女の平等と家族の価値」というコラムを設けています。このページは育鵬社に特徴的なもので、他社には見当たりません。ここでは各地の男女共同参画条例や制度について否定的な書き方をした上で、「男女のちがいというものを否定的にとらえることなく、男らしさ・女らしさを大切にしながらそれぞれの個性をみがき上げていくことが重要です」と述べています。しかし、「男らしさ・女らしさを大切にする」のも個性であるのと同時に、「男らしさ・女らしさ」にとらわれない生き方を選ぶこともまた個性であり、自由です。

あわせて、家事は女性が主に担うものという見方が多く出てきており、専業主婦を肯定しようとする姿勢が強く出ています。専業主婦になるのも、仕事を持って働き続けることも、強制されずに自由に選べるのならば、個人の自由です。意思に反して選ばなければならなかったり、選んだことで不利益をこうむることがあってはならない、という点を押さえることが必要です。

また夫婦別姓についても、否定的な考え方のみを説明しているのは問題です。

公民 15

外国人の権利

【育鵬社】p56 ～ 57「ともに生きるために―外国人差別」

ここで学びたいこと

外国人も日本人も同じ人間であるという当たり前のこと、そしてその当たり前のことに反する差別が現実にあり、差別のない社会をどうやって作るかを考えます。

世界人権宣言や日本が批准している国際人権規約では、国籍が違っても人間として差別されないことをうたっています。また、日本には在日コリアン（在日韓国・朝鮮人）が多く住んでいること、その理由は何かということも正確に知っておく必要があります。

ここが問題！

1 なぜ多くの韓国・朝鮮人が日本に住んでいるのか？

東京書籍は、在日韓国・朝鮮人の中には「1910 年の日本の韓国併合による植民地統治の時代に、日本への移住を余儀なくされた人たちや、意思に反して日本に連れてこられて働かされた人たちとその子孫も多くいます」（p43）と歴史を記述し、朝鮮学校の生徒の作文（全国中学生人権作文コンテスト法務副大臣賞受賞）を掲載（p47）して、理解を助けています。教育出版も「かつて政府は朝鮮を支配し、第二次大戦中には、多くの朝鮮人が日本に連れてこられました」（p47）と歴史的背景を記述しています。

ところが育鵬社では、「国際化の進展や、日本が朝鮮半島や台湾を領土としていた歴史的な経緯から、日本には在日韓国・朝鮮人など多くの外国人が住んでいますが、言葉や習慣の違いなどから外国人に対する差別が生じています」とするだけです。これでは、多くの在日コリアンが日本に住むようになった経緯と差別について学ぶことができません。ここではまるで「言葉や習慣の違いなど」から差別が生じるかのように書いていますが、そうでないことは、日本に住む欧米人に対しては差別がないことを見ても明らかです。

帝国書院は、「在日韓国・朝鮮人に対しては、戦前からあった朝鮮の人々への蔑視から、就職や結婚での差別、いじめなどが残っています。また、日本国籍がないため、日本に永住し、納税の義務をはたしても参政権はありません。職種によっては公務員になれず、社会保障も十分に受けられません」「在日韓国・朝鮮人の子弟のための学校を卒業しても、大学入学の資格などは日本の学校と同じではありません」(p46) と具体的に記述しています。

2 「外国人の人権」を保障しない記述

育鵬社では「外国人にも人権は保障されますが、権利の性質上、日本国民のみにあたえられた権利は、外国人には保障されません」と説明されています。外国人にも人権が保障されるという大原則の説明はまったくなく、〝外国人の権利は制約されるもの〟が原則であると受け止められてしまう記述です。

育鵬社では外国人の参政権（地方選挙権）については、「本来、国民のみに保障された権利であると考えられています」とあり、外国人の参政権について考える余地を与えません。地方選挙権について、側注に一応は「議論は続いています」と申しわけ程度に書かれてはいますが、主たる論調は、認められないのが当然であるというもので、考える契機とはなりません。

帝国書院は「世界には、外国人でも定住していれば、地方自治への参政権を認める国もあります」(p47) と紹介しています。

3 国籍や民族が違っても平等な社会を

外国人も日本人も同じ人間であるということは、同時に、日本人と外国人の違いを互いに尊重することも意味します。ところが、育鵬社にはそのような視点はまったく感じられません。逆に、「ただし、外国人であっても日本国籍を取得すれば、日本国民として選挙権をはじめとするすべての権利が保障されます」と、あたかも日本国籍を取得することで問題は解決するかのように教えます。これはいくつもの意味で間違っています。日本国籍であろうがなかろうが、人間として保障される人権があるということをまず掲げるべきでしょう。また、日本国籍を取りさえすれば差別しないというのでは、平等で差別のない社会とはいえません。

そして、日本国籍であっても差別が解消されるわけではありません。「帰化」をした在日コリアンは、差別を避けるために出自《しゅつじ》を隠して生きています。日本人と外国人の父母の子どもや「帰化」をした子どもたちは、たとえ日本国籍ではあっても肌の色などで「ガイジン」として扱われます。このような社会を克服するためには、国籍や民族が異なる人たちがありのままに生きる権利を認めることが重要です。決して外国人が日本人と同じようにふるまうことで解決するものではないのです。この点、他の教科書が全国大会に出場した朝鮮高校のラグビー部などの写真を掲載するのに対し、育鵬社が、中国出身で日本国籍を取得して日本代表になったソフトボール選手を紹介しているのが象徴的です。無論、この選手の活躍は尊重されるべきです。しかし、「外国人差別」という項にあえてこのような例を掲げることは問題です。

外国人が差別されない社会の実現は、外国人のためだけではありません。それは、日本人が外国人を差別しなくてもよい社会を意味します。それこそが日本が他国から尊敬される国になる道ではないでしょうか。人権の保障にあたっては、日本人と外国人は違っており、外国人には人権が制約されるのは当然だというこの教科書で子どもたちが学ぶのでは、外国人に対する差別がなくなるはずがありません。

コラム 外国人差別は日本人の問題

アパートの入居やお店、公衆浴場などで「外国人お断り」と言われた外国人が裁判を起こして勝訴した判決は多くあります。しかし、差別された外国人が裁判などしなくても、こういう「張り紙」をなくすことは日本人ができることです。「外国人お断り」というお店を見たら、そういうのはやめようと日本人が言うことです。アパート・マンションを探しているときに仲介不動産業者の賃貸申込書に「日本人に限る」と書いてあったら、〝私は日本人だからいいや〟などと思わず、そんな賃貸人からは借りないようにすることです。露骨な差別をする日本人は決して多くはありません。しかし、それがなくならないのは、多くの人たちが見てみぬふりをするからです。

外国人差別は、外国人の問題ではなく、日本人の問題です。日本人がその気になればなくすことができるということを忘れてはいけません。「差別に負けるな」と外国人を応援するだけでは、決して差別はなくならないのですから。

公民
16

自由権

【育鵬社】p58 ～ 59「自由権」

ここで学びたいこと

1 自由権は、基本的人権の中心

自由権は、国家権力が個人の自由を侵害してきたことに対するたたかいから生まれたもので、基本的人権の中心となる重要な権利です。自由権の「自由」とは「国家からの自由」なのです。

自由権には、大きく分けて、生命・身体の自由、精神の自由、経済活動の自由があります。

生命・身体の自由には、奴隷的拘束からの自由、法律の定める手続きによらなければ刑罰を科せられないこと、裁判を受ける権利、不利益な供述を強要されない権利（黙秘権）、拷問や残虐な刑罰の禁止などがあります。

精神の自由には、思想・良心の自由、信教の自由、学問の自由、表現の自由などがあります。

経済活動の自由には、職業選択の自由、居住・移転の自由、財産権などがあります。

2 自由権をめぐる問題

自由権をめぐっては、犯罪捜査の中でどのように人権侵害が起きないようにするか、言論の自由とプライバシー侵害のおそれをどのように調整するのか、経済活動の自由を無制約に認めた場合に貧富の差が広がるおそれがあることなど、さまざまな問題があります。

ここが問題！

1 日本における国家の自由権侵害の歴史についてふれない

育鵬社は、大日本帝国憲法のもとでの自由権侵害の具体的な事例を取りあげていません。これに対して、清水書院は、ビゴーの風刺画「言論を封じられた新聞記者」や検閲された本の写真を掲載して戦前の言論弾圧についてふれています (p32)。東京書籍も「検閲を受けた本（小林多喜二の作品）」の写真をのせて、戦前の政府による検閲の結果、「ふせ字」（都合の悪い部分を ×× などとして読ませない）となったものや発行禁止にしたことを説明しています (p49)。教育出版は「横浜事件」を紹介しています（p41）。これらの例で、戦前の日本が国家として自由権を侵害したことをわかりやすく示しています。

育鵬社は、前に取りあげた「人権の歴史」でも指摘したように、「大日本帝国憲法では、国民には法律の範囲内において権利と自由が保障され」(p45) ていたとして、言論弾圧や拷問などが行われていたことには一切ふれていません。これでは、日本政府による人権侵害の歴史や、その反省の上に日本国憲法があることが伝わりません。

2 自由権が「国家からの自由」であるとの視点が示されていない

東京書籍は「国家が個人の自由を不当に侵害することは許されません」(p48) と述べ、帝国書院は「国家のいきすぎた命令や強制から個人の自由を保障する権利が自由権」(p48) と述べて、自由権は「国家権力からの自由」であることをはっきりと述べています。

一方、育鵬社では、自由権が「国家からの自由」であるという視点を明確には示していません。たしかに冒頭には「権力者による一方的な支配や社会的な抑圧からのがれて、自由に考え自由に行動することを求めるのは、人間としての切実な願いです」という記述はあります。

しかし、自由権侵害の例を考えさせるコラムであげているのは、①スーパーマーケットで買い物をしているときに警備員から別室へ来るようにいわれて連れて行かれた、②花瓶をこわした友人のことを学級新聞に書くことを先生から止められた、というものです。①は警備員で私人です。②は教師です。教師は公務員であれば「国家権力」といえなくもないですが、この２つの例では、自由権が「国家からの自由」であることは理解できません。

③ 日本における自由権をめぐる現在の問題を取りあげない

清水書院は、自由権をめぐる現在の問題について、「通信傍受法について報ずる新聞記事」をのせ、「運用によっては、通信の秘密やプライバシーの権利が侵されるのではないか、と心配する声もある」(p33) と述べています。また、コラム「自由権について考える」を特設して、足利事件をくわしく紹介しています (p35)。教育出版は、「有害情報の規制か、表現の自由か」として青少年ネット規制法を取りあげています (p41)。また「代用刑事施設制度」について自白の強要が行われる危険性を指摘しています (p42)。帝国書院は、死刑を廃止する国が増えていることや、死刑制度に対する賛否両論をのせています (p49)。日本文教出版や教育出版、東京書籍は、裁判所の学習のところで死刑制度の是非を取りあげています。

しかし、育鵬社は、自由権をめぐるこれらの具体的な問題を取りあげていません。取りあげているのはいずれも外国の例で、写真入りで中国における言論弾圧についてふれ、ミャンマーのアウン・サン・スー・チーさんの、軍事政権による自宅軟禁が取りあげられています。

ただ、首相などの靖国神社への参拝については、「憲法が定める政教分離とのかかわりについては議論があります」と指摘しています。

コラム　**「政教分離」が骨抜きに？**

大日本国帝国憲法の下では、神社神道が国教として扱われ、国民には神社の参拝が強制されたりしました。その反面、他の宗教が冷遇されたり弾圧されたりしました。

その反省から、日本国憲法は、「いかなる宗教団体も、国から特権を受け、又は政治上の権力を行使してはならない」「国及びその機関は、宗教教育その他いかなる宗教的活動もしてはならない」（第 20 条）とし、国家と特定の宗教との結びつきを禁止する「政教分離」の原則を明確に定めました。信教の自由を守るためにも、「政教分離」は厳格に解釈されなければなりません。

しかし、育鵬社は「政教分離」について、コラムで「例えば、アメリカ大統領の就任式での宣誓で聖書が用いられるように、現実には政治と宗教とをはっきり分けることはむずかしい場合があります。政教分離とは…一般人の目から見た行きすぎたかかわりを禁じることだと解釈されています」と説明しています。このコラムの横には、靖国神社に参拝している小泉元首相の写真が載っています。これでは「政教分離」の意味が伝わらず、国民的な議論のある閣僚の靖国神社参拝も、まったく問題のないことになってしまいます。

公民
17

社会権

【育鵬社】p60 ～ 61「社会権」

ここで学びたいこと

1 社会権とは

社会権とは、だれもが人間らしい生活を営む権利をもっており、そのことの保障を国に求める権利です。資本主義経済が発展していくなかで貧困や失業などが大きな社会問題になりました。そこで、20 世紀になって「人間らしく生きる権利」として社会権が登場してきました。

日本国憲法では、社会権として、生存権、教育を受ける権利、労働基本権を保障しています。憲法の条文に書かれていることが実際にどうなっているかをみることが大切です。

2 社会権の内容

①生存権　一家の中心になっている人が病気になったら、収入が減り、治療費にも困るかもしれません。だれにでも起こるかもしれないので、このことを保障する国の施策が必要です。生活保護や医療費の援助はどうなっているのかなどが問題になります。

②教育を受ける権利　勉強するなんて面倒くさいことがどうして権利なのか、と思う子どももいます。しかし、お金がなくて教科書が買えなかったり、学校へ行けなかったらどうでしょうか。「教育を受ける権利」とは「賢くなる権利」とでも言えるでしょう。

③労働基本権　本来人間らしい営みである「働く」ことが人間らしく遇されているか、を考えることが大切です。自分のもうけだけを考えて、労働者に人間らしい待遇を保障しない使用者に対して、労働者の権利を守るために労働組合を作り、団体交渉や争議を行うことが権利として認められています。また賃金や労働時間などについて、最低限の労働条件が権利として保障されています。

ここが問題！

1 国の責任を薄めた生存権の記述

育鵬社は、生存権について「国民がたがいに助け合う相互扶助の精神がこれを支えています」としています。清水書院は「めぐまれない条件のもとに生きる人びとを積極的に援助する責任が国にある」と書いています (p42)。

憲法第 25 条は「① すべて国民は、健康で文化的な最低限度の生活を営む権利を有する。② 国は、全ての生活部面について、社会福祉、社会保障及び公衆衛生の向上及び増進に努めなければならない」と、国民の権利と国の責務をうたっています。どちらの記述が憲法の精神を表しているかは明らかです。

育鵬社は、国民が生きることも個人の責任に帰し、国家の責任を薄めています。これは、次の労働基本権、教育を受ける権利の記述では国家に従えという趣旨が強いのに対して、「生活の条件がととのわないのは国家の責任ではない」といっているようです。

2 不適切な「教育を受ける権利」「労働基本権」の記述

日比谷公園（東京・千代田区）に、派遣契約の打ち切りや解雇などで年末年始に暮らせない人びとを支援する「年越し派遣村」が開設された。（2008年12月31日）

教育を受ける権利について、育鵬社は「きちんと仕事をするためには知識や技能、資格が必要となります。それを身につけるために、教育の機会を保障することも大切な社会権です」と書いていますが、教育を受ける目的が「知識や技能、資格を身につける」ことに限定されているのは不十分です。清水書院は「教育は、だれもが人格をみがき、知識と能力をのばし、文化や芸術を創造したり楽しむ力をはぐくみ、社会に出てそれぞれの個性と才能を発揮して生きるためにたいせつなものである。生きるうえでの苦境を乗りこえ、成長していく力をつちかうことも教育にかかわっている」(p43) と記述し、なぜ勉強が必要なのかを明らかにしています。

さらに育鵬社は「将来、国家を支え社会で活躍できるだけの教育をあたえ」とも書き、国家を支えるための教育が強調されています。戦前の教育は、教育勅語で「一旦緩急《いったんかんきゅう》アレハ義勇《ぎゆう》公ニ奉シ以テ天壌無窮《てんじょうむきゅう》ノ皇運ヲ扶翼《ふよく》スヘシ」とし、天皇のために命を捧げることが教育の目的だったのです。戦後はこれを反省し、教育勅語も廃止され、教育基本法が制定されました。育鵬社の記述はこうした歴史を無視するものです。ここでも育鵬社の記述は主語が「国家」なのです。

また、育鵬社のここでの記述には、義務教育無償の原則がひとこともふれられていません。清水書院には「義務教育は、家庭の経済状況にかかわらず、だれもが平等に受けられるよう無償とすることが定められ」(p43) と書かれています。

労働基本権について、清水書院はコラムで「プロ野球選手にも労働基本権」(p45)、「主張しなくちゃ、労働者の権利　アルバイトだって労働者」(p143) との小見出しで、労働組合をつくったアルバイト労働者の例を出すなど具体的に説明しています。しかし育鵬社にはそうした記述はありません。逆に「公務員については職務の性格上、労働基本権が一部制約されています」と書いています。公務員の労働基本権は、1948年にスト権が奪われて以来、きびしく制限されてきており、憲法論争にもなってきました。現在、国会でも公務員に労働基本権を与えるかどうかが論議されています。このことをふまえると、「制約されるのが当然」であるかのような書き方はふさわしくありません。

3 外国人の社会権

育鵬社は、社会権は「外国人に無条件に保障されるものではありません」と書いています。しかし日本は1966年に国際人権規約を批准し、定住外国人について健康保険、年金や種々の手当などについての差別をなくしてきました。政府には国籍による差別をなくす責任が生じています。いま国際化がすすむなか、日本に居住する外国人、とりわけ難民などの社会的弱者が増えるなかで、ことさらこのことを強調するのは排外主義をあおるもととなります。ほかの教科書ではこのことにふれているものはありません。

公民 18

国際社会と人権

【育鵬社】p66 ～ 67,p69「国際社会における人権」「世界の人権問題」

ここで学びたいこと

❶ 国際的な人権尊重は世界の自由や平和の基礎

人権尊重の国際的な取りくみは、２度の世界大戦をへて本格化しました。1948 年の世界人権宣言などで謳《うた》われているように、人間の固有の尊厳と人権の承認は「世界における自由、正義及び平和の基礎」であるという考え方を原点にしています。国際社会は、戦争やファシズムという深刻な経験をへて、それらをふたたび繰りかえしてはならないという決意の下に、人権の国際基準の作成、その効果的な実現を図るための仕組みづくりなどに取りくんでいます。

ここでは、戦争やファシズムがいかに人間の尊厳や人権を侵害するか、人権と平和がどれだけ密接不可分なものかなどについて具体的に学ぶことが必要です。また、国連など国際機関は、国際人権規約（1966 年）、子どもの権利条約（1989 年）など多数の人権条約を制定しています。これらの人権条約で人権の源とされる「人間の尊厳」は、日本国憲法第 13 条にいう「個人の尊重」とほぼ同じ意味です。また、人権条約で規定されている人権と憲法の人権は相互に補いあうものです。

人権条約の規定と憲法の規定を比較検討しながら、日本における人権問題の解決に人権条約がもつ意味や果たす役割などについて考えることが求められます。

❷ 子どもの権利条約やＮＧＯなどを素材にして身近の問題として学ぶ

生徒たちの身近な問題である子どもの権利を素材にすると、世界と日本とのつながり、同時代に生きる子どもたちの問題を国際的な人権尊重につなげて考えることができます。清水書院のように、「子どもが訳した『子どもの権利条約』」（p55）の抜粋を載せて、自分たちの言葉でより具体的に学び考えることが大事です。

また、人権条約などを実効あるものにしていくためには、国境等を越えて活動する非政府組織（ＮＧＯ）の果たす役割が決定的に重要です。国連はＮＧＯをパートナーと位置づけており、各国政府にもパートナーとして共に人権の実現に取りくむよう求めています。清水書院ｐ 54 が１ページ使って取りあげているアムネスティ・インターナショナルをはじめ、多くのＮＧＯが人権条約の制定や実施に貢献していることを学ぶことも必要です。

ここが問題！

❶ 国際的な人権問題は開発途上国の問題か

育鵬社は、国際的な人権尊重が戦争やファシズムの反省から取りくまれ、人権と平和が密接不可分であるという基本的な視点がありません。その反面で、国際連盟規約を作成する際に日本が人種差別の禁止規定を提案したことを根拠に、「国際社会で人種差別撤廃を最初に主張した国は日本」であると強調しています。その当時、朝鮮半島を植民地にしていたことからもわかるように、日本が国際社会で人権問題に取りくみ、人種差別撤廃に向け精力的に活動していたわけではありません。

また、育鵬社では、「人権をめぐる国際的な問題」として難民問題を強調し、難民の数や国連難民高等弁務官であった緒方貞子さんの写真を掲載しています。難民問題はとても重要な人権課題ですが、日本が難民の受け入れ等に必ずしも積極的ではないことに言及がありません。またコラム「世界の人権問題」で、アフリカ諸国での内戦と人権問題を取りあげています。育鵬社は、人権をめぐる国際的な問題をことさら開発途上国の問題にしようとする姿勢が見られます。

② 子どもの権利条約は開発途上国のための条約か

育鵬社は、子どもの権利条約が「もともと発展途上国の子どもたちを劣悪な生活環境から救い出すことを目的にしていた」と述べ、写真に「アフリカ・シエラレオネの少年兵」を掲げ、「このような子どもたちの人権を守るために」条約が制定されたと説明しています。条約は、制定の経緯や規定の内容からして開発途上国向けに制定されたわけではありません。国連・子どもの権利委員会は、日本に対して、子どもの貧困を防ぐ取りくみ、競争教育の是正、体罰やいじめをなくすことなどを勧告しています。

また、育鵬社は、「多くの民間の団体も、人権保障のため国境をこえた取り組みをみせています」と述べるのみで、NGOについての具体的な言及はありません。そのうえ、中国やアフリカ諸国の人権問題を取りあげた後に、「国連やNGOなど国際社会は、当事国に事態の改善を強く求めていく必要があります」と記述し、NGOの役割を一面的にしかとらえていません。

コラム　子どもの権利条約

子どもの権利条約は、子どもがどこで生まれ生活しても１人の尊厳を持った人間として尊重され、成長・自立していけることをめざして制定されました。

条約の理解や実現においては、次の４つの一般原則が大事です。①差別の禁止（２条）、②子どもにかかわる活動においては子どもにとって最善のことを最初に考えなければいけないという「子どもの最善の利益」（３条）、③子どもの権利の出発点である生命の権利、成長・発達する権利（６条）、そして、④自分に関係することについて自由に意見を言う権利があり、その意見をきちんと尊重してもらえるという「子どもの意見の尊重」（12条）です。

この条約の締約国は人権条約上もっとも多く、子どものためのグローバルスタンダード（国際的基準）になっています。ユニセフはこの条約を実現することを使命にして世界で活動しています。東日本大震災における支援活動でも、ユニセフや国際ＮＧＯは子どもの権利条約の考え方を基礎にしています。

③ 中国や北朝鮮に対する批判に誘導

育鵬社は、「人権をめぐる国際的な問題」として、「中国政府のチベット統治に抗議する人々」と「北朝鮮による日本人拉致を伝える新聞」の写真をのせ、また、「世界の人権問題」として「チベット問題とウイグル問題」を半ページにわたって取りあげています。これらは解決が早急に求められている人権問題であることは間違いありません。しかし、その解決は人権条約などの国際基準に則して解決しなければなりません。育鵬社は、公民教科書全体の記述から見ても、中国や北朝鮮に対する批判へと誘導しようとする意図が感じられます。

コラム
》3《

教科書は誰が選ぶのか❷

◆教科書採択権を定めた法律はない

学校で使う教科書は誰が選ぶのが最もふさわしいでしょうか。

文部科学省は、採択権は教育委員会にあるとし、「採択権者の権限と責任」で採択するようにという通知を、毎年、都道府県と政令都市教育委員会に出しています。文科省が採択権は教育委員会にあるとする主要な法的根拠は「地方教育行政法」第23条6項と「教科書無償措置法」です。

第23条6項は、教育委員会が、教科書の「取り扱いに関する」事務を「管理し、執行する」ことを定めたもので、教科書採択に関する教育委員会の事務処理の権限を決めているにすぎません。教育委員会が教科書を採択することも採択権についても明示されていません。「地方教育行政法」が成立した（1956年）後も、1963年までは学校ごとの採択が行われていました。また、「教科書無償措置法」にいう市区町村教育委員会の採択に関する権限も、無償給与する事務を処理する権限にほかなりません。

以上のように、文科省などが根拠にしている法律には教育委員会の教科書採択権は明記されていません。日本には教科書の採択権を明記した法律はありません。

◆教科書は学校・教員が選ぶのが当たり前

では、教科書は誰が選ぶべきなのでしょうか。

2006年制定の教育基本法第16条は「教育は、不当な支配に服することなく」と規定し、学校教育法第37条11項は、「教諭は、児童の教育をつかさどる」と定めています。

この2つの法律の解釈からすれば、教員の教科書採択権を否定することの方が不自然であり、むしろ、「採択権は教育委員会にある」という解釈は、教員の教育権に介入するものであり、教育基本法や学校教育法に違反するものといえます。

また、教育の条理、つまり憲法や教育基本法、子どもの権利条約などが規定する人間（個人）のための教育のあり方から考えた場合、教科書を選ぶのは誰が一番適しているかという面からみても、教員が採択することがもっともふさわしいといえます。

音楽家は演奏する楽器を自分で選び、大工さんも家を建てる道具を自分で選びます。教科書も、子どもや学校のことを良く知っていて、毎日それを使って子どもに教える教員が選ぶのが当たり前ではないでしょうか。

日本教育学会は教科書の「採択権は個々の教師または学校にあるべきである」と宣言をしています（注1）。日本の多くの教育法学者も、教科書の選定・採択は原則として教員の教育権に属している、と主張しています。

◆ＩＬＯ・ユネスコも教員が教科書を選ぶことを支持

日本政府も賛成して採択されたＩＬＯ・ユネスコ共同の「勧告」では、教科書採択における教員の不可欠な役割を指摘しています（注2）。

この勧告や子どもの権利条約、教育条理や教育の実際などからみれば、教科書は教員が採択するのが自然であり、採択権は教員及び学校にあると解すべきです。

（注1）「教科書の採択は、教科書がそれぞれの教師、学校独自の教育計画のなかで活用されるものである以上、とうぜん教師及び学校の自主的判断によってなされるべきであり、採択権は個々の教師または学校にあるべきである」（日本教育学会「教育二法に対する意見」1956年）

（注2）「教育職は、専門職として職務の遂行にあたって、学問の自由を享受すべきである。教員は、児童・生徒に最も適した教材および方法を判断するために特に資格をあたえられたものであるから、承認された計画の枠内で、かつ教育当局の援助を受けて、教材の選択および採用、教科書の選択ならび教育方法の適用について、不可欠の役割を与えられるべきである」（ＩＬＯ・ユネスコ「教員の地位に関する勧告」61項、1966年）

※『最良の「教科書」を求めて－「教科書制度」への新しい提言』（子どもと教科書全国ネット21編、つなん出版）参照

Ⅲ章
民主政治と政治参加

日本国憲法は、基本的人権を保障するために、国民主権にもとづく政治のしくみを定めています。国会は国権の最高機関であり、唯一の立法機関です。行政権を担当する内閣は、国会の信任によって成立する議院内閣制をとっています。裁判所は国民の権利を守るために重要な権限をもっています。地方自治と住民の権利も民主主義にとって大切です。

民主政治においては、国民の意思を正しく反映する選挙制度が必要であり、世論を重視する政治が求められています。世論の形成にはマスコミが大きな影響をあたえています。

政治のしくみについての基礎知識とともに、現実に行われている政治に目をむけ、主権者としてどのように政治に参加していくのかを学ぶことが政治学習の目的です。

民主政治と政治参加について、教科書ではどのように説明しているのでしょうか。

公民 19

民主政治と国民の政治参加

【育鵬社】p72 ～ 77「民主主義とは」「選挙のしくみ」「国民の政治への参加」

ここで学びたいこと

1 政治とは何か

政治は、人びとの生活のすみずみに及んでいます。このことをとらえさせることが、政治を身近な視点から学ぶことにつながります。今日の民主政治は、多くの国が議会制民主主義のしくみを採用しています。

2 選挙制度と選挙権

民主政治を進める上で重要なのが、選挙です。選挙制度は、政治の進め方に大きな影響を与えます。したがって、現在の選挙制度の問題点や課題も学ぶ必要があります。

日本の現在の衆議院議員選挙制度については、民意を反映しているとはいえない、1票の価値に地域によって格差が生じているなどの問題点が指摘されています。また、世界では、18 歳選挙権が常識になっています。地方政治では外国人参政権を認めている国もあります。

3 政治参加の方法

国民は、選挙のときだけ政治に参加するわけではありません。国や地方自治体に対して行う請願権もあります。また、常に政治を監視したり意見を出したり、さまざまな形で政治にはたらきかけることができます。

中学生であっても、自分の考えたことを発信したり、政党の公約やその実行状況について質問を送ったりして、その回答から議論をすることもできます。

ここが問題！

1 直接民主主義の意義を否定的に記述

育鵬社は、直接民主主義と間接民主主義について、「目先の利益のみにとらわれず、国民全体のために広い視野から、また中長期的な視点で冷静にものごとを判断できる人物を選挙で選び、その代表者が集まって政治を行うという間接民主主義（議会制民主主義）が広く行われています」と述べています。同じページの側注欄に、市町村合併や原発建設、産廃施設設置、在日米軍基地の存廃に関する住民投票について、「その中には、特定地域の住民の意思だけで決定するのにふさわしくない、国家全体の利益にかかわるものもあります」と述べています。

地域住民の意思を政治に生かすことは、民主主義政治の根幹なのですが、育鵬社のこの記述は、「国家の利益」の名のもとに、地域住民の意思を生かす直接民主主義の意義を否定するものです。結局は、間接民主主義のほうが直接民主主義よりも優れていることを強調するための記述といえます。

② 小選挙区制の利点を強調し 二大政党制を評価する

選挙制度に関しては、他社は、一般的な選挙制度のあらましのあとに日本の選挙制度について述べています。

これに対し育鵬社は、現在の日本の選挙制度のあとに、その長所短所を述べています。小選挙区制については、死票の割合が高く「小さな政党に不利という問題」もあとでふれています。しかし、本文で「選挙費用が少なくてすみます」「地域によく知られた人物が立候補するという利点があります」、図版解説で「政権交代を可能にし、政治の腐敗を防ぐ……二大政党制を維持するのに適しています」と述べ、むしろその利点を強調しています。

なお18歳選挙権の世界の動向についてはふれていません。清水書院は側注でこの問題を取りあげています(p81)。

コラム 子どもの権利条約と18歳選挙権

1989年に国際連合は、子どもの権利条約を採択し、日本も1994年に批准しました。この条約では、子どもにも、意見表明や思想・良心の自由など、大人と同じように基本的人権を保障することを定めています。また第1条には、子どもは「18歳未満のすべての者」と定められています。したがって18歳選挙権も常識と考えていいでしょう。

世界では、18歳選挙権を実施している国は、170か国・地域になっています。中国、フィリピン、オーストラリア、ニュージーランド、エジプト、南アフリカ、アメリカ、カナダ、ブラジル、イギリス、ドイツ、フランス、イタリアなどです。なかには、16歳や17歳で選挙権を認めている国もあります。1960年代から有権者年齢引き下げが世界各国ではじまりました。イギリスは1969年、カナダ1970年、アメリカ1971年、ドイツ1972年です。世界の大きな流れのなかで、日本でも18歳選挙権を認めるべきだという声が大きくなっています。

18歳選挙権の実現について、日本の各政党の政策にも掲げられるようになりました。

③ 政治参加で伝統と愛国心を強調

政治参加は、成年者に認められている選挙権などの参政権のほかに、政治に対して意見を述べたり要求したりすることは子どもにも認められています。こうした視点からの記述が見当たりません。中学生にも投票権を与えた市町村合併についての住民投票の事例(清水書院p75)などを取りあげると、中学生も政治を身近にとらえることができるでしょう。

育鵬社は、さまざまな方法で政治に参加できること、政治に関心をもつことが大切だと述べています。そのあと、他社にはない「国民としての自覚」という小項目を1ページ設け、民主政治では「政治の質を高めるためには、何より国民の質が高まっていかなくてはなりません」としています。その上で、「私たち国民は国に守られ，国の政治に従うだけではなく、主権者として政治を動かす力をもっていることを忘れてはなりません。同時に、憲法で保障された権利を行使するには、他人や社会への配慮が大切であり、権利には必ず義務と責任がともなうことを忘れてはなりません」と、「忘れてはなりません」を繰りかえします。

そして、ブライスの言葉を借りて、「国や地域社会を愛する心」「法を守る精神などの伝統」「日本をはぐくんできた多くの先人たちの思いを尊重しながら改革するという姿勢」の大切さを説き、ケネディの演説「国が何をしてくれるかではなく、自分は国に対して何ができるかを問うべきだ」を引用します。国民の政治参加でも目立つのが伝統と愛国心と国家への奉仕の強調です。

公民 20

世論とマスメディア

【育鵬社】p78 ～ 81「世論とマスメディアの役割」「新聞の社説を比べてみよう」

ここで学びたいこと

教科書の問題なので、そのもとになる学習指導要領にふれます。学習指導要領は、このテーマの「内容」を「民主政治の推進と、公正な世論の形成や国民の政治参加との関連について考えさせる」こととし、また「学習指導要領解説」（文部科学省）は、①政治を動かす諸要因としての選挙、住民運動、政党、マス・コミュニケーションの役割、②言論・出版等の自由の保障、③主権者としての良識ある主体的な判断力の育成、などとしています。

「世論」にわざわざ「公正な」という修飾語をつけていることは問題ですが、これを主権者としての自覚を高める教科書記述の根拠とすることは可能でしょう。「学習指導要領に最も忠実」と自称する育鵬社の教科書は、そのような課題に応えるものになっているのでしょうか。

ここが問題！

1 政治参加から世論形成・マスメディアが切り離されている

上記の学習指導要領に従って教科書をつくろうとすれば、「政治参加」と「世論」を合わせた項目を設け、その中に「マス・コミュニケーション」（マスメディア）を含めるのがふつうでしょう。じっさい、育鵬社以外はそのような構成になっており、「政治参加と世論」（日本文教出版）、「マスメディアと政治」（教育出版）などと題した項目をたてています。

ところが育鵬社は、「国民の政治への参加」の項に「国民としての自覚」という小項目を組み合わせて別項目にしたため(本書前ページ参照)、「政治参加」と「世論」が分離され、政治参加に世論やマスメディアが果たす役割が不明です。前述の学習指導要領解説の①を満たしているとはいえないでしょう。この結果、学習指導要領解説の③については、あとで述べるような今日のマスメディアの問題点を具体的に指摘しないまま、「マスメディアの情報をうのみにするのではなく」「きちんと判断する能力（メディアリテラシー）をもつことが大切」と心構えを説くだけになっています。

政治と世論とマスメディアの関係について、他社版は「世論が政治をうごかす力になる」（清水書院 p85）、「マスメディアは世論を形づくる力を持って」いる、「公正な世論を形成するためには、報道の自由が尊重されなくてはなりません」（東京書籍 p73）などと述べています。一方、育鵬社は「民主政治を行う上で、世論はきわめて大きな影響力をもっています」と抽象的な表現にとどまっています。

2 「マスメディアの問題点」が明らかでない

マスメディアの情報が、事実を正確にとらえているとは限らないことには育鵬社もふれています。しかし同社は単純に「今の日本では、広く言論や報道の自由が認められて」いるという認識に立っているため、マスメディアが権力から独立してそれを監視し、批判することによって権力の暴走を

「ディベート」のテーマの比較

発行者	ディベートで取りあげるテーマ
教育出版	監視カメラを設置するべきか
東京書籍	テレビや新聞などのマスメディアによる報道は、制限されるべきである
日本文教出版	脳死後の臓器移植／国民の共通番号制
育鵬社	教育基本法改正／選択的夫婦別姓法案／外国人参政権法案／インド洋での海上自衛隊の補給支援活動終了
自由社	日本は国会を一院制とすべきである／日本は満 18 歳以上の国民に選挙権と被選挙権を付与すべきである／日本は消費税の税率を 10 パーセントに引き上げるべきである／憲法第 9 条を改正すべきである／（実践例）日本は、現在の温室効果ガスの排出量の 3 分の 1 を削減すべきである など

防ぎ、民主主義社会を守る機能を持っているという最も肝心な点が押さえられていません。

他社では、この点について「独裁に利用されたマスメディア」と題したコラムでヒトラーの例をあげ、「マスメディアの情報が権力に統制されるなどして、表現の自由がなくなってしまうと、健全な世論の形成はできなくなり、民主主義の破壊につながります」（日本文教出版 p83）、「政権を担当するものが、マスメディアを自分の思うままに動かし、国民の判断を誤らせて悲惨な結果を招いた例もあります」（教育出版 p79）として「ドイツのナチ党や、戦時中の日本の軍部による言論・出版の制限と報道管制など」（同前）を例示しています。

「マスメディアの問題点」について、他社は権力からのマスメディアの独立の必要性という観点から述べています。「マス - メディアは情報そのものだけではなく、情報の解釈のしかたも同時に提供している。…さらに、政府や政党、大企業などが、マス - メディアの影響力を利用して、世論を導こうとすることもある」（清水書院 p85）と指摘し、側注でさらに具体的に「ときには報道機関に圧力をかけて、自分たちのつごうの悪いニュースや報道のしかたをやめさせようとしたり、報道機関に十分な情報を提供しなかったり、あやまった情報を提供することによって、世論を導こうとすることもある」（同前）と述べています。

一方、育鵬社が「マスメディアから得られる情報」がつねに正しいわけではない理由としてあげるのは「自社の思惑」や「購読者や視聴者を増やすため」などの商業主義です。これは確かに軽視できない問題ですが、「権力からの独立」という根本問題を避けています。

3 言論統制は「戦前・戦中の一時期」などではない

育鵬社は次のように述べています。「日本でも戦前・戦中の一時期、あるいは終戦後の占領期に、政府や GHQ によりきびしい言論統制が行われました。そのため、国の進路を左右する重大な場面でも、正しい世論が形成されず、大きな反省につながる結果をまねいたという例があります」。

「きびしい言論統制」は 1875（明治 8）年には「新聞紙条例」などが制定され、反政府的言動への弾圧が行われています。そもそも大日本帝国憲法（1889 年）では言論の自由は「法律の範囲内」と定められ、法律でいくらでも言論統制が可能な体制が確立していたのでした。とても「戦前・戦中の一時期」などと言えません。占領期の GHQ による「言論統制」は、このような状態を改めるために行われたのであり、戦前・戦中の日本政府と同じようなものと評価することはできません。

公民
21

国会と内閣

【育鵬社】p82 ～ 91「第２節　国民の代表機関としての国会」
「第３節　行政権を持つ内閣」

ここで学びたいこと

1 二院制のしくみとはたらき

国会は衆議院と参議院からなる二院制になっています。国会は、法律をつくったり予算を決めたりするしごとを行います。憲法では、国会を「国権の最高機関」「国の唯一の立法機関」と位置づけています。国会議員の特権も含め、こうした国会の地位とはたらきや法律の成立過程を学びます。消費税法案などを事例として政治を身近にとらえたり、模擬子ども議会を開催する方法もあります。

2 議院内閣制

大統領や首相を国民が直接選挙で選ぶのではなく、選挙で選ばれた議会の信任によって内閣が成立するしくみを議院内閣制といいます。大統領制の国と比較しながら議院内閣制のしくみを学ぶとよいでしょう。三権分立のなかで、行政の最高責任者である内閣総理大臣の権限は強大です。衆議院の解散権や、国務大臣の任免権があります。内閣ならびに内閣総理大臣がどのような仕事をしているのか、首相の１日や閣議で何を決めているかなどをもとに、具体的に学びます。

3 行政権の拡大と行政改革

行政の仕事の肥大化とともに行政の役割の見直しが行われるようになりました。行政権の拡大は、一方で国会の地位の低下につながります。そこで、いま行われている行政改革のあり方について考えます。その際、小さな政府をめざすべきか、規制緩和の是非、規制緩和や行政改革によって行政サービスが低下しないかどうかも問題になります。さらに、官僚主義、天下り、企業との癒《ゆ》着《ちゃく》から起こる汚職を取りあげ、官僚政治の弊害を明らかにします。

ここが問題！

1 天皇の役割を強調

国会のはたらきで、どの教科書でも法律の制定を取りあげますが、育鵬社は「両議院で可決された法律案はその後，天皇により公布され，正式の法律となります」と述べます。天皇の国事行為は、憲法上の形式的な手続きであって、国権の最高機関で唯一の立法機関である国会が決めたことを覆すことはあり得ません。したがって、育鵬社のように天皇の役割をわざわざ記す必要はないはずです。国会開会式での天皇の「お言葉」も写真入りで記述しています。同様に、国会による内閣総理大臣の指名を受けて「天皇によって内閣総理大臣は任命され、国務大臣は認証されます」と書きます。

このように天皇の国事行為などが頻繁に出てきます。「内閣と国会の関係」の図で天皇が一番上にあるのも異常です。このような記述は、他社には見当たりません。

2 二院制の利点と参議院の役割の記述が情緒的

育鵬社は「参議院は任期も長く解散もないことから、広い視野に立ち，落ち着いて国政に取り組むことができるという利点をそなえ，『良識の府』とよばれています。参議院はその名にふさわしい実体をそなえることが期待されています」と述べます。清水書院が「審議を二つの議院でおこなうことで議決を慎重にし、国民の意思をより正確に反映することにある」(p62) というように、国民の意思の反映という視点から参議院の独自の役割を指摘するのが妥当であり、それにくらべると育鵬社の記述は抽象的情緒的です。

3 日本は立憲君主制か

議院内閣制は、内閣が国会に対して連帯して責任を負うしくみでもあります。これは、国会が国民を代表しているからです。

このことは育鵬社も述べていますが、一方、「日本の議院内閣制は、立憲君主制を採用しているイギリスの制度にならったもの」と述べ、日本が立憲君主制であるかのような誤解を与えかねません。

日本の政体を立憲君主制と規定することは、憲法の国民主権の原則や天皇の規定とは相いれないため、政府見解でも「立憲君主制」とはしていません。

コラム　国会議員の特権

国会議員の月給は、2011 年 12 月現在、月 129.4 万円です。ボーナス（期末手当）は年間で約 550 万円が支給されます。また、同じ国会議員でも、議長になると月 217 万円、副議長は 158.4 万円となっています。このほか、議員の仕事を行うために必要な手当も支給されています。文書通信交通滞在費が月 100 万円、立法事務費が月 65 万円（各会派に支給）、議員 1 人につき 3 人の公設秘書を置くことができますが、その給料も支給されています。さらに、安い賃貸料で議員宿舎に入居することができるなど、ずいぶんと恵まれた待遇です。それだけに国民のために働かなければいけないのです。

歳費のほか、国会議員には憲法でいくつかの特権が認められています。議員は法律の定めがある場合以外は、国会の会期中逮捕されることはありません。また、議会での演説や表決について、国会の外で責任を問われることはありません。それだけ、国会議員は重い責任があるのです。

4 行政改革の問題点が書かれていない

育鵬社は、「行政機関の許認可権を見直し、規制緩和をはかるなどの行政改革が行われています。2007（平成 19）年に郵政事業が分割民営化されたのは，その一例です。今後は，さらに行政の簡素化や効率化、情報公開制度による透明化が求められています」と書くだけで終わっています。清水書院は「高齢者や障がい者、失業者の生活の保障、さらに環境の保全など，民間ではになうことのむずかしいしごともある。ほんとうに国がやるべきことは何か、見直していくことが求められている」(p65) と、行政改革の課題にふれています。育鵬社には、そうした課題が示されていません。

公務員について、東京書籍は官僚の天下り (p81) など現実に起こっている問題にもふれていますが、育鵬社はいっさいふれず、労働基本権や政治活動の制限にふれるだけです。

公民 22

裁判所

【育鵬社】p92 ～ 97「第４節　裁判所と司法権」

ここで学びたいこと

❶ 刑事裁判と民事裁判

刑事裁判は、犯罪行為を裁くための裁判です。大日本帝国憲法の下では、警察などによって拷問が行われたり、無罪なのに死刑になったりしました。その反省から、日本国憲法は、刑事裁判の被告人（刑事裁判を受ける人）の権利について、諸外国では例を見ないほど詳しく規定しています。また、刑事被告人の権利は、冤罪《えんざい》を防ぐという意味でも重要です。現在では、重大な刑事裁判について、一般の人が参加をする裁判員裁判が行われていますので、誰もが、刑事裁判の被告人の権利を十分に理解する必要があります。

民事裁判は「貸したお金を返してほしい」など、私人間の争いについての裁判です。行政裁判は、国民が行政機関を相手に、決定の取り消しや損害賠償を求める裁判です。

❷ 司法権の独立

裁判所は、国民の権利を保護する役割を持っていますが、国民の権利、特に少数者の権利を保護するためには、政治的権力の干渉を排除することが必要です。

そこで、日本国憲法は、司法権の独立を定めています。司法権の独立には、２つの意味があります。①司法権が立法権や行政権から独立しており、他の権力から圧力や干渉を受けないという意味と、②個々の裁判官が裁判をするにあたっては、憲法と法律のみに拘束されるほかは、誰にも指図を受けずに独立して職権を行使するという意味です。

❸ 違憲立法審査権

裁判所は、すべての法律・命令・規則・条例などが憲法に違反していないかどうかを審査する権限（違憲立法審査権）を持っています。その最終的な判断を行う最高裁判所は「憲法の番人」と呼ばれています。違憲立法審査権は、国の政治が憲法にもとづいて行われ、国民の人権を守るために重要な意味を持っています。

ここが問題！

❶ 刑事裁判の被告人の権利―冤罪を取りあげない

刑事裁判の被告人の権利について、どの教科書も、憲法の条文を紹介しながら説明しています。そのなかで、教育出版は足利事件（栃木県足利市で４歳の少女が殺害された事件）をくわしく紹介し (p96)、帝国書院も「無実であるはずの菅家《すがや》さんは、なぜ有罪になってしまっていたのでしょうか」(p92) と述べています。

教育出版は、生命・身体の自由のところでも、殺人事件で死刑の判決を受けた免田栄さんが再審で無罪となった例を紹介し、「自由権が保障されている今日においても、別件での逮捕や、裁判所が発行する令状がないのに証拠物を押収したり、不当に裁判に時間がかかり、その間の拘留や拘禁が長引いたりするなど、自由の制限が問題になることがあります。こうした問題を解決していかなければ、冤罪を生み出すことにつながります」(p42) と現在の課題について述べています。

しかし、育鵬社は、冤罪そのものを取りあげていません。足利事件の新聞記事を紹介していますが、それは「再審を決定」という記事です。この事件が冤罪であったことにはまったくふれず、ただ、裁判員裁判の対象となり得る難しい事件として紹介しているだけです。

❷ 司法権の独立―大津事件の評価は適切か

「司法権の独立」について、育鵬社はコラム「近代司法体制の確立と司法権の独立」で「大津事件」を取りあげています。大津事件は、大審院（当時の最上級審の裁判所）に対する政府の干渉が排除されたという点では「司法権の独立」が保たれた事例といえなくはないですが、当時の大審院長であった児島惟謙《こじまこれかた》が担当裁判官を説得して無期懲役の判決を書かせたという点では、「ここで学びたいこと❷」で述べた②の「裁判官の職権の独立」が侵害された例と評価されています。この点にまったくふれない説明は適切ではありません。さらに、なぜあえて大日本帝国憲法下でおきた大津事件を司法権の独立の例としてわざわざあげるのかも疑問です。大日本帝国憲法のもとでの裁判は、天皇主権のもとで「天皇の名において」行われていたからです。

コラム　大津事件とは

大津事件とは、1891（明治 24）年、滋賀県大津で、日本を訪問していたロシア皇太子に対し、警備にあたっていた日本の巡査・津田三蔵が突然サーベル（西洋風の刀剣）で切りかかり、重傷を負わせた事件です。

政府は、ロシアへの外交上の配慮から、大審院に対し、死刑判決を下すように働きかけましたが、当時の大審院長であった児島惟謙はそれに抵抗しました。そして、児島は、担当裁判官であった堤正巳に対し、津田を死刑ではなく無期懲役にするように説得をしました。その結果、大審院は、津田に対して無期懲役という判決を下しました。

育鵬社は、この大津事件の判決について、「世界が注目し」「高い評価を受けることとなりました」とほめちぎっていますが、実際には、児島が事件を担当した裁判官を説得した点については、裁判官の職権の独立を侵害したとして問題になりました。このことを見落としてはなりません。

❸ 違憲立法審査権の具体例をあげず

育鵬社は、違憲立法審査権について説明していますが、具体的な例を紹介していません。これに対して、東京書籍や教育出版、日本文教出版などは、尊属殺人重罰規定（親や祖父母を殺した場合は他の殺人より刑罰を重くする）への違憲判決や議員定数不均衡違憲判決（いわゆる１票の格差問題)、国籍法非嫡出《ちゃくしゅつ》子《し》違憲判決（父母の婚姻を子どもの国籍取得の条件とすることは違憲）などを紹介しています。さらに東京書籍は「これまでの最高裁判所の判例を見ると、違憲審査権の行使をひかえるという消極的な姿勢も見られます。違憲判決も、議員定数の不均衡を違憲とした判決などがあるだけで、あまり多くありません。裁判所が憲法を守るという任務を果たすためには、違憲審査権が有効適切に行使される必要があります」(p91) と課題も指摘しています。

コラム
》4《

育鵬社教科書はどのようにして採択されたか

◆育鵬社版支持の教育委員が主導

「つくる会」系歴史教科書は、2001年0.039％、2005年0.4％、2009年0.7％、公民教科書は2001年0.055％、05年0.2％、09年0.4％採択されていましたが、2011年の採択では、歴史3.8％、公民4.1％になっています。

教科書採択は、2001年から教員・学校の意見ではなく、教育委員の意見によって決められています。育鵬社教科書が採択された地域は、現場教員による調査報告、調査委員会や採択審議会の答申を無視して、教育委員が個人的な判断で（無記名）投票によって決めています。いくつかの地域では、調査報告や答申の中で育鵬社に都合の良い一部だけを「つまみ食い」的にとりだして、育鵬社採択の理由にしています。

いくつかの地域では、松下政経塾出身などの首長が、「つくる会」系教科書を支持する教育長、教育委員を任命し、その教育長・教育委員が首長と連携して、採択審議を主導して育鵬社教科書を採択しています。

「日本教育再生機構」（「再生機構」）と同機構がつくった「改正教育基本法に基づく教科書改善を進める有識者の会」（「教科書改善の会」）や日本会議などは、いわばピンポイントで採択獲得をめざし、それが一部の地域で「成功」したということです。

◆東京都・杉並区と横浜市での採択「成功例」を全国に拡大

「再生機構」と「教科書改善の会」や「新しい歴史教科書をつくる会」（「つくる会」）などの育鵬社・自由社教科書を採択させるための方針は、2005年に東京都杉並区で、2009年に神奈川県横浜市や愛媛県今治《いまばり》地区（今治市・上島町）で「成功」した方法を全国で展開するというものでした。それは、「つくる会」系教科書を支持する首長と結びついて、その首長が任命した教育委員の過半数を獲得して、現場の教員の意見や採択委員会・選定審議会などの答申を無視して、教育委員の投票によって採択させるというものです。

杉並区では、2005年に山田宏区長（当時）が任命した「つくる会」系教科書を支持する２人の教育委員と教育長によって３：２の多数決で扶桑社版歴史教科書を採択しました。横浜市では、2009年に中田宏市長（当時）が任命した４人の教育委員と教育長が、無記名投票による５：１の多数決で、教科書取扱審議会の答申では評価の低かった自由社版歴史教科書を市内18地区中８地区に採択しました。今治地区では、採択協議会の答申を無視して、無記名投票によって、今治市は４：１、上島町は５：０で扶桑社版歴史・公民教科書を採択しました。

この杉並区・横浜市・今治地区のやり方—教育委員の個人的な判断による投票での採択を全国に広めて採択獲得をめざしました。

◆「再生機構」が提起した教科書採択方針

「再生機構」の機関誌『教育再生』の2010年12月号は、「教科書をよくする神奈川県民の会」運営委員長・木上和高氏（日本会議神奈川県本部運営委員長）が執筆した採択にむけての方針を掲載しています。そこでは、教育委員会の権限と責任で採択できる環境を整えるとして、教育委員会の下にもうけられている調査委員会や教科書採択審議会などが、採択すべき教科書を絞り込んだり、順位づけをして報告することをやめさせ、採択は教育委員の無記名投票によることなどを提言しています。

そのうえで、教育基本法や学習指導要領改訂の趣旨にもっともふさわしい教科書を採択させるために、教科書の調査研究資料やその観点を「改善」することをあげ、これらを実現するための具体的手法として、首長への要請、議会への請願、教科書展示会への参加とアンケートの提出、教育委員会への意見書・要望書の提出などをあげています。「つくる会」系教科書を支持する教育委員の過半数を獲得し、教育委員の個人的な判断で、（無記名）投票による方法で採択をとるということです。

「つくる会」も、2010年から会報『史』などで、首長と結びついて教育委員の過半数を獲得する活動を会員によびかけていました。

Ⅳ章
私たちの生活と経済

資本主義経済は、利潤の獲得を目的とする商品生産と経済活動の自由を大きな特徴としています。利潤の獲得をめぐる自由競争と景気変動は、貧富の格差を拡大してきました。現代の経済においては、政府の財政や金融が大きな役割を果たしています。国や地方自治体において、税金などによる収入が何に支出されているか、関心をもつことが大切です。

現在、国民のなかで生活不安や新たな格差が広がっています。そのなかで「日本の国際競争力をさらに強化しなければならない」といって、大企業に都合の良い「規制緩和」が進められ、就職できなかったり非正規労働者になったりするのは個人の努力が足りないからだという「自己責任論」がふりまかれてきました。

労働者の権利や労働組合の役割、社会保障の意義や今後の社会保障のあり方についても、教科書はどのように取りあげているのでしょうか。

公民 23

生産のしくみと資本主義経済

【育鵬社】p116 ～ 121「生産のしくみ」「企業の競争」「市場経済とは」

ここで学びたいこと

1 生産のしくみと資本主義経済

最近の公民教科書では経済学習の最初が流通から入るようになっています。しかし、ものを生産することから人びとの営みが始まっていることを考えるうえでも、生産の4要素（自然・資本・労働力・知的資源）とその関係をまず学ぶ必要があります。

私たちが暮らす社会の経済のしくみは、生産手段などの資本を所有し利潤を追求する資本家と、労働力を提供することで賃金を得る労働者からなる経済体制です。

2 企業の競争と独占

企業形態の代表的なものとして17世紀の大航海時代に始まった株式会社の成り立ちやしくみを学び、企業は利潤の追求のみにはしるのではなく社会に貢献する役割もあることを考えましょう。

資本主義経済では、経済活動の自由のもとで、できるだけ多くの利潤を獲得しようとして企業間の競争が行われます。この自由競争によって、弱い企業が倒産して労働者が失業したり、景気の変動が繰りかえされたりします。その結果、少数の大企業が生産と販売を独占するようになると、独占的に価格を決めることも可能になり、大きな利潤をあげるようになります。

ここが問題！

1 「生産とは」がない

教育出版は、はじめに「生産とは」という項目をおき、「人間が労働を通じて、自分たちの生活に役立つ財やサービスを作り出す活動を、生産といいます」（p134）と説明します。育鵬社はいきなり「私たちが消費しているさまざまな財とサービスは、企業によって生産され、販売されています。企業の活動のためには、工場や店舗などを建てるための土地、資本財（原材料や機械設備など）、そして労働力（人間の働く能力）が必要となります。これらを生産要素といいます」と記述するので、生産とは何か、その本質が分かりにくくなっています。日本文教出版は、身近なパンが消費者に届くまでの例を図であらわし、小麦農場・製粉会社・製パン工場などそれぞれにおける生産のしくみや生産の要素がわかりやすい記述になっています（p134）。

2 労働者を無視する記述

育鵬社の「資本主義経済では、企業が資本（元手）を用意して、生産要素を組み合わせて利潤（もうけ）を目的として生産活動を行っています」という記述では、労働者の存在が無視されています。清水書院は「企業の活動は、おもに資本（それらの活動のために投じられた資金）を使って、利潤（もうけ）をえる目的でおこなわれている。生産のために必要な工場や設備などを私有（私有財産制）している人が、労働者から労働力を買って、もっぱら売るための商品を生産し、販売する。利潤は、資本を投下した人の私有となる。このしくみは資本主義経済とよばれ」(p106）と、わかりやすく記述しています。

3 資本主義経済について

育鵬社は「消費者のためになる商品が生まれて売れ行きがよければ、企業家の事業は成功し、利潤とともに賃金も上がります。新たな雇用も創出されます。競争が活発化すれば、品質向上や価格低下などのさまざまな効果が生まれます。反対に、事業が失敗すれば会社が倒産することもあります」と記述し、競争こそ正義で、競争で負けるのは仕方がないといわんばかりです。

企業が儲かりさえすれば、労働者の賃金は上がるという記述は、現実とは大きく違っています。大企業が内部留保をため込み、労働者に還元していない事実を見れば明らかです。

コラム　問われる企業責任…薬害

病気を治療するために使った薬が原因で、おそろしい健康被害が発生したことを薬害といいます。

1980年代には血液製剤によって約1400人の人がＨＩＶ（ヒト免疫不全ウイルス）に感染しました。これは主に血友病（出血時に血が止まらなくなる病気）の患者が薬として使用していた非加熱血液製剤に、ＨＩＶが含まれていたことが原因です。製薬企業は薬の危険性を知りながら販売を続け、国は感染防止の有効な対策をとらなかったために被害が拡大しました。

このほかにも、はしか、おたふくかぜ、風しんを予防するワクチンの接種により、無菌性髄膜炎（脳の膜に炎症が起こる病気）を発症し、重い後遺症や死亡などの子どもの薬害も起きています。

これらを再び繰りかえさないためには、国の責任とともに、企業として競争による利益優先主義を考え直し、社会的責任を自覚する経営が求められます。

また、資本主義経済のもとで起きる社会の諸問題もまったく取りあげられていません。貧富の差の拡大や景気変動などの問題に対して、清水書院は「事業に失敗した企業が倒産したり、労働者が失業したりして、貧富の差が大きくなりがちである。また、景気の変動など経済活動が不安定な状態になることをさけられない」(p107）と資本主義経済がもつ問題について的確に示しています。そのうえで「政府が必要な政策を立てて積極的に経済活動にかかわることにより、混乱をさけようとしている国がほとんどである」（同前）と記述し、現代の資本主義の特徴を説明しています。

4 社会主義について

育鵬社は「ソビエト連邦の強制的な集団農場化や急速な工業化、中華人民共和国の大躍進政策の失敗など、相つぐ経済政策の失敗による飢餓や貧困などにより、多くの犠牲者が出ました。今も北朝鮮では、多くの国民が飢餓に苦しんでいます」と、ソ連・中国・北朝鮮などを社会主義を導入した国として一括りに記述しています。

しかしそれぞれの国の体制は異なり、その違いを度外視して、マイナス面だけを取りあげることは問題です。清水書院は「社会主義経済は、工場や設備（生産手段）の公有を前提とした経済である。旧ソ連や中国では、さらに国家が生産や流通を統制していた」(p106）と、経済制度の根本とその実際とを客観的に記述しています。

公民
24

働く人の権利

【育鵬社】p128 ～ 135「第４節　働くことの意義と役割」

ここで学びたいこと

❶ 働くことの意義

まず、労働の意義を学ぶことが大切です。人は何のために働くのでしょうか。収入を得る、自分の夢を実現する、生きがいを感じる、社会に参加するなどを、労働の意義としてあげることができるでしょう。

東京書籍は「人々が働くのは、単に収入を得るためだけではありません」「仕事をとおして自分の夢や理想をかなえたり、多くの人たちといっしょに働くことをとおして社会に参加したりすることも、労働の重要な目的だ」と書いています（p118）。

❷ 労働者の権利

働くことは、日本国憲法第 27 条で勤労の権利として認められています。さらに労働者には憲法第 28 条で団結権、団体交渉権、団体行動権の３つの権利が認められています。これを労働三権といいます。団結権とは、労働者が労働組合を結成する権利です。さらに労働者は使用者と対等な立場に立って労働条件を交渉して取り決めることができます。これを団体交渉権といいます。労働条件の改善要求が認められない場合は､ストライキなどを行う権利＝団体行動権が認められています。一人ひとりの労働者は立場が弱いので、団結して初めて使用者と対等な立場に立つことができるのです。日本では、これらの権利は日本国憲法で初めて認められたものです。また、こうした権利を保障するために、労働基準法・労働組合法・労働関係調整法という労働三法があります。労働基準法で賃金や労働時間、休暇などについて具体的にどう定められているかを学ぶことも必要です。

❸ いまの労働者の実態とその改善

いま起こっている労働問題として、低賃金や長時間労働、非正規労働者（パート、アルバイト、派遣労働、契約社員など）の増加、正規と非正規労働者との格差、若者の就職難などについて学ぶことが必要です。その原因を「自己責任」に求めるのではなく、社会的原因と解決の方向を具体的に考えていくことが重要です。

ここが問題！

❶ 働くことの意義

育鵬社は「人は何のために働くのか」で、松下幸之助さん、植田いつ子さん、岡野雅行さんを取りあげていますが、松下さんは経営者の立場、植田さんはファッションデザイナーで、働く人びとの例としてはあまりふさわしくありません。岡野さんは町工場の経営者で、興味深い記述もありますが、中小企業について書くなら、大企業が中小企業にしわ寄せをしている構造や実態を書くべきです。それにはまったくふれず「きれいごと」で

非正規労働者の比率

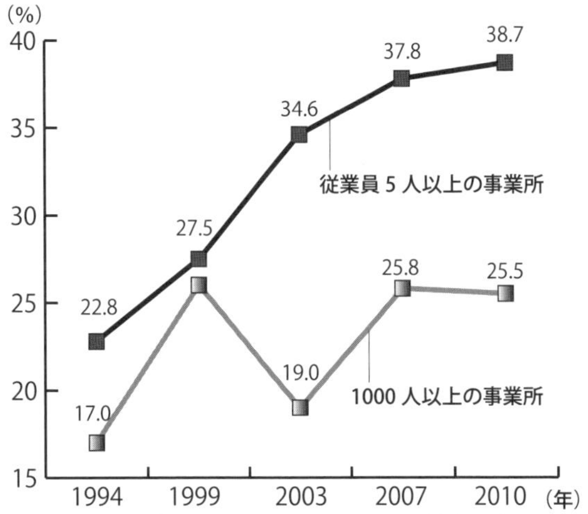

厚生労働省「就業形態の多様化に関する総合調査」より作成

大企業の内部留保は景気後退でも増加

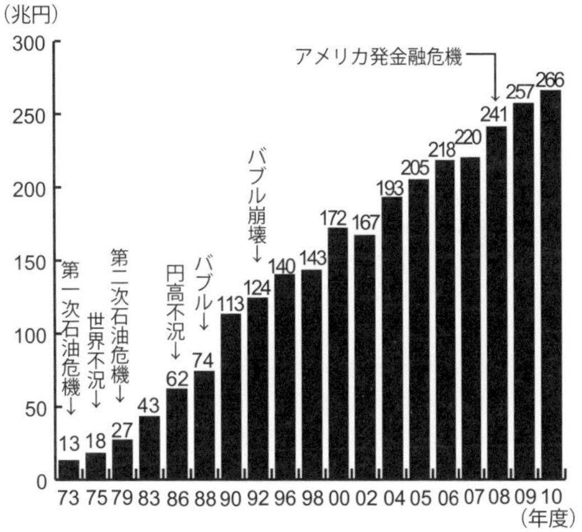

財務省「法人企業統計年報」、資本金 10 億円以上の全企業（金融・保険を除く）約 5,000 社。

すませています。

2 労働者の権利

育鵬社は、労働者を保護する法律については、本文で簡単にふれているほか、具体的には巻末の資料で取りあげるのみです。労働基準法の基本である「労働条件は、労働者が人たるに値する生活を営むための必要を充たすべきもの」であることをおさえるべきです。そしてもっと具体的に、賃金支払いの原則や労働時間、休憩、休暇などの最低の労働条件を学ぶべきですが、育鵬社には具体的な記述がありません。

帝国書院は、労働基準法のおもな内容を図入りで説明（p147）し、日本文教出版なども労働基準法のおもな内容を紹介しています（p150）。清水書院は「労働組合の役割は、立場の弱い労働者の生活と権利を守ることである」(p141) と述べ、「公民ファイル 13　知っておきたい働く者の権利」(p142 ～ 143) では、アルバイトでも認められている労働者の権利を、労働時間、有給休暇、解雇の要件など図入りでわかりやすく示しています。

3 いまの労働者の実態とその改善

育鵬社にも、いまの労働者の実態と課題についての記述はありますが、問題はその原因です。「景気の停滞が長びいたり、経済のグローバル化で経営の効率化が大きな課題となる中で」と、もっぱら経営の側の都合からやむをえないという立場で記述しています。このような記述では、現在の労働者のおかれた状況が改善されていく道筋は考えられません。企業の経営や発展が先で、労働者の問題は個々人の努力で解消するべきという「自己責任論」におちいってしまいます。非正規労働者の増加や雇用、失業の問題、所得格差の問題も書いてあるものの、「景気の低迷がつくり出す若者の不安定雇用」としか記述しないのでは、中学生にとっては将来が展望できません。

格差の原因には、「自己責任」に帰すことができない、製造業への派遣労働の認可や郵政民営化などの政府による「構造改革」政策など、この間の大きな社会的背景があります。もっと具体的な「年越し派遣村」やネットカフェ難民、ワーキングプアーの問題を取りあげて学ぶべきではないでしょうか。

公民
25

財政のはたらきと租税

【育鵬社】p136 ～ 139「政府の仕事と財政・租税」「財政赤字と財政再建」

ここで学びたいこと

❶ 財政の役割

政府が行う経済活動である財政には、公共サービスの提供、所得の再分配、景気の調整という３つの役割があります。なぜそのようなことが必要なのかも含めて学ぶことが大切です。

❷ 租税とその行方

税を納める人と実際に負担する人が同じ場合の税を直接税、税を納める人と負担する人が異なる場合の税を間接税といいます。所得税は直接税であり、収入が多いほど税率が高くなる累進《るいしん》課《か》税《ぜい》制度が適用され、低所得者の税負担を軽くする一方、高所得者の負担は重くなります。これに対して、1989 年に多くの国民の反対にもかかわらず導入された消費税は間接税です。消費税は物やサービスを購入するときに負担する税ですが、すべての人に同じ税率でかけるため、低所得者も高所得者も同じ税負担が求められることから、低所得者のほうが所得全体に占める税負担の割合が高くなるという問題がおきます。これを逆進性といいます。

また、支払った税を国民生活にかかわるどのようなことに政府が使っているのかを知ることは、納税者として重要です。90 兆円を超える莫大な予算の中身を知り、本当に国民のために必要かどうかを具体的に考えていくことが重要です。

❸ 国の財政の現状

日本の国が一日当たりに支払っている国債費（借金の返済と利子の支払い）は約 566 億円（2010 年度当初の財務省発表）にもなります。深刻な財政赤字が続き、公債（借金）の発行残高が年々増加しているからです。この状況を改善し、財政再建をするためにはどうしたらいいのか、財政の役割に基づいて考えましょう。

ここが問題！

① 欠落している財政の役割

教育出版では「財政が果たす三つの役割」（p146 ～ 147）で、「政府は、家計や企業の経済活動だけでは十分に解決できない、さまざまな経済問題に取り組み、経済全体の調整を図ることを目的に、財政活動を行います」と記述し、社会資本や公共サービスの提供・所得の再分配・経済の安定化という３つの役割を紹介しています。他社の教科書も同様です。

育鵬社は、社会資本と公共サービスの提供だけで、ほかの役割について記述がないため、国の財政活動を全体的に理解することができません。

② 税負担の公平性で特異な記述

育鵬社は、「公平な税の負担」として、累進課税は「高所得者に対して一方的に高い税率をかけることは公正に反する、という意見も無視できません」と述べ、消費税などの間接税は「同じ商品を買った人は同じ額の税金を支払う点で、公平と考えられます」と記述しています。

消費税の逆進性にふれてはいるものの、この記述では消費税こそが公平な税であるととらえるでしょう。累進課税となる所得税において不公平感が生じやすい問題よりも、間接税のほうが負担の公平性という点で問題があると指摘する教育出版（p149）の記述と比較すると違いは明瞭です。

コラム 無駄遣いの象徴　ＷＴＣ
（ワールドトレードセンター）

育鵬社には、大阪市の象徴としてＷＴＣの写真が載っています。この建物を大阪府の庁舎にと議会の反対を押し切って、第二庁舎として移転を強行したのが橋下大阪府知事（当時、現大阪市長）です。東日本大震災で、このビルは震度３にもかかわらず15分も揺れ続け、350もの補修箇所が発生した結果、全面移転を断念しました。

しかし、ビル購入費に85億円などの多額の費用がかかっています。しかも今後も庁舎として使っていくことは断念していないため、耐震補強工事などの支出130億円も必要になってきます。これらの莫大な金額は府民の税金です。

一方、橋下府政がこの間に切り捨てた事業は「子育て支援事業」（24億円）、「高齢者の生きがい・地域生活支援」（17億円）、「障がい者支援事業」（3億円）など福祉や医療、教育などの府民生活を守るための予算です。

③ 大阪府政を持ち上げる記述

地方財政の再建について、育鵬社は、大阪府を例に出して「大阪府の一般会計は10年連続で赤字予算でしたが、新しい府知事が2008（平成20）年に就任すると、思い切った財政再建策により、わずか1年後の2009年には黒字に転じました」としています。このように特定の自治体を取りあげ、その行政に対する評価も定まらないうちに賛美する内容はほかの教科書にはなく、特異な記述です。単年度会計で黒字になっているのは確かですが、実際には2011年に臨時財政対策債として前年度の倍以上の3226億円の借金を行っており、大阪府の負債残高は6兆円以上に達し、実質公債比率（予算に占める借金の比率）は17.2％と大きくふくらんでいます。

府の歳出についても、育鵬社は「府の巨額プロジェクトの負債、そして1970年代の府政により、社会保障費とそれにともなう人件費の増大など、大きな負債をかかえていたため、公債を発行し続けてきました。そこで、大阪府は職員給与を都道府県最低水準まで引き下げ、建設事業費を大幅に削減しました。また市町村補助金の削減なども行い、歳出をおさえることにより財政を再建しました」と述べています。ここでは、1970年代に住民運動などによって福祉や教育重視の政策が行われてきたことが財政赤字の原因だと主張しています。

しかし、地方自治体の財政では、社会保障費や人件費では借金はできないしくみになっています。そうではなく89年ころからすすめられた大型公共事業による府債《ふさい》（府の借金）が重くのしかかっているのです。社会保障費や人件費、市町村への補助金などを無駄な支出と決めつけ、その削減が財政改革の道と結論づけるのではなく、住民生活を守ることを前提に、どのような方策があるのかを考える記述が望ましいでしょう。

公民 26

社会保障のしくみと今日の課題

【育鵬社】p142 ～ 145「社会保障のしくみ」「福祉の充実と課題」

ここで学びたいこと

❶ 社会保障とは何か

資本主義が確立した19世紀には「働かざる者、食うべからず」と個人責任が説かれていました。しかし貧困や失業の問題が深刻化する中で、20世紀には、老齢や病気、身体障がい、不景気などさまざまな要因により生活が困難になったとき、個人にかわって国が生活保障を行う社会保障の制度が生まれました。

第二次世界大戦後「ゆりかごから墓場まで」をめざす社会保障制度がイギリスで確立し、それは現在スウェーデンなどの北欧の国々にひきつがれています。

❷ 日本の社会保障制度の４つの柱

日本国憲法第25条には「①すべて国民は、健康で文化的な最低限度の生活を営む権利を有する。②国は、すべての生活部面について、社会福祉、社会保障及び公衆衛生の向上及び増進に努めなければならない」と定められています。日本の社会保障制度はこの憲法の規定にもとづき、社会保険、公的扶助、社会福祉、公衆衛生の４つを柱として整備されてきました。

社会保険は、個人と企業が支払う保険料と政府の支出をもとに、病気や高齢になったときに給付を受ける制度です。医療保険、介護保険、年金保険、雇用保険、労災保険などがあります。日本では1960年代前半までに国民皆保険と国民皆年金が実現しました。生活が困難な時に生活費などを支給するのが公的扶助です。児童であるためや、障がいや老齢などで自立が難しい人たちの生活を保障し、福祉を実現するのが社会福祉です。公衆衛生は公害対策や感染症予防などを行います。

❸ 社会保障で政府が果たすべき役割

企業や国民に応分の負担を求めつつ福祉国家を実現した北欧の国々がある一方、アメリカなどのように社会保障は最小限度にして自己責任を求めている国もあります。税金や社会保障費（年金などの社会保険料）が国民所得に占める割合（国民負担率）は、アメリカと日本は４割に満たず、イギリスとドイツが５割程度、フランスやスウェーデンは６割を越えます。しかしアメリカでも、国民皆保険の実現が主張されたり、軍事費の削減が議会で論議されたりするようになってきました。

戦後の日本では、人びとの社会保障、社会福祉を求める運動などもあり、教育・福祉の拡充がすすみましたが、1970年代以降、景気対策として公共投資を行うために大量の国債を発行し、国債費が財政を圧迫するようになりました。1990年代から、「規制緩和」「民営化」「小さな政府」を掲げ、福祉や教育への財政支出を削減する「構造改革」が推進されてきました。この政策は一部の富裕層を生みだす一方で、パートや派遣などの非正規雇用を急増させ、社会保障を低下させて国民の間の格差を広げました。そのため国の財政による社会保障の充実が大きな課題となっています。

ここが問題！

① 権利としての社会保障の視点がない

育鵬社は19世紀から20世紀にかけて社会保障が確立されてきた歴史的な経過をまったく書いていません。また「人々は貯蓄をし、年金保険や生命保険に加入しようとします」と記述していますが、生命保険は民間の保険であり社会保険ではありません。このように、自助努力を中心に説明し、社会保障が権利であるという視点が欠けています。

現在の国民皆年金の起源を「1875（明治8）年の陸軍と海軍の恩給制度から始まった日本の年金制度」と説明していますが、日本国憲法のもとで権利としての社会保障の一環としてつくられた年金制度を、目的も時代も違う恩給制度と結びつけるのは不適切です。

【資料】相対的貧困率の国際比較

所得の分布における中央値の50%に満たない人びとの割合（%）

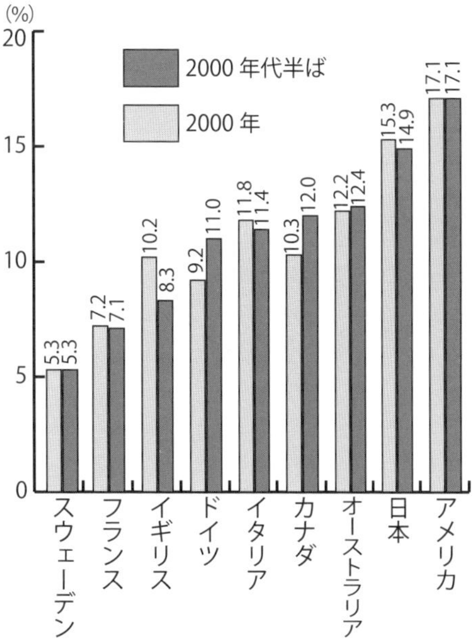

OECD（2008.10）"Global Unequal In Distribution and Proverty in OECD Countries"

② ４つの柱がわかりにくい

他社のほとんどは、本文で憲法第25条を取りあげて、日本の社会保障制度を説明しています。しかし、育鵬社は、本文ではなく側注欄で憲法第25条をあげています。

社会保障の４つの柱については、他社はイラストなどを多用して具体的にくわしく述べています。これに対して、育鵬社のイラストは「公的年金のしくみ」のみで、全体として年金制度とその財源難についての記述と図に多くのスペースがさかれており、社会保障制度全般についてバランスのとれた記述になっていません。年金も含めて、社会保障における政府の責任が軽んじられています。

また、生活に困難がある人たちとしては、障がい者のみにスポットをあてています。今の日本の資本主義社会で、失業や非正規雇用などで生活困難者が多数生まれている現実の指摘もなく、そうした人びとの生命と生活を政府がきちんと保障しなければならないとの指摘もありません。

③ 年金の財源を国民の負担に求めるのか

育鵬社は「高福祉のためには高負担になります」「私たちも、どれだけの受益と負担が妥当であるか考えなければなりません」と述べ、福祉は個人の負担に見合うものと考えるのが当然としています。調べ学習のところでも、年金の財源問題について「レポートにまとめ、発表しましょう」というコーナーが設けられています。問題はいずれにしても、社会保障の財源を個人がどれだけ負担するかという一面的な視点からしか考えようとしていないことです。富裕層と低所得層の税負担は公正か、税の使い道は今のままでいいのかといった問題を視野に入れて考えようとしていません。それでは年金給付のためには増税するか、増税しないならば給付を減らすかという選択肢しか出てきません。

これらの問題を考えるためには、北欧など社会保障先進国の実情や、一部の先進国での富裕層の税負担増と社会保障で不平等を是正しようとする動きなどを学ぶ必要があります。

コラム
》5《

2011年の教科書採択をめぐる自民党などの動き

◆自民党が地方組織・議員に教科書採択について指示

2011年の教科書採択の大きな特徴は、自民党と日本会議が、「再生機構」・「教科書改善の会」や「つくる会」とタイアップしつつ、運動の前面に出てきて活動したことです。

特に、「つくる会」系教科書の採択のために、自民党が全面的に介入する支援体制をとりました。2010年12月、自民党本部は都道府県連あてに教科書採択について、新教育基本法と新学習指導要領に最も適した教科書の採択のために「地方議会での活動が死活的に重要」という指示を出しました。

つづいて2011年5月、自民党本部は再び都道府県連・地方議員あてに、地方議会での質問文案と議会での決議文案をつけて、教科書採択への介入を指示しました（注1）。それにもとづいて自民党政務調査会が6月に「議会質問用参考資料」のパンフレットを発行しました。「再生機構」の機関誌『教育再生』（2011年7月号）は、「自民党が今回は本気だ、これまでとは全然違う」と伝えています。

自民党は、教科書採択に介入し、「つくる会」系教科書採択を推進する根拠として、教育基本法に最も適合した教科書を採択させるのは、2006年教育基本法制定時の政権政党だった自民党の責務だと主張して、「政治介入」を正当化しています。

◆自民党「教科書議連」の動き

また、2009年の政権交替以後活動を休止していた自民党の「日本の前途と歴史教育を考える議員の会」（「教科書議連」）が、2011年2月23日、新役員体制（注2）で活動を再開しました。「教科書議連」の古屋会長は4月22日、衆議院拉致問題特別委員会で育鵬社と東京書籍の拉致問題の記述を比較しつつ質問し、中野寛成拉致問題担当大臣（当時）から、育鵬社の記述に敬意を表するという答弁をひきだしました。さらに、義家事務局長は6月10日、参議院文教科学委員会で、育鵬社・自由社は「自虐史観」を克服する教科書だと宣伝しました。「教科書議連」は、地方議員に教科書採択活動を呼びかけるなど公然と採択に介入しました。

◆日本会議・日本会議地方議員連盟の採択活動

こうした動きを受けて、日本会議地方議員連盟（正会員1,100名余）が6月に議会での質問文案、決議文案（自民党文書と同内容）を発表し、地方議会を使って介入し、「つくる会」系教科書が採択されやすい条件（環境）づくりを行ってきました。

こうした自民党などの「つくる会」系教科書の採択に向けた活動を具体的に各地で推進したのは、日本会議の都道府県本部と地域支部などです。日本会議の採択活動は、2001年、2005年との大きな違いは、日本会議地方議員連盟と地域支部が結成され、この両者が連携して、各地で活動を展開したことです（注3）。

自民党、日本会議地方議連と日本会議支部によって、「新教育基本法と新学習指導要領に最も適した教科書の採択を求める」請願や決議が一定の府県議会・市議会で採択されました。教育委員会は一般行政から独立した教育行政機関であり、その教育委員会に特定の教科書の採択を要求する議会決議は、教育行政に対する政治的介入です。さらに、教科書採択は教育内容に深く関わるものであり、議会が多数決によって教育委員会に圧力をかけるのは不当な支配にあたり、議会としてやってはならないことです。地方議会を使ったこのような介入は、教育基本法第16条でも禁じているものです。

（注1）この指示では、育鵬社・自由社以外の教科書は「教育基本法の理念・精神が十分反映したものとは言えない」「このままでは、教育基本法や国民の一般常識とはかけ離れた非常識な教科書が子供たちに教えられるという、由々しき事態」になる、としています。
（注2）新役員は、会長・古屋圭司衆院議員、幹事長・下村博文衆院議員、会長代行・江藤晟一参院議員、事務局長・義家弘介参院議員、顧問・安倍晋三元首相です。
（注3）日本会議は、機関誌『日本の息吹』に毎号教科書問題を載せ、文科省の検定終了後は「中学校教科書を点検する」を連載し、2011年6月号・7月号では「徹底比較これが中学教科書の採点表だ！」を載せました。「採点表」では、育鵬社・自由社は満点、それ以外の教科書には低い点数をつけています。

Ⅴ章

現代の国際社会と世界平和

現代の世界では、いまもなお武力紛争によって多くの子どもたちの命が奪われています。貧困と飢餓に苦しむ人びと、自由や権利が保障されていない人びともたくさんいます。地球規模の環境問題も人類が取りくむべき大きな課題になっています。

世界中の人びとが平和で人間らしく生きることができるように、国際連合や多くの国々、非政府組織（ＮＧＯ）が協力してさまざまな取り組みを行っています。

国連憲章は、国際紛争の平和的手段による解決や武力行使の禁止を定めています。国際紛争を軍事力ではなく、国際法や外交交渉によって解決していこうとする世界の流れが大きくなっています。

21 世紀の国際社会において、日本国憲法の平和主義を生かすことこそが、人類の福祉と平和、地球環境の保全を実現する大きな力になるのではないでしょうか。

公民 27

領土問題をどう扱うか

【育鵬社】p156 ～ 157「国家とは何か」

ここで学びたいこと

1 領土問題とは何か

領土問題とは、ある地域や島などがどの国の領域に属するかをめぐって、国と国との間で争いが起こることです。いま、世界では40を超える領土問題があるといわれています。領土問題は国益やナショナリズムと結びつきやすいために解決が難しいものです。それだけでなく、領土問題は武力紛争に発展する危険性があることは、これまでの歴史で世界各国が経験してきたことです。さらに、領土問題による国境紛争を緊張させることによって、国内での政治的支配力を強化しようとする政治家が出現して、戦争になった事例も多くあることも歴史の教訓です。

それだけに、武力紛争にならないように、平和的な解決のための努力が求められる問題です。

2 日本の領土問題

日本はロシアとの間に「北方領土」、韓国との間に「竹島(韓国名・独島《ドクト》)」、中国との間に「尖閣《せんかく》諸島」の領土問題をかかえています。これらの領土は、日本が自国の領土に編入した経過があり、さらに、それぞれ紛争に至った歴史的な経過があります。領土問題を考えるときには、こうした歴史的な経過・事実について知ることが重要です。ところが、日本政府は、これらの領土問題について、あまりにも国民に知らせていません。

たとえば、文部科学省が、学習指導要領の「解説」で北方領土と同様に扱うことを明記し、韓国との間で新たな対立を深めている竹島について、日本は領土問題としていますが、韓国は歴史問題ととらえています。日本が竹島を自国領土に編入したのは日露戦争中の1905年1月です。日本は、1904年に日韓議定書、第一次日韓協約、05年に第二次日韓協約を武力を背景に押しつけ、韓国の外交権を奪って保護国にし、1910年に併合して植民地にしました（本書p48参照）。竹島の日本領編入（1905年1月閣議決定）はこうした韓国を植民地にする過程で行われたものです。そのために、竹島／独島問題は韓国にとっては歴史問題とされているのです。

日本政府は、こうした歴史的経過について、ほとんど知らせないでいます。

3 領土問題の平和的な解決のために

前述のように、領土問題はナショナリズムを高揚させ、武力紛争の原因になりやすい問題です。さらには、領土をめぐる対立が両国間の友好や交流の阻害要因になることも歴史の教訓です。したがって、領土問題を平和的に解決するために政府をはじめ民間での冷静な話し合いが求められます。そのためには、領土問題の歴史的な経過について、事実に基づいた認識を形成すること、自国の政府の主張だけが正しいと思うだけではなく、相手国の考えをよく知ることも重要になります。

その上で、相手の国との友好をどのように発展させるかという観点での話し合いを粘り強くすすめる必要があります。

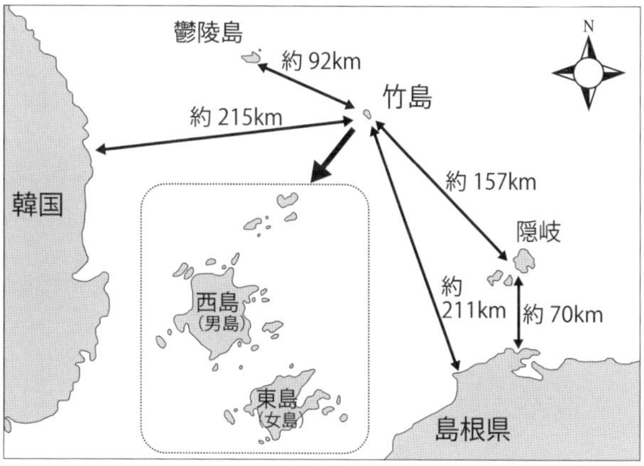

ここが問題！

◇1 育鵬社の領土問題の記述

育鵬社は、口絵で北方領土、竹島、尖閣諸島の写真を載せ、たとえば「日本固有の領土であるにもかかわらず、韓国が不法占拠している竹島」（p4）などと記述しています。「国家とは何か」のところで、「歯舞《はぼまい》群島、色丹《しこたん》島、国後《くなしり》島、択捉《えとろふ》島の北方領土、日本海上の竹島は、それぞれ、ロシア、韓国がその領有を主張し、支配しています。また、東シナ海上の尖閣諸島については、中国がその領有を主張しています」「これらの領土は歴史的にも国際法上も、日本の固有の領土です」と書き、別の所でも「1954 年に韓国は竹島を不法占拠しました」（p172）と書いています。

そして、3 つの領土問題について、外務省のウェブサイトの引用で説明しています。このウェブサイトの内容は、竹島について江戸時代から日本が領有していたなどと間違った内容が多くあることが専門家から指摘されているもので、これを無批判に利用することは問題があります。

◇2 他社と比べて異常な領土問題の強調

育鵬社は領土問題を 3 か所で扱いその分量も他社の数倍です。これは、育鵬社の教科書が国家・国益を最優先する内容のあらわれであり、領土問題を愛国心やナショナリズムを植えつける材料と考えているためと思われます。

しかし、たとえば竹島について、政府が長年解決できない問題を「韓国が不法占拠」と強調して中学生に教え込むことには、いたずらに韓国（近隣諸国）への敵愾心《てきがいしん》や排外主義を煽《あお》ることにつながる危険性があります。

◇3 「固有の領土」といえるのか？

竹島などを「固有の領土」と主張していますが、この言葉がふさわしいかどうかの検証が必要です。「固有」とは「もとからあること」（広辞苑）ということです。では、竹島がもとからある日本の領土といえるでしょうか。江戸幕府は 1696 年に竹島は日本の領土ではないとし、明治政府も 1877 年に日本の領土ではないと認めています。ところが政府は、日露戦争の日本海海戦のために軍事的な必要性から 1905 年に日本の領土にしました。明治以降に日本の領土にしたものを「固有の領土」とよぶのははたしてふさわしいでしょうか。

日本政府は、「江戸時代から日本が領有する固有の領土」としながら、他方では、「無主の島」なので 1905 年に日本に編入した、と矛盾した主張をしています。

なお、竹島などを「固有の領土」とよぶのは日本政府の見解であり、自由社、東京書籍、清水書院も「固有の領土」と書いています。

公民
28

「日の丸・君が代」

【育鵬社】p158 ～ 161「国家と私たち」「国旗・国歌に対する意識と態度」

ここで学びたいこと

1 国旗・国歌法と内心の自由

国旗・国歌に対してどのような態度をとるかということは、私たちの内心の自由（信教の自由、思想および良心の自由）と大きく関わってきます。国旗・国歌法（1999 年）は、国旗は「日の丸」、国歌は「君が代」とする、と定めただけであり、国民に国旗掲揚や国歌斉唱を義務づけるものではありません。

当時の国会審議の中で、政府も、国旗・国歌を国民に強制することはないと繰りかえし答弁しています。

2 日本の歴史において「日の丸・君が代」が果たした役割

日本においては、天皇主権の国家体制のもとで、「日の丸・君が代」が国民を戦争に動員し、植民地を支配するための道具として利用された歴史的事実があります。

同じ敗戦国であるドイツやイタリアでは第二次世界大戦後、新しい国旗・国歌が制定されましたが、日本では、新しい国旗・国歌が作られることはありませんでした。そのため「日の丸・君が代」に抵抗を感じる人たちが少なくありません。

ここが問題！

1 「国民意識」を育てるために国旗・国歌の尊重を強調

育鵬社は、グローバル化の流れの中で、「国家としての一体感を守り育てることは大切であり、そのためにあらためて国民意識が必要となる」と述べています。この「国民意識」を育てるために、国旗・国歌の尊重を強調しています。「日の丸」を広げて「国歌斉唱する女子バレーボール日本代表チーム」の写真を掲げ、見開き２ページの特設コラムで、サッカー選手などの著名人の意見を紹介して、国旗・国歌を尊重する意識と態度を身につけさせようとしています。そして「国旗・国歌に敬意を払うということは、その国そのものに対して敬意を払うことになる」と述べて、「愛国心」を育てることにつなげています。

このような国旗・国歌の突出した扱いは自由社も共通しています。しかし、日本文教出版は「国旗･国歌を国のシンボルとして相互に尊重しあうことが、国際的な儀礼となっています。日本では、法律で日章旗を国旗、君が代を国歌としています」（p183）と客観的に記述しており、他社もほぼ同じような記述をしています。

育鵬社は「朝、教室に掲げられた星条旗に向かって忠誠を誓うアメリカの生徒」を写真で紹介しています。しかし、アメリカでは、第二次世界大戦中に、学校で国旗に敬礼しなかったことを理由に退学処分にするのは内心の自由を侵害するのではないか、と訴訟がおきました。1943 年に連邦最高裁は、「国旗に対する敬礼及び宣誓を強制することは憲法修正第１条に違反し、知性及び精神の領域を侵犯するものである」と述べ、内心の自由を侵害すると認めました(バーネット事件)。戦後のアメリカでもこの判決は尊重されています。

また、多くのヨーロッパ諸国では、入学式や卒業式がなく、国旗・国歌を強制することは行われていません。

育鵬社のように、近隣諸国との緊張関係を強調し、愛国心を心情的に訴えることは、世界平和と人類の福祉を実現するために国際的な視野をもった国民を育てる教育と大きくかけ離れることになります。

2 日本で「日の丸・君が代」が果たした歴史的役割を無視

国旗・国歌とされた「日の丸・君が代」は、かつてアジア諸国の植民地支配や国民を戦争に動員するために使われた歴史があります。「日の丸・君が代」は、天皇に忠誠をつくし、天皇のために命を投げうつ子どもたちを育てるために利用されたのです。

日本の植民地にした朝鮮・台湾や戦争で占領した国々で「日の丸」を掲げ、「君が代」を歌わせました。アジアの人びとにとっては、「日の丸・君が代」は日本の侵略の象徴でした。

しかし育鵬社は、この歴史的事実を一切書いていません。そのため「常に国旗・国歌を尊重するよう心がけている日本人は必ずしも多くありません」と記述していますが、それがなぜなのかがまったく伝わりません。

さらには「それぞれの国の人々が、自国の国旗・国歌に愛着を持つのは当然のことです」と述べています。しかし、日本の場合、上で述べたような歴史的背景があるので、「愛着を持つのは当然」とはいえない実態があります。

コラム 国旗についてのケニアでの体験談の紹介は適切か

育鵬社は、次のような青年海外協力隊員のケニアでの失敗談を引用しています。

「事件が起こったのは、夕方の六時ちょうどでした。どこかで笛の音がピーッと鳴るのを聞きました……笛の音は……国旗降納の合図だったのです。ケニア国民は直立不動の姿勢をとらねばならず、また外国人とておなじです。(しかし) 私は起立もせずに下を向いて仕事を続けていました。すると、三方よりライフル銃。頭から血が下がって行くのが自分でも分かりました。……〝気をつけよう、朝夕六時の笛の音〟。」(『クロスロード』1983年)

国旗・国歌に敬愛を示せない者は、海外では命の危険にさらされてもおかしくないと伝えることが目的だろうと思われます。中学生には、著しい衝撃を与えることでしょう。

しかし、国旗降納時に仕事を続けていたらライフル銃で脅かされる社会が望ましい社会とはとうていいえません。ライフル銃で脅されて直立不動になるのは、誰のためなのでしょうか。

この例はむしろ、国旗・国歌の誤った使われ方の例であるように思われます。

3 教室にはさまざまな国の子どもたちがいる

グローバル化の中で、日本の学校には多くの国籍の子どもたちが学んでいます。その中には、かつて日本が侵略した国の子どもたちもいます。この子どもたちにも「日の丸・君が代」を強制することがあってはなりません。

それぞれの国々の歴史を学び、互いの文化を尊重し合いながら、理解し合う道をこそ考えるべきではないでしょうか。

公民 29

世界平和を実現するために

【育鵬社】p166～167「世界平和の実現にむけて」

ここで学びたいこと

1 地域紛争やテロの原因と国際援助

冷戦後の地域紛争は、ソ連の解体で唯一の超大国となったアメリカの政策が大きな原因になっています。グローバル化の進展によって世界的に経済格差が拡大するなかで起こった、湾岸戦争や、同時多発テロ事件後のアフガニスタン戦争・イラク戦争にそれがみられます。

このような地域紛争に対して、国連、地域機関などが役割分担しつつ協力して対処する体制を構築することが急務となっています。また、各地での武力紛争、政情不安、飢饉などによって、大規模な難民の移動や人道上の危機が生じたのに対して、UNHCR（国連難民高等弁務官事務所）などの国連機関やNGO（非政府組織）・NPO（非営利組織）は、難民や国内避難民などの援助活動を展開しています。

2 核兵器廃絶や軍縮をめざす取りくみ

1995年に核不拡散条約（NPT）の無期限延長が決まった際、5年ごとに国連でNPT再検討会議を開くことが義務づけられました。2009年にオバマ米大統領が「核兵器廃絶」を訴えたプラハ演説を受け、翌2010年に開かれたNPT再検討会議では、「核なき世界」の実現を目的に掲げ，「核兵器禁止条約」構想にも言及した「最終文書」を10年ぶりに全会一致で採択し、一歩前進しました。今後は、できるだけ早く「核兵器の完全廃絶のための行程表を検討するために国際交渉を開始する」ことが課題となっています。

ここが問題！

1 地域紛争やテロの原因にふれず不安をあおる

育鵬社は、地域紛争について「冷戦後、それまで両大国の対立の中で見えにくかった民族対立や宗教対立が表面化し、地域紛争が絶え間なく起こっています」と述べ、旧ソ連や旧ユーゴスラビアの紛争、ルワンダ、ソマリアの内戦、東ティモールの独立運動を例示し、同時多発テロ事件を取りあげています。

地域紛争の原因について、東京書籍は「豊かな国と貧しい国」の格差の広がりなどをあげ（p156)、清水書院は、政府の能力の弱体化、民衆の支持を失った政権が暴力によって権力を維持すること、貧富の格差の広がり、資源の争奪をめぐって他集団を排除する過激な主張など、さまざまな原因を取りあげています（p164)。

これに対して、育鵬社は、地域紛争の原因にはまったくふれず、テロを「国際社会にとって大きな脅威」として不安をあおるだけの記述になっています。これでは地域紛争やテロがなぜ起きるのか、それを解決するにはどうしたらよいのか、という子どもの問いにはまったく答えられません。

地域紛争やテロに対して、東京書籍は「貧富の格差の改善」(p157) などの対策を指摘し、清水書院は、難民とそれに対する国際援助について言及し、「紛争の温床となっている貧困と不安を緩和するため」に食料や医療、教育などの援助活動が必要であることを述べています。

しかし、育鵬社は地域紛争のなかで生まれる難民や国内避難民など、民衆の犠牲についてもまったくふれていません。

2 アフガニスタン戦争やイラク戦争を取りあげない

育鵬社は、地域紛争やテロを世界平和をおびやかすものとして記述していますが、アメリカを中心とするアフガニスタン戦争やイラク戦争などについては説明していません。

日本文教出版は「アメリカは、テロとの戦争を宣言し、アフガニスタンを攻撃しました。続いてイラクに開戦し、軍事的には圧倒しましたが、占領統治は難航し、イラク国内にゲリラ戦をまねくなどの、混乱を生じました」(p193) と述べています。また、教育出版は「イラクに大量破壊兵器が存在しなかったことなどもあって、この戦争の根拠や成果に対し、国際社会からは不信の声もあがっています」(p189) と側注で指摘しています。テロと戦争が繰りかえされることによっては、問題が解決しないことが明らかになっています。

コラム 「ビキニ環礁」世界遺産に

2010年8月1日、ユネスコは冷戦時代に核実験が繰りかえされた太平洋・マーシャル諸島の「ビキニ環礁」を世界遺産（文化遺産）に登録したと発表しました。遺産委員会は、「ビキニ環礁は核実験の威力を伝えるうえで極めて重要な証拠」と指摘したうえで、「人類が核の時代に入ったことを象徴している」と、決定理由を明らかにしました。核兵器被害を伝える世界遺産としては、1996年に登録された「広島平和記念碑」（原爆ドーム）があります（「読売新聞」2010年8月2日より）。

それにもかかわらず、アメリカは2011年7月から11月の間に、2回にわたり新型の核実験（核実験場を使用しない装置内での実験）を実施したことを、2012年1月に明らかにしました。

これに対して、広島、長崎の被爆者をはじめ、世界中から抗議が集中しています。

3 核兵器廃絶の運動や軍縮の取りくみを取りあげない

育鵬社は､核兵器について「核兵器やその開発技術をひそかに売り買いする闇市場」の存在や「テロへの使用」の懸念、「日本周辺でも、中国の核ミサイル配備や北朝鮮の核兵器開発などが軍事的緊張を高めています」という､危機感をあおる記述をしています。しかし､このような現状に対して、世界中の人びとが核兵器の廃絶や軍縮をめざす取りくみを行っていることは取りあげていません。

それに対して、清水書院は「核廃絶をめざすとりくみ」として、原水爆禁止運動などの反核運動、非核地帯のこころみや非核自治体宣言などを紹介し、通常兵器の廃絶の取りくみとして、対人地雷全面禁止条約やクラスター爆弾禁止条約を取りあげています (p163)。また、教育出版は特設ページ「平和の構築を目ざす人たち」で、「戦争を語り継ぐ人たち」「原爆の記憶を伝える人たち」「平和の構築に取り組む子どもたち」を紹介しています (p68 ～ 69)。

公民 30

日米安保条約

【育鵬社】p168 ～ 169「日本の安全と防衛」

ここで学びたいこと

1 日米安全保障条約とアメリカ軍基地

1951 年にサンフランシスコ平和条約と同時に日米安全保障条約が結ばれました。これによって、アメリカ軍は「占領軍」から「駐留軍」へと名前を変えて、そのまま日本に残ることになり、今もアメリカ軍基地が日本に置かれています。とくに沖縄は「太平洋の要石《かなめいし》」と呼ばれ、在日アメリカ軍基地の 74%、約 230km^2 が集中しています。また、安保条約とともに結ばれた行政協定（新安保条約以後は地位協定）によって、アメリカ兵や軍にはさまざまな特権が認められています。

現在、イラク戦争などのように、日米安保条約で定められた範囲を越えた活動が問題になっています。また、非核三原則に反し、日米の密約によって「核兵器が持ちこまれている」ことが明らかになりました。さらに沖縄ではアメリカ軍による事故や犯罪が絶えず、沖縄県民の抗議行動が高まるなか、基地の整理縮小と普天間基地の移転が問題になっています。

2 有事法制

日米両国の新ガイドラインを受けて、1997 年に「周辺事態法」が制定されました。その後、同時多発テロ事件などを受け、2001 年 11 月にはテロ対策特別措置法、イラク戦争開始後の 2003 年 6 月には武力攻撃事態対処法や改正自衛隊法など有事法制に関連する法律が成立しました。

この有事法制とは、日本が他国から武力攻撃を受けた場合または武力攻撃が予測される場合に、自衛隊と米軍が共同して活動できるようにするための法律で、国民の権利を制限し、地方自治体や民間などを動員することを定めた法律です。

ここが問題！

1 安保条約を不正確に説明し、「抑止力」として積極的に評価

育鵬社は、日米安全保障条約について、「これ（1951 年に結んだ旧日米安保条約）は、日本が外国からの攻撃を受けたとき、アメリカと共同して共通の危険に対処することを宣言したもの」と記述しています。しかし、旧安保条約は、日本が一方的にアメリカに軍事基地を提供する義務を負い、アメリカは日本を防衛する責任を負わない不平等条約でした。新安保条約（1960 年）は、日本の再軍備の義務づけと日本の領域内で日本か在日アメリカ軍基地のどちらかが攻撃された場合には共同の作戦行動に入ること、つまり、日本も参戦することが決められたものです。育鵬社の記述はこの 2 つの条約の違いをおさえずに、「アメリカに外国の侵略から日本を守ってもらう」ために安保条約を結んだかのように描いています。

また、新安保条約に対して「アメリカがはじめた戦争に日本が巻きこまれる危険がある」として、安保闘争とよばれる大きな反対運動が国民の間に起こったことや、さらに国会に警官隊が導入され、

野党議員を議場に入れずに新安保条約の承認を自民党が単独で強行採決したため、多くの国民が民主主義の危機を感じて反対運動がさらに発展したことには、まったくふれていません。

清水書院は、旧安保条約について述べたあと、新安保条約について、「はげしい反対運動のなかでこの条約が改定され、日本国の施政の下にある領域において日米のいずれかいっぽうに対して武力攻撃があったばあい、両国が共同して『共通の危険』に対処する」（p88）と正確に記述しています。

米軍専用施設面積の構成比

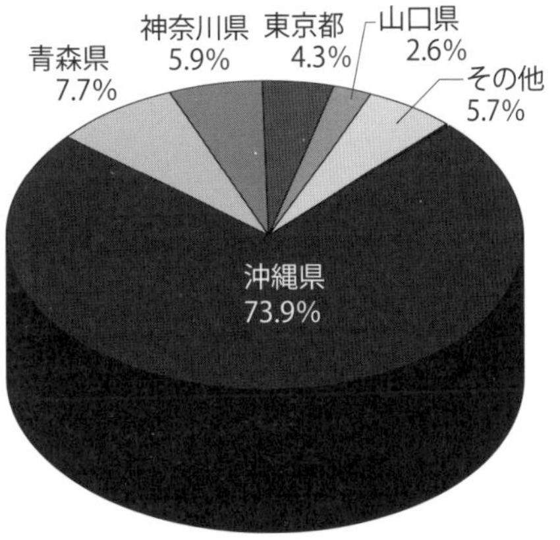

沖縄県が日本全国の米軍専用施設面積の約 74%を占め、他の都道府県に比べ極端に大きな割合となっている。

また育鵬社は「戦後の日本の平和は、自衛隊の存在とともにアメリカ軍の抑止力に負うところも大きい」「この条約は、日本だけでなく東アジア地域の平和と安全の維持にも、大きな役割を果たしています」と政府見解とまったく同じ記述をしています。それに対し、清水書院は「おもな紛争地域が日本から遠くなり、さらに軍隊を迅速に派遣できる技術が発達したことなどにより、日本国内にアメリカ軍基地を維持しつづける理由も問い直されている」（p89）と、最近の安保条約をめぐる議論も紹介しています。

2 有事法制の内容にはふれない

有事法制については、育鵬社は「有事への対応を想定した法律の整備（有事法制）が進められ、2003 年に武力攻撃事態対処法など有事関連三法が成立しました」と記述していますが、有事法制の具体的な内容にはふれていません。たとえば有事法制の基本法である「武力攻撃事態対処法」は、アメリカ軍の軍事行動（戦争）を日本が後方支援した場合に、日本をアメリカの協力者と見る相手国から「武力攻撃が予測される」と判断すれば、政府は自衛隊を出動させ、アメリカ軍と一体になって相手国と戦うことになり、地方自治体や民間企業、一般国民を戦争に巻き込むものです。

有事法制の評価はむずかしい問題であり、どこまで中学生に教えるかという問題はありますが、日本文教出版は「有事の際に自衛隊の行動範囲が拡大し、国民の協力も求められるなど、人権の確保が適切になされるかを問題にする意見もあります」（p72）と指摘しています。

3 緊張の高まりや危機感だけをあおるアジア外交問題

日本の防衛の課題については、育鵬社は、ミサイル発射と核実験、工作船、拉致問題といった北朝鮮との緊張の高まりや中国の軍事力の大幅な増強を取り上げ、危機感をあおっていますが、日本の外交のあり方にはふれていません。東京書籍は、東アジア諸国との関係強化について述べたあと、「その際、日本が過去に植民地支配を行い、戦争で大きな被害をあたえるなど、東アジアや東南アジアにたえがたい苦しみをもたらしたことを忘れてはなりません」（p171）と記述し、アジアの近隣諸国との平和外交の重要性を強調しています。

公民 31

国際社会における日本の役割

【育鵬社】p170～171「国際社会での日本の役割」

ここで学びたいこと

1 国際貢献のあり方

非軍事的な国際貢献の代表的なものがＯＤＡ（政府開発援助）です。ＯＤＡについては、援助する国も利益を受けることや、援助される国が独裁政権などの場合に援助の恩恵が国民全体に行き渡らないこと、開発によって人びとの住む場所や生活が奪われる、などといった問題が指摘されてきました。そこで近年は、差別や貧困、さまざまな不衛生や感染症、紛争やテロ、環境破壊など、人びとの生存と安全を脅かす危機に対して、国際的な取り組みを進めようという「人間の安全保障」という考え方が登場しています。このような考え方にもとづいて援助を行うことが、多くの国のＯＤＡの方針の１つとして採用されるようになってきています。これは、援助される国の貧しい人たちの安全を保障するだけでなく、それを通じて世界70億人の安全を築いていくという考え方に基づいています。

一方、ＰＫＯ（国連平和維持活動）や「テロとの戦い」に自衛隊を派遣すること（軍事的な「国際貢献」）は、憲法第９条に違反するのではないか、として国民の間に議論や批判があります。

2 世界平和実現のために本当に必要なことは何か

「世界平和をどうつくるか」については、テロとの戦い・国家の安全保障、などといった「武力による平和」と、戦争違法化（国連憲章など国際法による武力行使の禁止）・人間の安全保障・平和文化の創造、などといった「非暴力による平和」という二つの立場が鋭く対立しています。具体的にはアメリカを中心とした「テロとの戦い」がもたらしているものと、非同盟諸国の動き、格差社会の解消や共生をめざす反グローバリズムの市民運動やＮＧＯ（非政府組織）・ＮＰＯ（非営利組織）の活動などを学ぶなかで、世界平和実現のために本当に必要なことは何か、日本の果たすべき役割は何かを考えることが大切です。

ここが問題！

1 今までの日本のＯＤＡの問題点にはふれず国益重視への転換を評価

育鵬社は、日本のＯＤＡについて「発展途上国に対して、…無償で資金協力を行ったり、円借款《えんしゃっかん》（低い利子による長期の貸し付け）によって大規模なプロジェクトを立ち上げるなどの方法で行われてきました」「日本の国際貢献として、外交の有力な手段とも考えられてきました」と述べています。しかし、たとえばヨーロッパ諸国に比べて無償援助の割合が非常に低いことや、ダム建設による電力を利用した日本企業の工場建設、熱帯林の伐採による環境破壊など、必ずしも現地の人びとの役に立っていない日本のＯＤＡの問題点にはいっさいふれていません。

このように、育鵬社は、今までは現地の利益を重視していたかのように記述しながら、その一方で「対中ＯＤＡ必要だったか」という見出しの「日本のＯＤＡのあり方を疑問視する新聞記事」を取り上げ、現在は「援助内容を日本の国益を重視したもの」に転換してきていることを積極的に評価しています。しかし、これでは「人間の安全保障」という考え方にもとづく援助への転換を図っている世界の流れに逆行しています。東京書籍は「この援助で生活がよくなった国々も多いのですが、援助がうまくいかずに無駄になることもあり、今後の課題となっています。ＯＤＡに加えて、井戸の掘削など政府の援助が行き届きにくい分野では、さまざまなＮＧＯが世界各地で活発に活動しています」（p159）と、日本のＯＤＡの問題点やＮＧＯの役割についても記述しています。

2 自衛隊の「国際貢献」を一方的に評価

育鵬社は､自衛隊の「国際貢献」について、「冷戦後、地域紛争が多発し、その解決が国連に期待される中で、日本にもいっそうの貢献が求められるようになってきました。そのきっかけが、……湾岸戦争（1991年）でした。日本は多国籍軍に多額の資金を提供しましたが、戦争終結後、日本への国際社会の評価はきわめて低いものでした」と述べています｡そして､海上自衛隊の掃海部隊のペルシャ湾派遣、ＰＫＯ協力法の制定と自衛隊の派遣、テロ特措法に基づくインド洋での給油活動などを取りあげています。さらに図で「世界で活躍する自衛隊の国際平和協力活動」を詳細に紹介しています。

しかし、これには、アメリカが日本に資金提供をさせておきながら評価せず、日本に「いっそうの（軍事的）貢献」を強く求め、圧力をかけてきたという背景があります。

清水書院は「日本では文民による国際貢献には世論が一致して賛成したが、自衛隊を派遣することについては賛否が分かれた」（p89）と述べています。東京書籍は、カンボジアなどでのＰＫＯやイラクなどでの紛争処理への参加、海賊対策のための護衛などをあげて、「このような自衛隊の任務の拡大は，世界平和と軍縮を率先してうったえるべき日本の立場にふさわしくないという声もあります」（p39）と、批判的な見方についても述べています。

コラム　ここにこそ動かぬ平和がある―用水路は現地活動25年の記念碑

ペシャワール会現地代表
ＰＭＳ（ペシャワール会医療サービス総院長）中村哲

ペシャワール会は、1984年以来、パキスタンのペシャワールから、さらにアフガニスタンで医療活動を行う中村哲医師を支援する日本のＮＧＯです。現在は医療だけでなく、アフガニスタンに用水路を引く事業を行っています。「ペシャワール会報号外」2009.5.27より一部抜粋します。

《「アフガンに命の水を」―ＰＭＳの「(アフガニスタンに）マルワリード用水路（を建設する事業)」が実行に移されたのは、2003年3月19日、米軍のイラク侵攻の前日であった。当時、ジャララバード周辺は空前の規模で農村の沙漠化が進行していた。…折《おり》悪《あ》しく前後して、旧タリバン政権と英米との衝突が起きた。…2001年に「同時多発テロ」が起きると直ちに激しい空爆にさらされた。その後の政治的混乱は激しくなるばかりで出口が見えないが、世界の耳目《じもく》は徒《いたずら》に政情に集中し、人びとの本当の困窮《こんきゅう》が伝わることがなかった。米軍の進駐に続いて「アフガン復興」が話題となったが、農村地帯が恩恵に浴《よく》することは少なかった。…マルワリード用水路建設事業は、全長24キロメートルの完成を以《も》って、1つの区切りとなる。現在、この用水路によって生活を立てる者は15万人を下らない。マルワリード用水路は、現地活動25年の「記念碑」だと言える。この命の流れが、絶えることなく続き、建設にかかわったすべての人びとに心和《なご》むものを与えることを祈る。変転する殺伐《さつばつ》な世界にあって、ここにこそ動かぬ平和がある。》

公民 32

領土問題と拉致問題

【育鵬社】p172 ～ 173「主権が侵害されるということ」

ここで学びたいこと

1 領土について

近代国家が、その領土と国民を守るということは基本的なことです。しかし、これは近代になってからおこった考え方です。東北地方・北海道は古い歴史の中ではアイヌ民族の居住地でした。アイヌ民族は近代国家をもたなかったので、その居住地の一部である北海道は明治時代に日本の領土とされました。樺太《カラフト》・千島《ちしま》については、幕末から明治はじめにかけて、日本とロシアの話し合いで国境が定められ、千島列島は日本に、樺太（サハリン）はロシアの領土にすることが決まりました。

第二次世界大戦後のサンフランシスコ平和条約で日本は千島列島を放棄しました。その後、日本政府は「国後《くなしり》・択捉《えとろふ》は千島列島には入らない」という解釈で、歯舞《はぼまい》群島、色丹《しこたん》島とともに「国後・択捉を返せ」と主張しています。

2 主権の侵害について

最もひどい主権の侵害は侵略戦争です。戦前の日本が朝鮮を植民地にしたのは、朝鮮の主権侵害であり、中国の領土を侵略し、その一部に「満州国」をたてたことも明白な主権の侵害でした。また、1939 年閣議で「朝鮮人労働者を日本国内に移住させること」、1942 年閣議で「中国人の労働者を日本国内に移入すること」を決定し、約 80 万人の朝鮮人と約 4 万人の中国人を強制的に日本へ連行し、強制労働させました。また朝鮮をはじめ多くの女性たちが、日本軍の「慰安婦」として戦場に連れていかれました。

日本によるアジアの戦争被害者たちは、日本政府の謝罪と補償を求めていますが、日本政府は「国家間の条約で解決済み」として、個人への補償を認めていません。

3 北朝鮮による日本人拉致事件とその解決

北朝鮮による拉致《らち》事件は、基本的人権と国家主権を侵害するものであり、けっして許されるものではありません。事件の全容を明らかにし、被害者の原状回復と被害者への補償が求められています。日朝ピョンヤン宣言（2002 年）にもとづき、粘り強い外交交渉によってこの問題を解決することが必要です。

ここが問題！

1 領土問題

ロシアとの領土問題について、育鵬社は「1945 年にソ連（現ロシア）は北方領土を占領し」と書いていますが、正確には「1945 年にソ連は千島列島を占領し」です。「北方領土」という言葉はサンフランシスコ平和条約のあとにつくられました。

日本政府がサンフランシスコ平和条約で千島列島を放棄したので、国後・択捉は千島列島には入らないとして、「北方領土」という言葉をつくりだしたのです。

また「1954 年に韓国は竹島を不法占拠しました」と書いていますが、不法かどうかの検証が必要です（本書 p148 参照）。

2 北朝鮮による拉致問題

北朝鮮による拉致問題について、育鵬社は「めぐみ、きっと助けてあげる」というタイトルでくわしく取りあげ、「日本政府が拉致被害者として認定している 17 名」を地図で紹介しています。しかし、拉致被害者の問題をどう解決していくか、という展望も見通しも示していません。

このことに関連して取りあげなければならないのは、2002 年の日朝ピョンヤン宣言です。当時の小泉純一郎首相と金正日総書記が合意したものです。

ピョンヤン宣言では、①国交を正常化させる、②日本の植民地支配を日本は謝罪する、③北朝鮮は拉致問題を認めて解決をはかる、④北東アジアの平和をめざす、ということが合意されているのです。この４つをどの順番ですすめていくかは政治の問題ですが、ピョンヤン宣言の合意を実行することは日本と北朝鮮の共通の責任です。

資料・日朝ピョンヤン宣言（抜粋）
2002 年 9 月 17 日

両首脳は、日朝間の不幸な過去を清算し、懸案事項を解決し、実りある政治、経済、文化的関係を樹立することが、双方の基本利益に合致するとともに、地域の平和と安定に大きく寄与するものとなるとの共通の認識を確認した。

1. 双方は、この宣言に示された精神及び基本原則に従い、国交正常化を早期に実現させるため、あらゆる努力を傾注することとし、そのために 2002 年 10 月中に日朝国交正常化交渉を再開することとした。

2. 日本側は、過去の植民地支配によって、朝鮮の人々に多大の損害と苦痛を与えたという歴史の事実を謙虚に受け止め、痛切な反省と心からのお詫びの気持ちを表明した。

3. 双方は、国際法を遵守し、互いの安全を脅かす行動をとらないことを確認した。また、日本国民の生命と安全にかかわる懸案問題については、朝鮮民主主義人民共和国側は、日朝が不正常な関係にある中で生じたこのような遺憾な問題が今後再び生じることがないよう適切な措置をとることを確認した。

4. 双方は、北東アジア地域の平和と安定を維持、強化するため、互いに協力していくことを確認した。

双方は、朝鮮半島の核問題の包括的な解決のため、関連するすべての国際的合意を遵守することを確認した。また、双方は、核問題及びミサイル問題を含む安全保障上の諸問題に関し、関係諸国間の対話を促進し、問題解決を図ることの必要性を確認した。

3 日本による中国・朝鮮人の強制連行について

育鵬社は、横田めぐみさんのことを大きく取りあげています。北朝鮮の不法を指摘したり、被害者の心情にふれて考えることも必要でしょう。しかし、日本はこれと同様あるいはそれ以上のことを 1939 年から 1945 年にかけて、朝鮮や中国の農村で繰りかえしてきました。農民を銃で脅かして拉致し、日本の炭鉱や港湾で働かせました。「慰安婦」としてつらい目にあわされた女性たちもいます。この被害者たちの心情にふれたり、家族の思いを考えたりすることも必要です。

育鵬社は「『主権』『人権』『防衛』『外交』『家族』……公民の授業で学習する言葉と密接に関係している。私たちは、世界の人々が平和で幸せに暮らせるために公民の勉強をしているのだ」と書いています。それならば、戦前、日本の軍隊がアジアの国々の主権を侵害し、アジアの人びとの人権を踏みにじったこともきちんと見る必要があります。

公民
33

地球環境と資源・エネルギー、食料問題

【育鵬社】p176 ～ 183「第２節　地球環境と人類」

ここで学びたいこと

1 地球的規模の環境問題

地球温暖化などの環境問題は、経済問題・社会問題であり、また、政治問題・国際問題でもあります。さらに、経済格差をどうするかという南北問題でもあり、課題の先送りといった面からとらえれば世代間の問題でもあります。複合的な視点で考えていくことが大切です。

2 資源・エネルギー問題

先進国の経済や生活は、使えば補うことができない石油や石炭などの化石燃料にそのほとんどを依存しています。しかし、地球の資源には限りがあります。このような枯渇してしまう危険性のあるエネルギー資源に替えて、環境への負荷や影響も小さい再生可能なエネルギー資源の開発・実用化が急がれています。

また、原子力発電について、東京電力福島第一原子力発電所の大事故も取りあげながら、その危険性と問題性について真摯《しんし》に学ぶ必要があります。

3 人口急増と食糧問題

人口の増加により、発展途上国を中心に飢餓に悩む地域が大きく広がりを見せています。その反面、先進国は、多くの食料を輸入し、ありあまる食料を消費し、捨てています。食糧問題は、私たちの問題でもあるのです。

ここが問題！

1 南北問題の視点がない

地球環境問題の大枠はとらえられていますが、大きく欠落しているのが南北問題の視点です。確かに「経済効率を重視する新興国や、これから工業化を進め経済成長をめざす発展途上国など、各国の経済政策が異なるため、取り組む姿勢にちがいが見られるのが国際社会の現実です」と、南北間の意見の対立についてはふれています。しかし、これまで自国の経済成長のために自然環境を犠牲にし、公害を発生させてきた先進工業国の責任についてはまったくふれていません。

清水書院は「持続可能な開発」に関連づけて、「地球環境問題には人類共通の課題としてとりくむ必要がある。しかし、環境の悪化をもたらした責任の程度と、対応する能力には差があるため、先進国はより多くの責任を負う」とする、「共通ではあるが差異のある責任」という原則を紹介（p171）しています。また教育出版は一歩踏みこんで「発展途上国の多くは、かつて先進国の植民地とされ、限られた農作物の栽培を強制された結果、自力による経済発展の道が閉ざされてきました」

(p190) と歴史にふれています。

また、育鵬社は、人口の増加と食糧問題についてはふれていますが、貧困についてはふれていません。世界にはすべての人に十分な食糧があると言われているにもかかわらず、国連世界食糧計画（ＷＦＰ）によると現状でおよそ７人に１人（計約９億2500万人）が飢餓に苦しんでいます。育鵬社は、それはなぜなのかについて、考えようとはしていません。

福島第一原発の風下の村・福島県飯舘村役場前の線量計（2.62 μ Sv ／ h）。2011 年 10 月 23 日午前 11 時（撮影：大野一夫）

2 地球温暖化とツバルやキリバス

将来の危機としてではなく、現実の問題として地球温暖化の影響で水没の不安にさらされているツバルやキリバスなどについて、東京書籍や清水書院は取りあげていますが、育鵬社にはまったく記述がありません。

3 エネルギーと南北問題

育鵬社は、「地球の北側の先進工業国と南側の発展途上国とのあいだ、そして発展途上国どうしでも資源をめぐる利害の対立が起きています」と、資源をめぐる南北の対立にふれていますが、エネルギー問題ではあえて南北問題にふれようとはしません。環境問題、資源・エネルギー問題、人口問題、食糧問題のすべてが、実は南北問題でもあるという視点が決定的に欠落しています。

東京書籍は、「世界のエネルギーの多くを先進工業国が消費しており、発展途上国との間に大きな格差が見られます」(p167) と指摘しています。

4 原子力発電について

育鵬社では、「日本のエネルギー事情」のほとんどをさいて原子力発電について述べ、「原子力発電は、地球温暖化の原因となる二酸化炭素をほとんど出さず、原料となるウランをくり返し利用できる利点があります。そのため、石油等を輸入にたよる日本では重要なエネルギー源となってきました」と、肯定的に書いています。しかし、福島第一原子力発電所の大事故でも明らかなように、ひとたび事故が起きれば、放射能の拡散により非常に大きな被害になりますし、ほかの事故と違い元に戻すことができません。また、「トイレのないマンション」といわれるように、その放射性廃棄物の処理方法も場所も明確にできていません。

育鵬社は、p33 で「市民をふくめ国民全体が原子力発電所と共存して安心して生活できるよう、国や市や事業者が全力で取り組むことが求められます」と、あくまでも「原子力発電所との共存」を打ち出しています。私たちは、太陽光・熱や、風力、バイオマス (生物体を利用するもの)、波力、地熱など再生可能なエネルギーの開発・実用化を急ぐべきでしょう。

公民
34

社会科のまとめ
～課題設定は適切か

【育鵬社】p185 ～ 191「社会科のまとめ」

ここで学びたいこと

新学習指導要領では新たに「持続可能な社会を形成するという観点から、私たちがよりよい社会を築いていくために解決すべき課題を探究させ、自分の考えをまとめさせる」という内容が盛りこまれました。社会科のまとめとして、現代の日本や世界が抱えている問題について、課題（テーマ）を設定し、レポート・論文を書かせることは重要な取りくみです。

そこでは、新聞記事や資料を集めるとともに、そのテーマに関係する資料館や団体などを訪ねてインタビューを行うなど、自分の足で調べることが大切です。自分で学び、調べ、表現することによって、より確かな社会認識をもち、社会の一員として、課題を解決するために何をしなければならないか、論理的に考え、自分の意見を発表する力をつけることになります。

ここが問題！

1 上からの「国づくり構想」の問題点

育鵬社では、「社会科のまとめ」として、「私は内閣総理大臣『○○な国、日本』国づくり構想を立てよう」を取りあげています。この設定そのものを全面的に否定するものではありませんが、このような設定では「統治者（国のリーダー）としての国づくり構想」という視点になります。

ここに見られる「上からの『国づくり構想』」よりも、これから生きていく社会の一員として、何が課題であり、主権者として何をしなければならないのかを考えさせることが重要な視点であるといえます。とくに、これまでの社会科の学習、憲法学習をふまえて、だれもが平和で人間らしく生きていくことができる社会をどう実現していくか、考えさせることが必要です。

2 この教科書がめざす「日本」像の押しつけ

「課題を決めよう」でウェビングマップ（ある言葉から関連する事柄を蜘蛛の巣のようにつないだもの）をあげていますが、そこには「よりよい日本」をつくるために「憲法見直し」「道徳規範」「国防」「領土問題の解決」など、この教科書が重視するキーワードがはめこまれています。

それにもとづいた課題例として、社会、政治・経済、国際、環境・食料の４グループにわけてさまざまなテーマをあげています。それらに共通するのは「すぐれた文化を発信する国、日本」「ムダのない行政の国、日本」「世界の貧しい国を支援する国、日本」「国際社会の平和と安全に貢献する国、日本」「美しい自然の国、日本」など、この教科書がめざすべき「日本」像が示されています。そこにあるのは、伝統文化を尊重し、日本の国や歴史に対する誇りと自信をもった「良き日本国民」として、国家や国際社会に貢献していくという日本（人）像です。このような「日本」像の強調は狭いナショナリズムにつながるといってよいでしょう。

3 特定の立場にたった結論を誘導する課題例の「概要」

このなかで、大きな問題は、生徒が作成するレポートの結論を特定の見解に誘導していることです。たとえば、「国際社会の平和と安全に貢献する国、日本」という課題では、概要として「自衛隊が、日本の防衛や国際社会の平和と安全の維持のために果たしている役割を確認し、日米安全保障条約を踏まえ、国際社会の平和と安全の維持のために貢献します」とあり、自衛隊と日米安保条約による軍事的な国際貢献に結論を誘導しています。

課題「拉致を許さない国、日本」も、「北朝鮮に対し、国連決議に基づき全面的な制裁を発動し、国家の責任で一日も早く被害者全員の救出をめざします」と述べて、全面的な制裁による解決を主張しています。

課題「持続可能な社会保障制度の国、日本」 では、「消費税を含めて税制を抜本的に改革して、持続可能な『中福祉・中負担』の社会保障制度を築きます」と述べて、消費税の税率引き上げなど、国民に負担を強いる方向に誘導しています。

このような課題をどう解決していくか、さまざまな考え方があるなかで、特定の立場・見解を中学生に押しつけることは、教科書としてふさわしくありません。

また、具体例として展開している「『環境立国、日本』国づくり構想」では、「原子力や自然エネルギーなど新しいエネルギー開発を推進します」と述べており、ここにも原発推進の立場があらわれています。

他社の教科書の課題例

教育出版	「『未来へのわたしの約束』をつくろう」として、Think globally, act locally（地球規模で考え地域で行動する）という観点も提示し、具体例として「核兵器を拡声器にかえて、平和を！」をとりあげている。
清水書院	「卒業論文を書いてみよう」で「調査・研究ではとくにその分野のＮＧＯや専門家にあい、取材するといい」とアドバイスしている。具体例として「アフリカの水問題」をとりあげている。
帝国書院	解決しなければならない課題として「紛争、温暖化、貧困、野生植物の減少、年金・社会保障」をあげたうえで、具体例として「地球温暖化対策」をとりあげてレポート作成の方法を説明している。
東京書籍	レポート作成の流れを説明し、テーマ例（自然・環境、人権・平和、医療・開発にわけて）を多数あげている。具体例として「アフリカにおける安全な水の確保」「持続可能な社会と交通—富山市の取り組みを事例として」をとりあげている。
日本文教出版	「卒業論文を書いてみよう」で「世界の紛争はどうすれば解決できるか」「エネルギー問題はどうすれば解決できるか」「世界の貧困はどうすれば解決できるか」を各2頁で展開、最後に「レポート作成の手引き」をくわしく説明している。
自由社	「レポートと卒業論文をつくろう」で、「行ってみたい国を調べ、紹介するレポートをつくってみよう」「『持続可能な日本社会をつくるために私たちは何ができるか』を考え、『卒業論文』を作成してみよう』」をあげ、レポートや論文の作成を説明している。

育鵬社教科書をめぐる動き
――あとがきにかえて

＊育鵬社の教科書づくりの考え方

本書をお読みになってどのように感じられたでしょうか。育鵬社の教科書をつくった人たちは、どのような考えにもとづいてこの教科書をつくったのでしょうか。

この教科書をつくり、採択活動をすすめた「日本教育再生機構」（「再生機構」）と「改正教育基本法に基づく教科書改善を進める有識者の会」（「教科書改善の会」）は、「教育とは押しつけるもの」「植えつけるもの」と主張しています（注 1）。ここには、教育を子ども・国民の権利とは認めないで、国家にとって都合のよい人間に育てるという教育観が主張されています。教育とは、一人ひとりの個性や人格を大切にして、人間として必要な知識や技能を学ぶものだという日本国憲法や教育基本法、子どもの権利条約などの教育の考え方とは正反対の主張です。育鵬社の教科書は、本書が指摘したような多くの問題のある内容を「押しつける」「植えつける」ことをねらいとしているのです。

また、「再生機構」は育鵬社・自由社以外の教科書には「有害添加物＝毒」が含まれていると述べ、育鵬社教科書にはそのような「毒」はないと主張しています。「再生機構」がいう「毒」とは、「反戦平和や護憲、核廃絶、アイヌや在日外国人への差別撤廃、環境保護や地球市民をめざす」などです（注 2）。ほかの教科書がほとんど取りあげていて中学生が学ぶ必要があるこうした内容を「毒」と主張しているのです。育鵬社教科書にはこのような内容は取りあげないということです。

扶桑社公民の監修者で育鵬社公民の執筆者の島田洋一福井県立大学教授は、自分たちの教科書は「日本の保守革命の重要な一環」だと主張しています（注 3）。つまり、育鵬社教科書は、子どもの教育のためではなく、政治運動のためにつくられたものだということです。

（注 1）「再生機構」機関誌『教育再生』2011 年 12 月号
（注 2）「再生機構」作製 DVD『教科書も「仕分け」しよう！』（2010 年 11 月）
（注 3）『SAPIO』2004 年 5 月 11 日号

＊育鵬社教科書で学校現場はどうなるか

2005 年に扶桑社歴史教科書を採択した東京都杉並区では、教育委員会が扶桑社教科書を使って忠実に教えるように指示し、校長や指導主事が歴史の授業中に廊下から授業を監視しました。さらに、社会科だけ授業で使うプリントやテスト問題を教育委員会に提出させ、教科書通りに教えているかどうかをチェックしました。

2012 年 4 月から、育鵬社が採択された地域・学校ではこの教科書を使った授業がはじまります。杉並区ですでに経験したように、育鵬社版を教科書通りに教えることが教員に要求されることが予想されます。

すでに、東京都大田区の清水繁教育長は、育鵬社版を教科書どおりに教えるように、教員の研修を行うと発表し、2011 年 10 月の校長会定例会と 12 月 26 日の区立中学教員研修会に育鵬社歴史教科書代表執筆者の伊藤隆氏を講師に招いています。東京都武蔵村山市教育委員会は、育鵬社教科書を忠実に教えない教員は指導を行い、従わなければ処分すると市議会（2011 年 9 月 13 日）で言明しました。

教員は、「教科書を教えるのではなく、教科書で教える」授業が大切といわれています。「教科書を教え込む」のではなく、教員はさまざまな教材研究をし、工夫して授業に臨むのが当たり前です。多くの研究書をはじめ、教養書はもちろんほかの教科書などを参考にする場合もあるでしょう。このような教育の自由は、学問研究に基づいた豊かな授業をするためには、極めて大切なことです。育鵬社の教科書に誤りがある場合は当然正さなければなりません。

＊日本教育再生機構は 2015 年に 10 万部以上の採択をめざしています

「再生機構」と「教科書改善の会」は、今回 13 地区で採択に「成功」したのは、教員の意見や調査委員会、採択審議会などの答申を無視して、教育委員の個人的な判断によって投票で決めるという採択方法が行われた地域だということを「教訓」にしています。次の 2015 年の採択では、このやり方を全国に拡大して採択を増やす方針です（注 1）。

「再生機構」と「教科書改善の会」は、2015 年の採択で歴史・公民共に 10 万部以上の採択をめざして、「採択本部」を設置し、「次なる躍進にむけて—教育委員・私学・ＰＴＡ役員のご協力が非常に重要」とし、全国各地で「教育委員会特に各教育委員、私学採択関係者やＰＴＡ役員」を一堂に集める会合を行うとしています。そして、「育鵬社を評価する教育委員・教育委員会に向けて、今からフォローアップ開始」するために、「教育委員会の議事録等をチェックしていただき、育鵬社を評価している教育委員や教育委員会関係者への激励」を行うよう指示しています（注 2）。

これは、2011 年の採択に関する教育委員会の議事録を分析し、採択会議の中で、育鵬社教科書に対して、少しでも評価するような発言をした教育委員や選定（採択）委員、教育委員会関係者を見つけ、そのメンバーにいまから働きかけようという指示です。こうした人たちを組織してネットワークづくりをすすめて、4 年後の採択では、「現場教員に教科書を選ばせないで教育委員の権限と責任で採択する」（高橋史朗氏）地域を増やし、教育委員の投票などによって育鵬社を採択させるという方針です。

（注 1）「再生機構」の高橋史朗運営委員長は、「現場教員に教科書を選ばせないで教育委員の権限と責任で採択するという文部科学省の通知を教育委員会に守らせること。その上で採択制度全体の見直しを進めていく」と主張しています。（『教育再生』2011 年 9 月号）

（注 2）『教育再生』2011 年 10 月号、12 月号の折り込みチラシ

＊教育委員が教科書を選ぶのは困難

育鵬社版教科書が採択されたのは、教育委員の投票などによって教科書を決める採択制度にも問題があります。教育委員は多くは教育の専門家ではありません。その教育委員が全教科にわたってすべての教科書（中学の場合約130種類）をきちんと読んで、その地域の学校や子どもたちにはどれがもっともふさわしい教科書かを判断し選ぶことは不可能です。

育鵬社・自由社の教科書を支援し、沖縄・八重山地区の教科書問題にも介入している義家弘介参議院議員（自民党文部科学部会会長代理）も、教育委員がすべての教科書を調査・検討して選ぶことはできない、と述べています（注）。

そのために、内容よりも装丁など「見栄え」などで選んだり、個人的な判断で採択することになりがちです。これは、育鵬社教科書の採択問題だけでなく、子どもの教育にとって重大な弊害だといえます。

（注）「教育委員が、すべての教科書を細かく熟読、比較検証し、児童・生徒の現状も考慮して、数多の教科書の中から最良だと思う１冊をそれぞれ選び、民主的手続きの中で採択する、なんて作業ができるわけがない」（『月刊 MOKU』2011 年６月号）

＊採択制度の改善が急務です

地域単位の広域採択制度をやめて、学校ごとの採択をめざしつつ、当面、採択制度を教員の意見を尊重して採択する制度に改善することが求められています。90 年代には、そうした方向への改善の動きが政府を含めてはじまっていました。

1996 年 12 月と 97 年 12 月に政府の行政改革委員会が将来的に学校単位の採択にする、当面、教科書採択において教員の意見がより尊重されるように改善する、という意見を政府に出しました（注１）。

これを受けて 1997 年３月、政府はこの意見と同様の内容を閣議決定しました（注２）。この閣議決定は、98 年、99 年にも行われ、その後も繰りかえし行われています。

文部省は 1997 年９月、行革委意見と閣議決定を踏まえて、採択制度改善を求める「教科書採択制度改善について（通知）」を行革委の意見書も添付して都道府県と政令都市教育委員会に出しています。この「通知」が求めた「採択方法や在り方の改善」は、行革委意見と閣議決定を踏まえたものですから、まず何よりも、①将来的な学校単位の採択に向けた改善であり、②現場教員がこれまで以上に採択に関与することをめざした改善だと解されます。

ところが、「新しい歴史教科書をつくる会」（「つくる会」）を支援する自民党の「日本の前途と歴史教育を考える若手議員の会」（「教科書議連」）幹事長代理（当時）の小山孝雄参議院議員（2001 年１月に KSD 汚職事件で逮捕、議員辞職）が、2000 年８月８日の参議院予算委員会において、「つくる会」の主張そのままに、教員の意見を尊重したり、選定委員会による絞り込みなどは違法、教育委員会の権限と責任で採択するようにと質問しました（注3）。これに対して、大島理森文部大臣（当時、現自民党副総裁）が、これを全面的に認める答弁をしました。この大島文部大臣答弁は明らかに閣議決定に違反したものです。

この文部大臣答弁以降、文部省・文部科学省は教育委員会に対して、「教科書採択は、採択権者（教育委員会）の権限と責任」で行うようにという「通知」を毎年出しています。それまでは広域採択の下でも、学校希望票や教員の調査報告など、教員の意見を尊重・反映させた採択が行われていました。ところが、この「通知」を受けて、学校希望票の廃止や教員・学校の意見を無視して教育委員の個人的な判断による投票などで採択を行う教育委員会が一部に出てきて、そのようなところで育鵬社が採択されました。

採択制度を改善するために、文部科学省に働きかけるとともに、地域でも教育委員会に働きかけていくことが大切です。

（注１）「公立学校においても学校単位で自らの教育課程に合わせて教科書を採択する意義をより重視すべきであり、将来的には学校単位の採択の実現に向けて検討していく必要がある。

このような観点に立って、当面、現在の共同採択制度においても、教科書の採択の調査研究に当たる教員の数が増えるのは望ましく、各地域の実情に応じつつ、現在３郡市程度が平均となっている採択地区の小規模化や採択方法の工夫改善を図るべきである。」

（注２）「将来的には学校単位の採択の実現に向けて検討していく必要があるとの観点に立ち、当面の措置として、教科書採択の調査研究により多くの教員の意向が反映されるよう、現行の採択地区の小規模化や採択方法の工夫改善についての都道府県の取組みを促す。」

（注３）「実際は学校票であるとか、あるいは単なる諮問機関にすぎない選定委員会による絞り込み等、教育委員会の権限を空洞化させる慣行がまかり通っている…（中略）…、ぜひ教育委員会の権限において、責任において作業が進められるよう願うものです。」

＊

本書は、54人の研究者・教員・弁護士・市民に原稿を執筆していただき、編集委員による会議をかさねて検討し、できあがりました。

できるだけわかりやすく、読みやすく、なおかつ正確な内容にするために、編集委員会からの注文に対して、快くご協力くださった執筆者のみなさんに心からお礼を申し上げます。

また、時には休日の夜遅くまで編集に携わってくださった編集委員のみなさんにも、深く感謝申し上げます。

最後に、この企画に賛同して出版を引き受けてくださった高文研のみなさんと、担当者の山本邦彦さんにもこの場を借りてお礼を申し上げます。

2012年4月

子どもと教科書全国ネット21

子どもと教科書全国ネット21

結成は、1998年6月。その母体となったのは、家永教科書裁判の支援運動でした。32年つづいた家永教科書裁判は、1997年8月、4か所の検定の違法を確定させた最高裁判決をもって終了しました。教科書裁判の支援運動は、教科書の内容と制度を改善するためのさまざまな活動に取りくんできました。そこで裁判終了後も、同様な役割をはたす全国的な組織が必要だという声がおこり、取りくむ内容も教育全体にひろげるかたちで、結成されました。

現在、本書の編集のような活動とあわせて、日常的に次のような活動を行っています。

第1は、子ども、教育、教科書など当面する問題についての話し合いや、調査活動、外部に向けてのいろいろな働きかけを行っています。それらの成果にもとづいて、シンポジウムや学習集会なども企画しています。

第2に、「地域ネット」づくりをすすめています。教育や教科書の活動を地域でとりくむのが、地域の組織である「地域ネット」です。教科書の採択問題では、重要な役割をはたしています。

第3に、年6回の「ニュース」や「事務局通信」などを発行し、ホームページ（http://www.ne.jp/asahi/kyokasho/net21/）を開設、子どもと教育・教科書をめぐる資料・情報を提供しています。

子どもと教育・教科書をめぐる活動をさらに大きくするために、「子どもと教科書全国ネット21」へ多くの方の参加をよびかけます。

下記の郵便振替口座に、年会費（個人1口3000円、団体1口5000円、学生1口1000円）を振り込むことで手続きは完了です。ホームページからの加入申し込みもできます。

よりよい教育の実現をめざして、みんなで手をつなぎましょう。

連絡先：〒102-0072　東京都千代田区飯田橋2-6-1 小宮山ビル201
ＴＥＬ (03)3265-7606　ＦＡＸ (03)3239-8590
郵便振替 00160-5-32242　口座名　子どもと教科書全国ネット21

装 丁＝Factory-701

中学校歴史・公民
育鵬社教科書をどう読むか

●2012年 5月 1日―――――― 第1刷発行

編　者／子どもと教科書全国ネット21
発行所／株式会社 高 文 研
東京都千代田区猿楽町2－1－8　〒101-0064
TEL 03-3295-3415　振替 00160-6-18956
http://www.koubunken.co.jp
印刷・製本／三省堂印刷株式会社

★乱丁・落丁本は送料当社負担でお取り替えします。

ISBN978-4-87498-480-2